Lebensziel Hartz IV

Waxmann Verlag GmbH
Steinfurter Straße 555, 48159 Münster
info@waxmann.com

Glaube – Wertebildung – Interreligiosität

Berufsorientierte Religionspädagogik

herausgegeben von

Albert Biesinger
KIBOR – Katholisches Institut für
Berufsorientierte Religionspädagogik Tübingen

Michael Meyer-Blanck
bibor – Bonner evangelisches Institut für
berufsorientierte Religionspädagogik

Friedrich Schweitzer
EIBOR – Evangelisches Institut für
Berufsorientierte Religionspädagogik Tübingen

Band 3

Waxmann 2013
Münster/New York/München/Berlin

Michael Meyer-Blanck,
Andreas Obermann (Hrsg.)

Lebensziel Hartz IV

Jugendliche ohne Ausbildungsberuf im Blickfeld bildungspolitischer und protestantischer Bildungsverantwortung

Waxmann 2013
Münster/New York/München/Berlin

Bibliografische Informationen der Deutschen Nationalbibliothek
Die Deutsche Nationalbibliothek verzeichnet diese Publikation in der Deutschen Nationalbibliografie; detaillierte bibliografische Daten sind im Internet über http://dnb.d-nb.de abrufbar.

Glaube – Wertebildung – Interreligiosität
Berufsorientierte Religionspädagogik, Band 3

ISSN 2195-3023
ISBN 978-3-8309-2958-1

Postfach 8603, 48046 Münster

www.waxmann.com
info@waxmann.com

Umschlaggestaltung: Pleßmann Design, Ascheberg
Umschlaggestaltung unter Verwendung eines Fotos von Marco2811 – Fotolia.com
Satz: Sven Solterbeck, Münster

Gedruckt auf alterungsbeständigem Papier, säurefrei gemäß ISO 9706

Printed in Germany

Inhalt

Vorwort

In einem seiner ersten Projekte widmete sich das neu gegründete „Evangelische Institut für berufsorientierte Religionspädagogik“ (bibor: www.bibor.uni-bonn.de) im Jahr 2010 dem „Übergangssystem“. Diese Wahl hatte einen doppelten Grund: Der Unterricht im Übergangssystem stellt aus Sicht der Unterrichtspraxis nicht nur eines der anspruchsvollsten Felder an nordrhein-westfälischen Berufskollegs dar, sondern ist in der religionspädagogischen Diskussion zugleich ein nur am Rande beachtetes Feld berufsschulischer Wirklichkeit, im Ranking steht er gleichfalls nicht hoch im Kurs. Von Beginn an war das Projekt so konzipiert, dass neben der religionspädagogischen Forschung auch bildungs- und gesellschaftspolitische Aspekte Berücksichtigung finden sollten. Dieses Bemühen dokumentieren die Beiträge dieses nun vorliegenden Bandes, die unterschiedlichen Veranstaltungsformaten entstammen: diversen bibor-Schlossgesprächen (Fachgesprächen), einer Akademietagung in Kooperation mit der Akademie der Evangelischen Kirche im Rheinland sowie den empirischen Erhebungen und theoretischen Überlegungen an den bibor-Schreibtischen. So stellen die ersten Artikel das Übergangssystem in seinen gesellschaftlichen und bildungspolitischen Dimensionen dar (1): aus soziologischer, aus bundes- und landespolitischer sowie aus gewerkschaftlicher Sicht. Daran anknüpfend erörtern die beiden folgenden Artikel die spezifische Relevanz des Religionsunterrichts für Jugendliche in Bildungsgängen des Übergangssystems (2). Den Schluss des Bandes bildet ein Projektabschnitt, der zeitlich am Anfang des bibor-Projektes stand: eine Befragung zum Religionsunterricht im Übergangssystem. Während es zum Übergangssystem Dank der fundierten Studien des BIBB eine Vielzahl von Datenerhebungen gibt, wissen wir über den Religionsunterricht im Übergangssystem nur wenig. Das führte zur hier nun dokumentierten online-Umfrage des bibor zum Religionsunterricht unter Lehrkräften des BRU. Diese Untersuchung ist zugleich die Vorstudie zu einer umfassenden Vollerhebung zum BRU in NRW, die 2014 stattfinden soll und deren Planungen auf Hochtouren laufen.

Unser Dank gilt den Autor/inn/en (bzw. Referent/inn/en) und ihrer Bereitschaft, ihre Beiträge für die Veröffentlichung zu bearbeiten und zur Verfügung zu stellen. Daneben gilt unser Dank dem Ministerium für Schule und Weiterbildung in Nordrhein-Westfalen – vor allem in der Person von MD′in Dr. Beate Scheffler – für die Ermutigung zu diesem Projekt durch das große eigene Sachinteresse an einem guten, weil wissenschaftlich fundierten Unterricht im Übergangssystem, sowie für die zuletzt nicht zu unterschätzende logistische Unterstützung. Last but not least gilt der Dank auch dem Waxmann Verlag für die Unterstützung bei der Herstellung des Bandes sowie für die Aufnahme der Studien zur berufsorientierten Religionspädagogik in sein Verlagsprogramm.

Bonn, im September 2013
Michael Meyer-Blanck und Andreas Obermann

Michael Meyer-Blanck/Andreas Obermann

Einleitung

Ist für eine Mehrzahl von Jugendlichen, die keinen Ausbildungsplatz finden, die Risikobildungsbiographie schon zum Normalfall geworden? Angesichts der radikalen Veränderungen in der Arbeitswelt und der Bedingungen von Arbeit in den letzten Jahrzehnten scheint dies oft der Fall zu sein: Die soziologische Bedeutung von Arbeit für das Individuum wie für die Gesellschaft wird besonders dann ansichtig, wenn Menschen ohne Arbeit sind oder nur einem „Job" nachgehen, der für sie kein „Beruf" ist. Aus Sicht der berufsorientierten Religionspädagogik und des Berufsschulschulreligionsunterrichts (– BRU) tritt die Problematik einer ‚Risikobiographie' vor allem bei jugendlichen Schülern berufsvorbereitender Bildungsgänge (z.B. Berufsgrundschuljahr, Berufsvorbereitungsjahr, Jungarbeiterklassen, etc.) auf: Viele dieser Jugendlichen haben nach Abschluss der „Maßnahme" im sogenannten „Übergangssystem"[1] kaum eine Chance, in eine voll qualifizierende Ausbildung zu kommen. Dies gilt insbesondere für Jugendliche ohne oder mit Hauptschulabschluss und junge Männer mit Migrationshintergrund. Von ihrer Geschichte und den Voraussetzungen her, die sie in die Phase der Berufsorientierung und Berufsentscheidung mitbringen, ist ihr Lebenslauf mit spezifischen Risiken behaftet: Die meist unzureichende Schulbildung, die damit attestierte fehlende Ausbildungsreife und die geringe berufliche Befähigung sind grundlegende Faktoren, die eine Lebensplanung mit finanzieller Solidität unmöglich machen und langfristig viele berufliche Veränderungen und einen unsteten Lebenslauf mit sich bringen. Eine „Normalbiographie" ist für viele dieser Jugendlichen in weite Ferne gerückt. Oftmals nennen sie als Karriereziel „Hartz IV": diese Jugendlichen gehen davon aus, nicht gebraucht zu werden und keinen anerkannten Platz in der Gesellschaft zu finden. Für viele Jugendliche ist der unfreiwillige Besuch des Übergangssystems eine Notlösung und oftmals auch eine verlorene Zeit. Von daher wünschen sich betroffene Jugendliche (80% einer Befragung zum Übergangssystem), dass „die Maßnahmen und Bildungsgänge des Übergangssystems einen klaren Nutzen erkennen lassen. Sei es dadurch, dass sie vor allem realitätsnahe Einblicke in die betriebliche Arbeitswelt erlangen, oder dadurch, dass sie die Chance erhalten, einen ersten oder höherwertigen Schulabschluss zu erwerben" (Autorengruppe BIBB/Bertelsmann Stiftung, 2011, 25). Des Weiteren wünschen sich die Jugendlichen eine starke personelle Betreuung während ihrer Maßnahme im Übergangssystem (vgl. Autorengruppe BIBB/Bertelsmann Stiftung, 2011, 27). Denn die „Armut an berufli-

1 Das „Übergangssystem" meint jene Ausbildungsangebote, „die unterhalb einer qualifizierten Berufsausbildung liegen bzw. zu keinem anerkannten Ausbildungsabschluss führen, sondern auf eine Verbesserung der individuellen Kompetenzen von Jugendlichen zur Aufnahme einer Ausbildung oder Beschäftigung zielen und zum Teil das Nachholen eines allgemein bildenden Schulabschlusses ermöglichen" (so den Begriff initiierend Bildung in Deutschland, 2006, 79).

chen Perspektiven strahlt auf die gesamte Lebensgestaltung und soziale Situation der jungen Männer aus“ (Baethge/Solga, 2007, 49/50).

Entsprechend gibt es Modifizierungen und Reformen des Übergangssystems zuhauf. Von Seiten der beteiligten Jugendlichen und ausgewiesener Experten gibt es überraschend übereinstimmende Reformwünsche: Beginnend mit der hohen mehrheitlichen Einschätzung, dass es auch in Zukunft ein Hilfssystem für den Übergang von der Schule in die Berufsausbildung geben wird, wird der Erfolg des bisherigen Systems eher negativ bewertet: So sehen mehr als 40% der Jugendlichen wie auch der Experten das Übergangssystem als Zeitverschwendung und Warteschleife an. Die eingesetzten hohen finanziellen Mittel sehen bis zu 90% der Experten als wenig effizient eingesetzt in der zudem zu hohen Zahl von Einzelmaßnahmen.

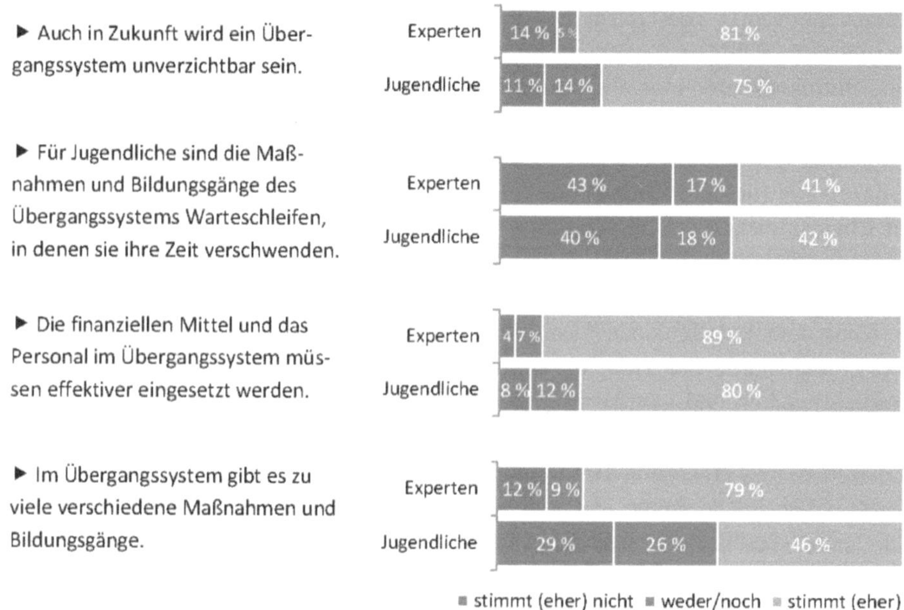

Quelle: BIBB/Bertelsmann Stiftung Expertenmonitor-Befragung 2010

Abbildung 1: Einschätzungen der Experten und Jugendlichen zum Übergangssystem

Diese negative Einschätzung wirft ein erstes Licht auf einen Katalog von Verbesserungswünschen: Ein mit den Betroffenen besser kommunizierter Einsatz der Gelder und eine transparentere Darstellung und Zuweisung von Einzelmaßnahmen.

Die grundlegende – und bleibende – Notwendigkeit von Bildungsgängen des Übergangssystems in der BRD resultiert zum einen aus den Folgen wirtschaftlicher Entwicklungen: Denn „in der jüngeren Vergangenheit [sind] die Komplexität der Arbeitswelt und damit einhergehend die Qualifikationsanforderungen der Betriebe deutlich gestiegen […]. Somit ist es plausibel, dass das Anwachsen des Übergangssystems zu einem gewissen Teil auch auf die zunehmende Überforderung niedrig qualifizierter Teilgruppen unter den Schulabgängern zurückgeführt wird“ (Autorengruppe BIBB/

Bertelsmann Stiftung, 2011, 9). Zum anderen ist das Übergangssystem auch Ausdruck einer Bildungsungerechtigkeit in Deutschland,[2] sofern die Jugendlichen des Übergangssystems, die aus bildungsschwachen Milieus mit wenig gefestigten familiären Strukturen kommen, schlechtere Ausbildungschancen haben als Jugendliche aus bildungsnahen Milieus. Mit gleichgesinnten Jugendlichen groß geworden und in einer Schicksalsgemeinschaft der beruflichen „Verlierer" verbunden, haben viele Jugendliche Identitäten in einer der vielen Jugendkulturen gebildet. Was diesen Jugendlichen dennoch (und vor allem) fehlt, ist die Erfahrung von Anerkennung ihrer Person und die soziale Wertschätzung ihrer Stärken. Die Erfahrung der Achtung der Würde des Menschen ist den meisten Jugendlichen im Übergangssystem fremd. Dabei sind aus einer anerkennungstheoretischen Perspektive der moralische Respekt und die soziale Wertschätzung „die wichtigsten Ermöglichungsbedingungen individueller Autonomie einschließlich kognitiver Leistungsfähigkeit" (Stojanov, 2008, 525). Zur Förderung der Erfahrung von Wertschätzung bedarf es jedoch einer bestimmten Qualität (schulischer) Sozialbeziehungen und Interaktionsstrukturen. Es muss in schulischen Strukturen möglich werden, dass die Potenziale der Jugendlichen anerkannt werden und es ihnen ermöglicht wird, so über die ‚Vorgaben' ihrer Herkunft durch Bildung hinauszuwachsen (vgl. Stojanov, 2008, 525).

Die gerade skizzierten Aspekte sowie Fragen zum Übergangssystem sollen in den folgenden Beiträgen reflektiert und entfaltet werden. Beginnend mit bildungspolitischen Beiträgen wird das Übergangssystem von Friederike Frieling und Joachim Gerd Ulrich aus Sicht des BIBB dargestellt. Aus berufspädagogischer Sicht geht anschließend Wolfgang Wittwer der Frage nach, welche Fähigkeiten Jugendliche in der Zukunft brauchen, um angesichts der Herausforderungen ihrer risikoreichen Biografien angemessen reagieren zu können. Ulrich Kelber widmet sich aus parteipolitischer Sicht der Frage, was „die" Politik für Jugendliche ohne Ausbildungsplatz macht. Diese Frage nimmt Beate Scheffler aus Sicht der Exekutive auf und erörtert die neuesten bildungspolitischen Initiativen der Landespolitik NRW. Einen kritischen Akzent setzt Dietrich Mau aus gewerkschaftlicher Perspektive mit seinen Überlegungen zur sozialen Gerechtigkeit im Blick auf das Übergangssystem. Im nächsten Abschnitt widmen sich Michael Meyer-Blanck und Andreas Obermann den Herausforderungen und Chancen, die das Übergangssystem für die religionspädagogische Arbeit bedeutet. Den Abschluss bilden die Dokumentation und die Auswertung einer bibor-Umfrage unter den Religionslehrkräften im Übergangssystem aus dem Jahr 2011. Die Mehrzahl der Beiträge in diesem Band verdanken sich diversen Veranstaltungen, die am „Bonner evangelischen Institut für berufsorientierte Religionspädagogik" (bibor) im Rahmen des Projektes zum Übergangssystem in den Jahren 2011–2012 unter dem Motto „Zwischen allen Stühlen. Jugendliche im Übergangssystem und der BRU" durchgeführt wurden. Die empirische Erhebung zum Übergangssystem am Ende des Bandes bildet gewissermaßen einen Rahmen dieses bibor-Projekts: Chronologisch stand die Umfrage am Anfang der Erörterungen und Veranstaltungen zum Übergangs-

2 Vgl. hierzu Ursula Beicht u.a. (2008) sowie den Beitrag von Andreas Obermann in diesem Band.

system und bildet nun in diesem Band den Abschluss, der die zuvor benannten Fragen mit der schulischen Wirklichkeit verbindet und Lösungsansätze der zuvor im Band skizzierten Probleme aus der Perspektive der Lehrkräfte aufzeigt und weiterführt.

Literatur

Autorengruppe BIBB/Bertelsmann Stiftung (2011): Reform des Übergangs von der Schule in die Berufsausbildung. Aktuelle Vorschläge im Urteil von Berufsbildungsexperten und Jugendlichen (Wissenschaftliche Diskussionspapiere, Nr. 122). Bonn.

Baethge, Martin; Solga, Heike; Wieck, Markus (2007): Berufsbildung im Umbruch. Signale eines überfälligen Aufbruchs. Bonn: Friedrich-Ebert-Stiftung.

Beicht, Ursula; Ulrich, Joachim Gerd (2008): Ergebnisse der BIBB-Übergangsstudie. In: Beicht, Ursula; Friedrich, Michael; Ulrich, Joachim Gerd (Hrsg.): Ausbildungschancen und Verbleib von Schulabsolventen. (S. 101–291). Bielefeld.

Stojanov, Krassimir, Bildungsgerechtigkeit als Freiheitseinschränkung? In: ZfP 54, 2008, 516–531.

Bildung in Deutschland. Ein indikatorengestützter Bericht mit einer Analyse zu Bildung und Migration (2006): Hg. vom Konsortium Bildungsberichterstattung im Auftrag der Ständigen Konferenz der Kultusminister der Länder in der Bundesrepublik Deutschland und des Bundesministeriums für Bildung und Forschung, Bielefeld.

Das Übergangssystem – bildungspolitische Perspektiven

Das Übergangssystem ist letztlich ein Bündel von politischen Maßnahmen, durch deren Besuch Jugendlichen, die nach einem „normalen" zehnjährigen Schulbesuch keinen Ausbildungsplatz haben finden können, der Übergang in den Beruf ermöglicht werden soll. Von daher kann über das Übergangssystem ohne diese politische Dimension nicht nachgedacht werden. Entsprechend finden sich in der aktuellen Diskussion über das Übergangssystem und die Gestaltung seiner Zukunft bildungspolitische Implikationen und Fragestellungen: Jugendliche wünschen sich eine bessere Begleitung bei der Vorbereitung auf die Berufswahl. Von Maßnahmen des Übergangssystems erwarten sie eine persönliche Betreuung, die auch ihr Selbstvertrauen insgesamt stärkt. Jugendliche wünschen sich auch eine individuellere Förderung entsprechend ihrer eigenen Fähigkeiten (Talente). Diesen Wünschen nach einer besseren Vorbereitung auf den „Übergang in die Berufsausbildung" korrespondiert der Wunsch der Jugendlichen, in ihren Schwächen und Stärken wahrgenommen zu werden, um eine individuelle und zieldifferente Beratung erhalten zu können: Berufsberatung muss auch Lebensberatung sein.

Die Konzeption, das Management sowie die Reform des Übergangssystems ist eine politische Aufgabe und hat damit eine auch zutiefst bildungspolitische Dimension. Zugleich ist die ordnungspolitische Organisation des Übergangs von der Schule in den Beruf eine Aufgabe mit einem gesamtgesellschaftlichen Interesse. Diese Dimensionen spiegeln sich auch in den Frageperspektiven zum Übergangssystem wieder, die in den folgenden Beiträgen eine Rolle spielen:

- Welche Kompetenzen müssen in der vorberuflichen Bildung angestrebt werden, um Jugendliche mit geringer Qualifikation auf einen erfolgreichen Einstieg ins Berufsleben und auf ein lebenslanges Lernen (Tendenz zur Weiterqualifizierungsgesellschaft) vorzubereiten?
- Wie kann die selektive Funktion der sozialen Herkunft für den Verbleib von Jugendlichen im Übergangssystem minimiert werden (Stichwort Bildungsgerechtigkeit)?
- Wie müssen strukturelle und soziale Voraussetzungen des Unterrichts im Übergangssystem organisiert sein, damit die Jugendlichen Erfahrungen von Anerkennung und sozialer Wertschätzung machen können?
- Welche Bedeutung haben der Deutsche und der Europäische Qualifikationsrahmen (DQR/EQR) und seine bildungspolitischen Implikationen für gering qualifizierte und von Arbeitslosigkeit bedrohte Jugendliche?

Friederike Frieling/Joachim Gerd Ulrich

Das Übergangssystem von der Schule in den Beruf – Fakten und Tendenzen

Einleitung

Das so genannte „Übergangssystem" hat in der bildungspolitischen Debatte keinen besonders guten Ruf. Es wurde in den letzten Jahren als „Labyrinth", (Münk/Rützel/Schmidt, 2010), als „Black Box" (Bojanowski/Eckert, 2012), als „Warte- und Endlosschleife zwischen Bildung und Beschäftigung" (Neß, 2007) oder gar als „Kollateralschaden des dualen Systems" (Münk, 2010, S. 43) bzw. als Symptom für den „drohenden GAU" unseres Berufsbildungssystems gedeutet (Greinert, 2007). Das Übergangssystem gilt als Sammelbecken der gescheiterten Bildungskarrieren, das seinerseits kaum zur Chancenverbesserung der Jugendlichen beitrage. Zudem wird es als Zeichen für die Hilflosigkeit der Politik interpretiert, die angesichts einer begrenzten Aufnahmekapazität und Aufnahmebereitschaft des dualen Berufsausbildungssystems nicht wisse, wohin sie mit einem Teil der Jugendlichen soll (Euler, 2005).

Andererseits gibt es Stimmen, die für einen positiveren Blick auf das Übergangssystem werben. Das System leiste demnach durchaus nützliche Arbeit und trage unter bestimmten Bedingungen zu einer Chancenverbesserung der Jugendlichen bei (Beicht, 2009; Beicht/Eberhard, 2013; Braun/Geier, 2013), es sei von den Jugendlichen zum Teil erwünscht (Autorengruppe BIBB/Bertelsmann Stiftung, 2011), und es werde auch bei einem weitgehend entspannten Ausbildungsstellenmarkt eine Zukunft haben (Maier/Ulrich, 2012a).

Vor diesem kontroversen Diskussionshintergrund wollen wir uns mit dem umstrittenen „Übergangssystem" auseinandersetzen. Wir werden eine genauere Definition dieses Sektors vornehmen (Kap. 1), aufzeigen, wie sich die Teilnehmerzahlen in den vergangenen Jahren entwickelten (Kap. 2), welche Diskurse das Übergangssystem im Zusammenhang mit der Ausbildungsmarktkrise im letzten Jahrzehnt auslöste (Kap. 3), über welche Reformbestrebungen bislang nachgedacht wurde, welche Reformen bereits umgesetzt wurden (Kap. 4) und mit welcher weiteren Entwicklung in den kommenden Jahren zu rechnen ist (Kap. 5).

1. Zum Begriff des „Übergangssystems"

Das so genannte „Übergangssystem" soll als Schnittstelle zwischen dem Abschluss der Sekundarstufe I und dem Beginn einer vollqualifizierenden, nichtakademischen Berufsausbildung fungieren. Es stellt einerseits einen *Sektor mit spezifischen Bildungsgängen* (Kap. 1.1) und andererseits eine *institutionelle Ordnung* des Übergangs von der Schule in die vollqualifizierende Berufsausbildung dar (Kap. 1.2).

1.1 Das Übergangssystem als Bildungssektor

Definition: Als *Bildungssektor* umfasst das Übergangssystem teilqualifizierende Bildungsgänge beruflicher Schulen sowie Maßnahmen schulischer und außerschulischer Träger, die keinen vollqualifizierenden Berufsabschluss anbieten.

Nicht immer eindeutig war bislang, inwieweit auch berufliche Bildungsgänge zum Übergangssystem zu zählen sind, die zu einer Studienberechtigung führen (z.B. Fachoberschulen oder höhere Handelsschulen). Für deren Berücksichtigung spricht, dass zumindest ein Teil der betreffenden Schüler versucht, auf diesem Wege seine Eintrittschancen in anspruchsvolle und attraktive nichtakademische Ausbildungsberufe zu verbessern. Er verzichtet dabei auf die Einlösung der Studienoption. Während der Ausbildungsmarktkrise des letzten Jahrzehnts wurde zudem beobachtet, dass diese Bildungsgänge von erfolglosen Ausbildungsstellenbewerbern mit mittlerem Schulabschluss als Überbrückung gewählt wurden. Dies bewog einige Autoren, diese Bildungsgänge ebenfalls zum Übergangssystem zu rechnen (Ulrich, 2008). Auch das Land Nordrhein-Westfalen hat sich dazu entschieden, studienqualifizierende Bildungsgänge ebenfalls dem „Übergangssystem" zuzuordnen (Ministerium für Arbeit, 2012; Schepers, 2012).

Bei der Etablierung der so genannten „integrierten Ausbildungsberichterstattung" (iABE) wurde jedoch anders verfahren. Die iABE stellt eine Synopse zur Bildungsbeteiligung junger Menschen im Anschluss an die Sekundarstufe I dar (Bamming und Schier, 2010). Insgesamt unterscheidet sie vier übergeordnete Bildungssektoren, neben dem Übergangssystem die Sektoren Berufsausbildung, Studium sowie Erwerb einer Hochschulzugangsberechtigung (Bamming/Schier, 2010). Bildungsgänge, die zum Abitur, Fachabitur oder zur Fachhochschulreife führen, werden hier zu einem eigenständigen Bildungssektor zusammengefasst. Das Übergangssystem, das in der iABE als „Übergangsbereich" bzw. als Sektor „Integration in Ausbildung" bezeichnet wird, enthält somit nur teilqualifizierende beruflichen Bildungsgänge, die zwar auch noch nachträglich zu einem Schulabschluss der Sekundarstufe I (Hauptschulabschluss, mittlerer Abschluss) führen können, nicht aber zu einem Schulabschluss der Sekundarstufe II (Statistisches Bundesamt, 2012). Wir wollen im Rahmen dieses Beitrags im Wesentlichen dieser Definition folgen.

1.2 Struktur des Übergangssystems

Der Übergangssektor wurde in der iABE bislang in zehn (Statistisches Bundesamt, 2013), in anderen Veröffentlichungen (Statistische Ämter des Bundes und der Länder, 2012) auch in sechs Konten unterteilt, denen wiederum Unterkonten zugeordnet sind (vgl. Übersicht 1: Sektor II).

Sektor			Anfänger	
			abs.	in %
I	Berufsausbildung		730.352	100,0
	I 01	Berufsausbildung im dualen System	512.773	70,2
	I 02	Vollqualifizierende Berufsabschlüsse an Berufsfachschulen nach BBiG/HwO	5.383	0,7
	I 03	Berufsfachschulen vollqualifizierend außerhalb BBiG/HwO	17.770	2,4
	I 04	Bildungsgänge an Berufsfachschulen und Fachgymnasien, die einen Berufsabschluss und zugleich eine Hochschulzugangsberechtigung vermitteln	24.232	3,3
	I 05	Landes- oder bundesrechtlich geregelte Ausbildung in Berufen des Gesundheits-, Erziehungs- und Sozialwesens	162.363	22,2
	I 06	Berufsausbildung in einem öffentlich-rechtlichen Ausbildungsverhältnis (Beamtenausbildung mittlerer Dienst)	7.831	1,1
II	Integration in Ausbildung (Übergangsbereich)		266.732	100,0
	II 01	Bildungsgänge an Berufsfachschulen, die einen allgemeinbildenden Abschluss der Sekundarstufe I vermitteln	48.486	18,2
	II 02	Bildungsgänge an Berufsfachschulen, die eine berufliche Grundbildung vermitteln, die angerechnet werden kann	42.046	15,8
	II 03	Berufsgrundbildungsjahr (Vollzeit/Schulisch)	26.972	10,1
	II 04	Bildungsgänge an Berufsfachschulen, die eine berufliche Grundbildung vermitteln, ohne Anrechnung	18.828	7,1
	II 05	Berufsvorbereitungsjahr inkl. einjährige Berufseinstiegsklassen	38.685	14,5
	II 06	Bildungsgänge an Berufsschulen für erwerbstätige/erwerbslose Schüler ohne Ausbildungsvertrag	18.365	6,9
	II 07	Bildungsgänge an Berufsschulen für Schüler ohne Ausbildungsvertrag, die allgemeine Abschlüsse der Sek I anstreben	2.258	0,8
	II 08	Pflichtpraktika vor der Erzieherausbildung an beruflichen Schulen	3.835	1,4
	II 09	Berufsvorbereitende Bildungsgänge der Bundesagentur für Arbeit	54.699	20,5
	II 10	Einstiegsqualifizierung (Bundesagentur für Arbeit)	12.558	4,7
	II 0N	Nachrichtlich: Maßnahmen der Arbeitsverwaltung an beruflichen Schulen	25.161	9,4
III	Erwerb einer Hochschulzugangsberechtigung (HZB) in der SEK II		505.129	100,0
	III 01	Bildungsgänge an Fachoberschulen, die eine HZB vermitteln, ohne vorhergehende Berufsausbildung	56.819	11,2
	III 02	Bildungsgänge an Fachgymnasien (beruflichen Gymnasien), die eine HZB vermitteln	61.249	12,1
	III 03	Bildungsgänge an Berufsfachschulen, die eine HZB vermitteln	41.942	8,3
	III 04	Sekundarstufe II an allgemeinbildenden Schulen	345.119	68,3
IV	Studium		496.083	100,0

Quelle: Schnellmeldung des Statistischen Bundesamtes für 2012 (vgl. Statistisches Bundesamt, 2013)

Übersicht 1: Vorläufige Ergebnisse der Integrierten Ausbildungsberichterstattung (i ABE) für das Jahr 2012

Unterschieden werden berufsfachschulische Bildungsgänge, die Funktionen der allgemeinbildenden Schulen übernehmen (durch die Erfüllung der Schulpflicht bzw. die Möglichkeit zum nachträglichen Erwerb eines Schulabschlusses der Sekundarstufe I), berufsgrundbildende Programme mit späterer Anrechenbarkeit auf eine vollqualifizierende Berufsausbildung, berufsvorbereitende Programme ohne Anrechenbarkeit, berufsvorbereitenden Maßnahmen der Arbeitsverwaltung inklusive der Einstiegsqualifizierung sowie Pflichtpraktika vor der Erzieherausbildung. Letztlich soll der Übergangsbereich bei jeweils unterschiedlichen Zielsetzungen der einzelnen Bildungsgänge mindestens fünf verschiedene Funktionen erfüllen:

- Förderung der Ausbildungs- und Berufswahlreife und damit Sicherstellung der individuellen Voraussetzungen zur Aufnahme einer vollqualifizierenden Berufsausbildung,
- Bereitstellung von Bildungsgängen, in denen minderjährige Jugendliche ihre Schulpflicht erfüllen können,
- Vermittlung eines Schulabschlusses (bei fehlendem Hauptschulabschluss) oder eines mittleren Schulabschlusses (bei vorhandenem Hauptschulabschluss) zur Verbesserung der individuellen Bildungsoptionen,
- Vermittlung von ersten Teilen einer vollqualifizierenden Berufsausbildung verbunden mit der Möglichkeit bzw. der Chance, diese später zur Verkürzung einer regulären Berufsausbildung anrechnen zu lassen,
- Bereitstellung eines alternativen Verbleibangebots im beruflichen Bildungssystem für erfolglose Ausbildungsstellenbewerber.

Dass gerade der Übergangsbereich im Rahmen der integrierten Ausbildungsberichterstattung die höchste Zahl der Konten bzw. Unterkonten auf sich vereint, ist angesichts seiner funktionalen Vielfalt sicherlich kein Zufall. Der Übergangsbereich ist stark fragmentiert, wobei sich in dieser Hinsicht, aber auch in Hinblick auf die quantitative Bedeutung dieses Sektors große Unterschiede zwischen den 16 Bundesländern ausmachen lassen (Dionisius/Schier/Ulrich, 2013). Denn die Bundesländer setzten in Hinblick auf die funktionale Ausrichtung des Übergangsbereichs sehr unterschiedliche Schwerpunkte. Damit geht eine beträchtliche Heterogenität der Teilnehmergruppen einher. So konzentrieren sich die Teilnehmerkreise in Mecklenburg-Vorpommern stark auf Jugendliche ohne (Haupt-)Schulabschluss, die 2010 52% aller Anfänger im Übergangsbereich ausmachten. Jugendliche mit einem mittleren Abschluss sind nur selten vertreten (16%). In Baden-Württemberg dagegen beträgt der Anteil der Ausbildungsanfänger ohne (Haupt-)Schulabschluss lediglich 11%, während immerhin 36% bereits bei Eintritt in den Übergangsbereich über einen mittleren Schulabschluss verfügen (Statistische Ämter des Bundes und der Länder, 2012, 51). Dies hängt auch damit zusammen, dass viele dieser Jugendlichen erste Teile ihrer Berufsausbildung im Übergangsbereich absolvieren, häufig verbunden mit einem bereits abgeschlossenen Ausbildungs- oder Ausbildungsvorvertrag mit einem Betrieb (Landesinstitut für Schulentwicklung; Statistisches Landesamt Baden-Württemberg, 2011, S. 158ff.).

Alles in allem variieren die Landesunterschiede in Hinblick auf die funktionale Ausrichtung und die quantitative Bedeutung des Übergangsbereichs merklich entlang der West-Ost-Achse (Statistisches Bundesamt, 2012). In den neuen Ländern spielt das Übergangssystem eine geringere Rolle als im Westen; zugleich konzentriert es sich viel stärker auf typische Benachteiligtengruppen unter den Schulabgängern. In den alten Ländern ist der Übergangsbereich breiter aufgestellt, und die Schulbildung der Teilnehmer ist im Schnitt wesentlich höher.

Die Zahl der Anfänger im Übergangsbereich lag 2012 insgesamt bei 266.732 (vgl. Übersicht 1). Die höchsten Anfängeranteile entfielen auf die berufsvorbereitenden Programme und Bildungsgänge der Arbeitsverwaltung (20,5%), gefolgt von berufsfachschulischen Bildungsgängen, die zu einem (höheren) Schulabschluss führen (18,2%), sowie den berufsfachschulischen Programmen mit der Möglichkeit zur Anrechnung auf eine spätere Berufsausbildung (15,8%).

1.3 Das Übergangssystem als institutionelle Ordnung: Marktförmiger Inklusionsmechanismus

Das Übergangssystem kann nicht nur als Bildungssektor, sondern auch als eine institutionelle Ordnung verstanden werden. Diese Ordnung konstituiert sich aus all jenen Bestimmungen und Bedingungen, nach denen ausbildungsinteressierten Jugendlichen ein Zugang in eine nichtakademische vollqualifizierende Berufsausbildung gewährt wird (Eberhard/Ulrich, 2010b; Ulrich, 2012b, 2013).

Diese Bedingungen unterscheiden sich deutlich von denen des Hochschulsektors. Im Hochschulsektor erfolgt die Inklusion der Bildungsteilnehmer[1] überwiegend *regelförmig*: Sofern Studieninteressierte bestimmten formellen Aufnahmeregeln entsprechen, werden sie integriert. Zu den Regeln zählt vor allem, dass sie über ein formelles Zertifikat der Studierfähigkeit („Hochschulreife“) verfügen, das i.d.R. über den erfolgreichen Besuch einer Schule erworben wird. Wollen sie darüber hinaus stark nachgefragte, von den Platzzahlen begrenzte Studienfächer belegen, gilt häufig die Regel der Rangreihung der Bewerber nach der Abiturnote. Für die Studieninteressierten ist ein solcher regelförmiger Inklusionsmechanismus mit einer relativ hohen Transparenz verbunden. Die Informationskosten, ob die Bewerbung um einen Studienplatz erfolgreich sein könnte, sind dementsprechend gering.

Innerhalb des dualen Berufsausbildungssystems herrscht dagegen, wie dies auch im Beschäftigungssystem der Fall ist, ein *marktförmiger* Inklusionsmechanismus vor. Ausbildungsinteressierte Jugendliche bieten sich als Lehrlingskandidaten bei den Betrieben an, und diese entscheiden, inwieweit das Angebot ihrer Nachfrage bzw. ihrem Bedarf entspricht (Ulrich, 2012b; Solga/Menze, 2013). Das Berufsbildungsgesetz (BBiG), das das duale Berufsausbildungssystem ordnet, enthält keinerlei

---

1 Wir nutzen den Inklusionsbegriff an dieser Stelle im soziologischen Sinne allgemein als Aufnahme von Personen in gesellschaftliche Teilsysteme (Esser, 2000, S. 233ff.) und beziehen ihn damit nicht nur auf die Teilhabe von Menschen mit Behinderungen.

Vorgaben zur schulischen Mindestqualifikation von Ausbildungsstellenbewerbern (Lakies/Nehls, 2007). Es gibt auch kein formelles Zertifikat der „Ausbildungsreife" (analog zur Hochschulreife), das allgemeinbildende Schulen verleihen und das ausbildungsinteressierten Jugendlichen einen Regelzugang in die Berufsausbildung garantiert. Selbst jene Jugendlichen haben keinen Anspruch auf eine betriebliche Berufsausbildungsstelle, die von der Berufsberatung der Arbeitsverwaltung als geeignet für die von ihnen umworbenen Ausbildungsberufe befunden werden und von ihr den offiziellen Status eines Ausbildungsstellenbewerbers erhalten (vgl. Bundesagentur für Arbeit, 2012a). Ob, in welchem Umfang und wer ausgebildet wird, hängt somit im Wesentlichen vom Ausbildungsbedarf der Betriebe, Praxen und Verwaltungen ab.

Nach welchen Kriterien und anhand welcher diagnostischen Methoden die Betriebe, Praxen und Verwaltungen ihre Auszubildenden auswählen, können die Jugendlichen vorab kaum überblicken. Denn die Betriebe ziehen bei der Beurteilung der Bewerberqualifikation keineswegs nur formelle Aspekte wie Schulabschlüsse und Noten heran, sondern auch informelle Kriterien bis hin zum persönlichen Eindruck und „Bauchgefühl" (Imdorf, 2010, 2012). Zum Teil spielen bei der Auswahl auch Beziehungen eine Rolle, so dass die Kinder von Mitarbeitern, Geschäftspartnern oder Kunden bevorzugt eingestellt werden (Schaub, 1991).[2] Darüber hinaus machen die Betriebe ihre Selektionskriterien von der Marktlage und der Länge der Bewerberschlange abhängig (Eberhard, 2012).

All dies führt dazu, dass ausbildungsinteressierte Jugendliche die tatsächlichen Erfolgschancen ihrer Bewerbung meist nicht genau einschätzen können. Die Bewegung auf dem Ausbildungsmarkt ist somit oft mit hohen Informationskosten verbunden, die sich vor allem in der Zahl der Bewerbungen und der Dauer bis zum erfolgreichen Ausbildungseintritt widerspiegeln. Dabei werden ausgerechnet jenen ausbildungsinteressierten Jugendlichen die höchsten Informationskosten zugemutet, die oft die ungünstigsten Voraussetzungen dafür mitbringen, diese Kosten zu tragen: Mit der Aufgabe, möglicherweise Dutzende von Bewerbungen zu schreiben, Misserfolge womöglich auch über mehrere Jahre hinweg zu ertragen, ohne zu resignieren, sehen sich vor allem leistungsschwächere Jugendlichen konfrontiert, die nicht selten zugleich aus sozial schwachen Familien stammen (Eberhard/Ulrich, 2010b; Ulrich, 2012c).

---

2 Nach den hoch gerechneten Ergebnissen der zum Jahreswechsel 2012/2013 durchgeführten BA/BIBB-Bewerberbefragung gingen 2012 rd. 19.400 der bei der Arbeitsverwaltung und den Arbeitsgemeinschaften (ARGEn) registrierten Ausbildungsstellenbewerber davon aus, ihre betriebliche Lehrstelle auch deshalb erhalten zu haben, weil „andere (Eltern, Freunde, Bekannte) ... sich dort für mich eingesetzt" haben.

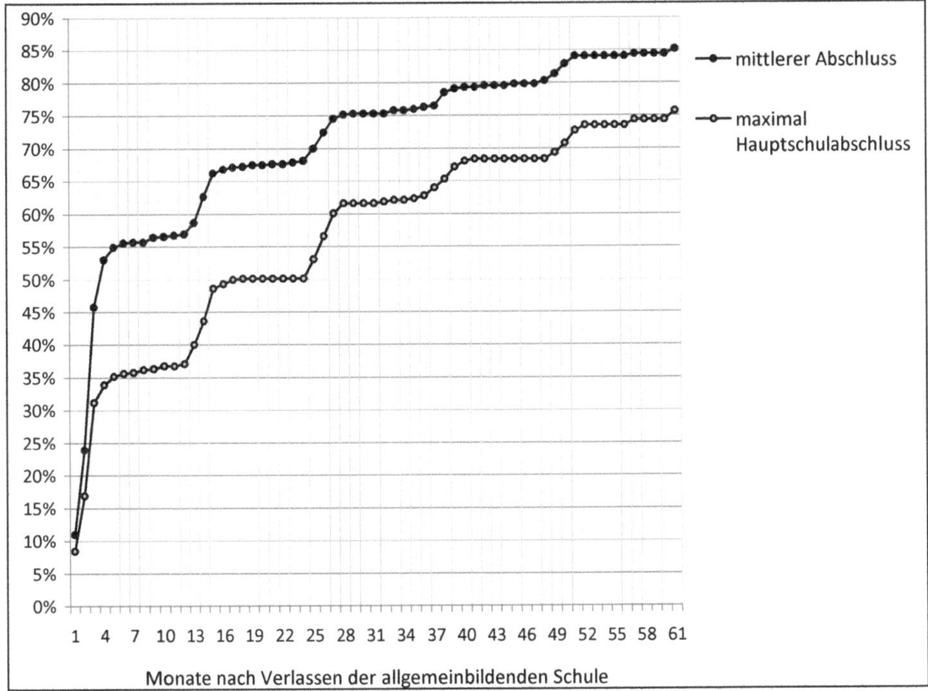

Kaplan-Meier-Berechnung (n = 2.110, darunter 745 zensierte Fälle)
Quelle: BIBB-Übergangsstudie 2011, entnommen aus: Eberhard u.a. (2013)

Übersicht 2: Entwicklung der kumulierten Einmündungsquote in *betriebliche* Berufsausbildung bei nichtstudienberechtigten Schulabgängern und -absolventen der 2000er-Jahre, die bei Verlassen der Schule eine betriebliche Berufsausbildungsstelle gesucht hatten

Wie Ergebnisse der BIBB-Übergangsstudie 2011 zeigten, benötigten die nichtstudienberechtigten Schulabgänger und -absolventen, die im ersten Jahrzehnt dieses Jahrhunderts die allgemeinbildende Schule verließen, zum Teil mehrere Jahre, bis sich ihr Ausbildungswunsch realisierte (vgl. Übersicht 2). Dabei waren die Chancen der Hauptschüler nochmals deutlich schlechter als die der Absolventen mit mittlerem Schulabschluss (Eberhard u.a., 2013), ein Ergebnis, das sich auch in vielen anderen Übergangsstudien zeigt (Beicht/Friedrich/Ulrich, 2008; Friedrich, 2009; Protsch/Solga, 2012).

1.4 Kompensationsregeln im Falle eines Lehrstellenmangels

Da ein marktförmiger Inklusionsmechanismus oft nicht alle ausbildungsinteressierten Jugendlichen aufzunehmen vermag, sind regelförmige Inklusionsformen erforderlich, um die erfolglosen Ausbildungsstellenbewerber zumindest in alternativen Bildungsgängen aufzufangen. Im Osten Deutschlands wurden alternative Inklusionsformen bis in die jüngere Vergangenheit hinein verstärkt mit *vollqualifizierender „außerbe-*

trieblicher" Berufsausbildung verknüpft, die überwiegend öffentlich finanziert wurde (Eberhard/Ulrich, 2010a). Bis einschließlich zum Jahr 2010 existierte ein spezielles Bund-Länder-Programm für so genannte „marktbenachteiligte" Jugendliche, mit dem ein vollqualifizierendes Ersatzangebot für erfolglose Ausbildungsstellenbewerber bereitgestellt wurde (Berger/Braun/Schöngen, 2007). Dementsprechend verblieb ein größerer Teil der Bewerber, die *nicht* in eine ungeförderte („betriebliche") Berufsausbildungsstelle einmündeten, in öffentlich geförderter („außerbetrieblicher") Berufsausbildung. In Westdeutschland fiel dieser Anteil niedriger aus (Übersicht 3).

Im Westen Deutschlands wurden regelförmige, überwiegend öffentlich finanzierte Inklusionsformen in vollqualifizierende duale Berufsausbildung bislang auf Jugendliche konzentriert, denen infolge von *sozialer Benachteiligung* oder *Lernbeeinträchtigungen* oder *Behinderungen* ein spezifischer individueller Förderbedarf attestiert wurde. Als eine Aufnahmevoraussetzung galt der vorausgegangene Besuch eines berufsvorbereitenden Bildungsgangs. Für *marktbenachteiligte* Bewerber, die als Folge eines unzureichenden Lehrstellenangebots bei ihrer Ausbildungsplatzsuche erfolglos blieben, gab es ein Angebot für eine ersatzweise außerbetrieblich durchgeführte Berufsausbildung dagegen nicht, nur in sehr geringem Umfang oder nur zu bestimmten Jahren. Denn zu einem stärkeren Ausbau außerbetrieblicher Berufsausbildung für Marktbenachteiligte kam es in Westdeutschland nur temporär im Zuge des so genannten „Sofortprogramms zum Abbau der Jugendarbeitslosigkeit" Ende der 1990er-Jahre (Bundesministerium für Bildung und Forschung, 1999, 8f.).

In allen anderen Jahren blieben vergleichbare Programme aus. Dies war auch deshalb der Fall, weil die offiziellen Ausbildungsmarktbilanzen kaum einen Handlungsbedarf signalisierten. Denn nach der traditionellen Bilanzierungsformel gelten als unversorgte Ausbildungsstellenbewerber nur jene wenigen Jugendlichen, die sich am Bilanzierungsstichtag weder in einer dualen Berufsausbildung noch in einer Alternative befinden (Ulrich, 2012a). Zu den „Alternativen" zählen aber nicht nur vollqualifizierende Berufsausbildungen in Schulen und Hochschulen, sondern auch berufsvorbereitende Maßnahmen, Praktika oder Aushilfstätigkeiten. Somit gab es statistisch Jahr für Jahr nur wenig „unversorgte Bewerber" bzw. „erfolglose Ausbildungsplatznachfrager" und damit auch nur wenig Signale, die auf einen dringenden bildungspolitischen Handlungsbedarf hindeuteten.

Da somit für rein marktbenachteiligte Bewerber in der Regel kaum Alternativen im außerbetrieblichen Berufsbildungssegment bereitgestellt wurden, blieb für die Betroffenen meist nur die Möglichkeit übrig, Wartezeiten bis zur nächsten Bewerbungsrunde zu überbrücken, sei es durch Jobben und Erwerbstätigkeit, den vorgezogenen Wehr- oder Zivildienst, erneuten Schulbesuch oder den Eintritt in eine der Maßnahmen und Bildungsgänge im Übergangssystem. Nach Plicht (2010, 25f.) stellten ausbildungsreife, marktbenachteiligte Ausbildungsstellenbewerber im Jahr 2006 mehr als zwei Fünftel aller 88.000 Teilnehmer, die bis Ende des betreffenden Jahres in eine berufsvorbereitende Maßnahme eintraten. Es entstand damit ein verhängnisvoller Zirkel: Weil es keine vollqualifizierenden Alternativangebote gab, wurde das Übergangssystem genutzt, um erfolglose Bewerber zu versorgen. Da die erfolglosen

Bewerber im Übergangssystem aber als versorgt galten, fielen die Angebots-Nachfrage-Relation und damit die Versorgungsbilanz auf dem Ausbildungsstellenmarkt stets weitgehend ausgeglichen aus, so dass es anscheinend keinen Anlass gab, mehr außerbetriebliche Ausbildungsplätze bereitzustellen (Granato/Ulrich, 2013, S. 325). Die Anfängerzahlen des Übergangssystems schwollen in den Zeiten der sich zuspitzenden Lehrstellenkrise somit immer stärker an.

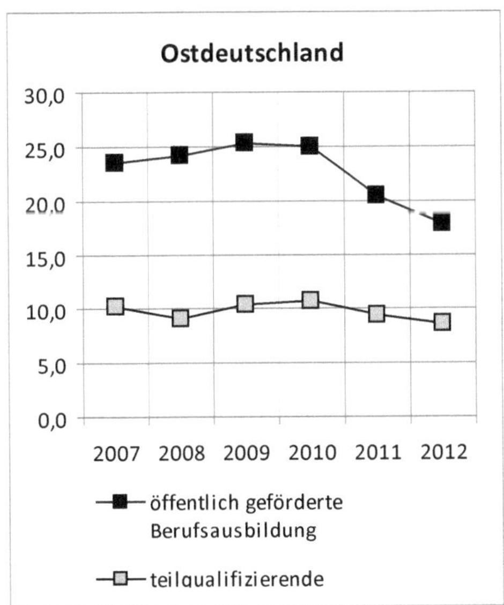

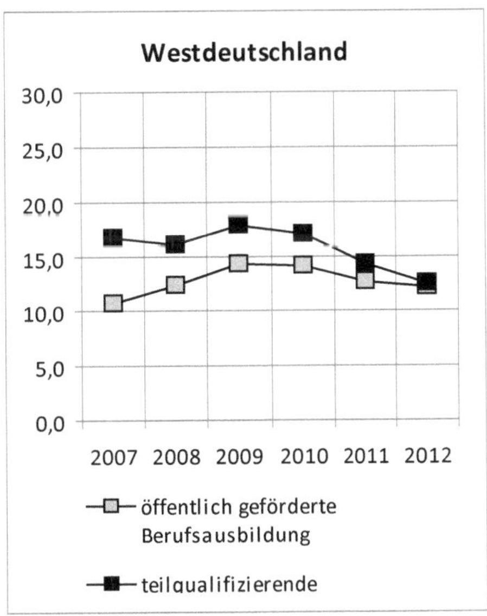

Quellen: Bundesagentur für Arbeit (2008), Bundesagentur für Arbeit (2012b), eigene Berechnungen

Übersicht 3: Verbleibe von bei der Arbeitsverwaltung gemeldeten Berufsausbildungsstellenbewerbern, die nicht in eine ungeförderte („betriebliche“) Berufsausbildungsstelle einmündeten, in den Jahren 2007 bis 2012 (in %)

2. Entwicklung der Einmündungszahlen in das „Übergangssystem“: ein Rückblick

Die Anfängerzahl im Übergangsbereich wurden – so, wie dieser Sektor im Rahmen der integrierten Ausbildungsberichterstattung (i ABE) definiert wurde – rückwirkend nur bis zum Jahr 2005 berechnet (Statistisches Bundesamt, 2012). Für die Jahre zuvor sind jedoch unter Verwendung regressionsanalytischer Ansätze recht zuverlässige Schätzungen möglich (Maier/Ulrich, 2012a). In Übersicht 4 auf der folgenden Seite wird unter Einschluss dieser Schätzungen wiedergegeben, wie sich die bundesweite Anfängerzahl in den letzten zwei Jahrzehnten entwickelte.

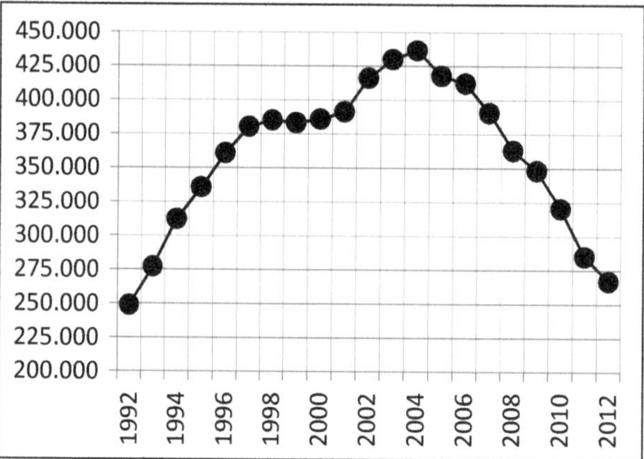

Quellen: Statistische Ämter des Bundes und der Länder (2012); Statistisches Bundesamt (2013): Die Zahlen für 1992 bis 2004 wurden in Anlehnung an das Vorgehen bei Maier/Ulrich (2012a) rückwirkend geschätzt

Übersicht 4: Entwicklung der Ausbildungsanfängerzahlen im Übergangssystem zwischen 1992 und 2012

Demnach dürften 1992 rund 250.000 Jugendliche in den Übergangsbereich eingemündet sein. In den Folgejahren stieg ihre Zahl rapide an und erreichte im Jahr 2004 mit rd. 436.000 ihren Höhepunkt. Danach fiel sie wieder stark ab. Mit 284.900 lag sie im Jahr 2011 erstmalig seit 1993 unterhalb der 300.000er-Marke. 2012 fiel sie weiter auf nunmehr 266.700.

Was sind die Ursachen für diesen U-förmigen Verlauf? Maier und Ulrich (2012a) identifizierten zwei Faktoren:

- Zum einen ist es die Veränderung in der Zahl nichtstudienberechtigter Abgänger und Absolventen aus den allgemeinbildenden Schulen. Die Zahl stieg seit 1992 mehr oder weniger kontinuierlich an und lag 2004 um 136.700 Personen höher als im Ausgangsjahr. Der Zuwachs hatte demografische Gründe. Zwar war die Geburtenrate bereits seit langem auf einem ähnlich niedrigen Niveau wie heute, doch gelangten die Kinder der geburtenstarken Jahrgänge in ihr Jugendalter. Seit 2005 sank die Zahl der nichtstudienberechtigten Abgänger und Absolventen aus den allgemeinbildenden Schulen jedoch wieder und fiel bis 2012 auf 534.600, dem niedrigsten Wert seit der Wiedervereinigung (Spalte 1 in Übersicht 5).
- Zum anderen ist die Entwicklung des Ausbildungsplatzangebots im dualen Berufsausbildungssystems zu nennen: Es fiel von 721.800 im Jahr 1992 auf nur noch 562.800 im Jahr 2005. Damit standen in Relation zu den Ausbildungsinteressierten immer weniger Angebote zur Verfügung, und der Anteil der Ausbildungsinteressierten, die in eine duale Berufsausbildung einmündeten, verringerte sich von 74,7% im Jahr 1992 auf nur noch 59,2% im Jahr 2005 (Spalte 6 in Übersicht 5). Dem Übergangssystem kam dementsprechend zunehmend die Funktion eines Auffangbeckens zu, dessen Relevanz (Spalte 7 in Übersicht 5) erst mit der seit 2007 wieder verbesserten Ausbildungsmarktlage wieder zurückging.

Jahr	Nichtstudienberechtigte Abgänger und Absolventen aus allgemeinbildenden Schulen	An dualer Ausbildung ausbildungsinteressierte Personen	Ausbildungsangebote im dualen System	Ausbildungsanfänger im dualen System	Ausbildungsanfänger im Übergangssystem[1)]	Einmündungsquote ausbildungsinteressierter Personen in duale Berufsausbildung (Sp.4/Sp.2)	Relation: Anfänger im Übergangssystem zu Anfängern im dualen System (Sp.5/Sp.4)
	Sp.1	Sp.2	Sp.3	Sp.4	Sp.5	Sp.6	Sp.7
1992	578.054	796.869	721.825	595.215	248.668	74,7%	41,8%
1993	594.170	798.941	655.857	570.120	277.133	71,4%	48,6%
1994	615.459	838.351	622.234	568.082	312.052	67,8%	54,9%
1995	634.792	876.594	616.988	572.774	335.542	65,3%	58,6%
1996	657.197	913.223	609.274	574.327	360.751	62,9%	62,8%
1997	676.257	955.617	613.381	587.517	380.362	61,5%	64,7%
1998	686.210	992.712	635.933	612.529	385.003	61,7%	62,9%
1999	689.021	1.013.805	654.454	631.015	383.076	62,2%	60,7%
2000	685.274	992.150	647.383	621.693	385.854	62,7%	62,1%
2001	691.786	966.510	638.772	614.238	391.261	63,6%	63,7%
2002	689.770	936.147	590.328	572.322	415.951	61,1%	72,7%
2003	702.649	938.682	572.475	557.634	429.826	59,4%	77,1%
2004	714.789	945.531	586.359	572.979	436.394	60,6%	76,2%
2005	703.436	929.247	562.815	550.179	417.647	59,2%	75,9%
2006	696.817	973.647	591.555	576.153	412.083	59,2%	71,5%
2007	677.587	1.038.663	644.244	625.884	390.552	60,3%	62,4%
2008	634.609	954.351	635.850	616.341	363.037	64,6%	58,9%
2009	597.018	864.909	581.562	564.306	348.217	65,2%	61,7%
2010	568.787	845.028	579.564	559.959	320.173	66,3%	57,2%
2011	543.092	833.274	599.070	569.379	284.922	68,3%	50,0%
2012	534.584	824.628	584.547	551.271	266.732	66,9%	48,4%

[1)] Zahlen für die Jahre 1992 bis 2004 rückwirkend geschätzt.

Quellen: Statistisches Bundesamt, Bundesagentur für Arbeit, Bundesinstitut für Berufsbildung, eigene Berechnungen

Übersicht 5: Eckdaten zur Ausbildungsbeteiligung Jugendlicher zwischen 1992 und 2012

Die kompensatorische Funktion des Übergangsbereichs gegenüber einer unzureichenden Integrationsleistung des dualen Berufsausbildungssystems lässt sich durch eine einfache Zusammenhangsanalyse anschaulich demonstrieren. In Übersicht 6 auf der folgenden Seite wird für jedes der Jahre 1992 bis 2012 wiedergegeben, wie hoch die Einmündungsquote ausbildungsinteressierter Jugendlicher in duale Berufsausbildung ausfiel (y-Achse) und welche quantitative Bedeutung dem Übergangsbereich im jeweiligen Jahr zukam – gemessen über das rechnerische Verhältnis zwischen den beiden Anfängerzahlen im Übergangssystem und im dualen Berufsausbildungssystem (x-Achse). Die eingezogene Regressionsgerade spiegelt eine stark negative Korrelation wider: Je geringer die Aufnahmeleistung des dualen Berufsausbildungssystems ist, desto größer ist die quantitative Bedeutung des Übergangssystems (in Relation zum Berufsausbildungssystem).

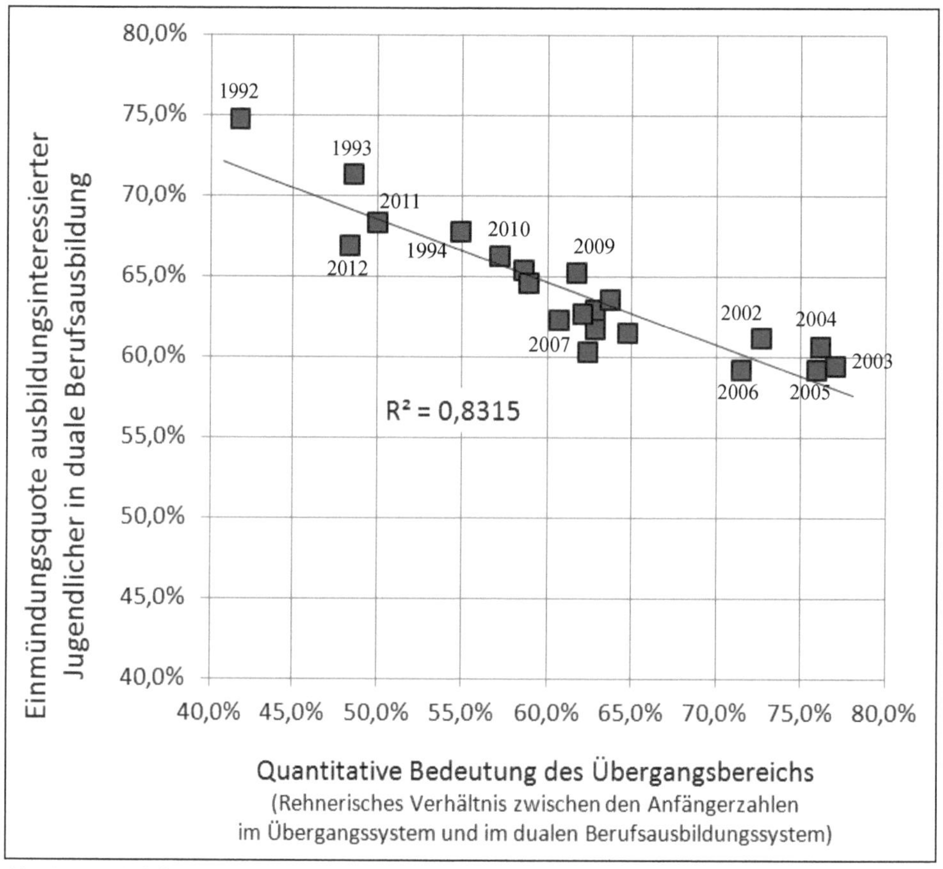

Abgetragen sind die paarweisen Jahreswerte im Zeitraum 1992 bis 2012.
Quellen: Statistisches Bundesamt, Bundesagentur für Arbeit, Bundesinstitut für Berufsbildung, eigene Berechnungen

Übersicht 6: Zusammenhang zwischen der Einmündungsquote in duale Berufsausbildung und der quantitativen Bedeutung des Übergangssystems (gemessen am rechnerischen Verhältnis zwischen den Anfängerzahlen im Übergangssystem und im dualen Berufsausbildungssystem) in den Jahren 1992 bis 2012

Maier und Ulrich (2012a) analysierten die Entwicklung auf der Bundesebene 1992 bis 2011 und gelangten ebenfalls zum Schluss, das Übergangssystem diene gegenüber dem dualen Berufsausbildungssystem zumindest partiell als Auffangbecken. Dionisius,

Schier und Ulrich (2013) wiesen ähnliche Zusammenhänge für die Jahre 2005–2012 auf der Ebene der 16 Bundesländer nach: Die Entwicklung der Einmündungszahlen in die Übergangssysteme hingen demnach von der Höhe des betrieblichen Berufsausbildungsangebots ab. Ein höheres Angebot wirkte sich dämpfend auf die Anfängerzahlen im Übergangssektor aus. Darüber hinaus wurden die Einmündungszahlen in die Übergangssysteme der Länder maßgeblich von der Zahl der nichtstudienberechtigten Abgänger und Absolventen aus den allgemeinbildenden Schulen bestimmt. Erwartungsgemäß war dabei die Zahl der Schulabgänger mit maximal Hauptschulabschluss von größerer Bedeutung als die Zahl der Schulabgänger mit mittlerem Abschluss (die sich, sofern sie nicht in eine Berufsausbildung einmünden, im Sektor „Erwerb einer Hochschulzugangsberechtigung“ weiterqualifizieren können).

3. Das „Übergangssystem“ in der Diskussion

3.1 Wachsende Kritik am Übergangssystem im Zuge seiner Expansion

Mit dem stetigen Zuwachs an Ausbildungsanfängern im Übergangssystem nahm auch die Kritik von Fachleuten an diesem Sektor zu (Euler, 2005; Baethge/Solga/Wieck, 2007; Greinert, 2007; Neß, 2007; Münk, 2010). Das Übergangssystem wurde zum Symbol für eine verfehlte Berufsbildungspolitik. Wie zuletzt Baethge und Baethge-Kinsky (2013, 45) im Zusammenhang mit der Ausbildungsvorbereitung in Nordrhein-Westfalen resümierten, seien insbesondere folgende Punkte zu kritisieren: die „institutionelle Heterogenität“ und Zersplitterung in eine Vielzahl von Maßnahmen, die „‚Unschärfen‘ in der Adressierung“ (Überlappung von sehr unterschiedlichen Teilnehmergruppen), die stark variierenden Verantwortlichkeiten, die Variation in der „Verbindlichkeit und Dichte fachlicher und pädagogischer Zielvorgaben“ bzw. die „Standards der Durchführung“ sowie nicht zuletzt die zu geringen Anschlussperspektiven nach Beendigung der Berufsvorbereitung. In Übersicht 7 sind einige Stimmen exemplarisch aufgeführt.

Allerdings gab und gibt es auch Gegenstimmen, die für einen differenzierteren Blick auf das Übergangssystem werben (Beicht/Ulrich, 2008; Gaupp u.a., 2008; Beicht, 2009; Lex/Geier, 2010; Autorengruppe BIBB/Bertelsmann Stiftung, 2011; Reißig, 2012; Beicht/Eberhard, 2013). So verwiesen Beicht und Ulrich (2008, 287) mit Bezug auf die BIBB-Übergangsstudie 2005 zunächst darauf, dass immerhin gut die Hälfte der Jugendlichen in Berufsvorbereitung, Berufsgrundbildung und berufsfachschulischer Grundbildung die Teilnahme als wunschgemäß bezeichneten, zum Teil selbst dann, wenn der schwierige Ausbildungsmarkt zum Eintritt in das Übergangssystem beitrug (vgl. dazu auch Lex/Geier, 2010, 173f. mit ähnlichen Ergebnissen). In einer teilqualifizierenden Berufsfachschule zunächst einen höheren Schulabschluss zu erwerben, um damit die Chancen auf eine höherwertigere Berufsausbildung zu verbessern, ist „weniger eine Ausweichstrategie für schlechte Schülerinnen und Schüler, die aufgrund der schlechten Marktsituation keine Ausbildungsstelle bekommen, sondern eher die bewusste Entscheidung guter Schülerinnen und Schüler", so Geier (2013, 39) mit Bezug auf Ergebnisse des DJI-Übergangspanels (vgl. auch Braun/Geier, 2013).

„Zahlreiche Jugendliche vagabundieren durch Maßnahmekarrieren und machen noch vor dem Einstieg in Beruf und Arbeit die Erfahrung, dass sie nicht gebraucht werden. Wie die Diskussion über das Thema ‚Ausbildungsreife' zeigt, setzt sich gelegentlich die bedenkliche Tendenz durch, nicht die Probleme der Jugendlichen als Kernthema aufzunehmen, sondern die Jugendlichen selbst als das Problem zu definieren" (Euler, 2005, 205).

„... dem sog. „beruflichen Übergangssystem", eine ganz offensichtlich beschönigende Verlegenheitsbezeichnung für den sozialpolitisch skandalösen Dschungel von „Warteschleifen", in dem die überschüssige Nachfrage nach betrieblichen Ausbildungsplätzen von der offiziellen Berufsbildungspolitik seit Jahren geparkt wird" (Greinert, 2007, 2).

„... die Entstehung eines breiten Sektors der Dequalifizierung und Exklusion innerhalb des Gesamtsystems – offiziell als „Übergangssystem" bezeichnet" (Greinert, 2008, 11).

„Nun ist es Zeit, besonders an das Übergangssystem die Frage zu richten: Übergang wohin? In der Regel führen die im Übergangssystem eingelagerten Bildungsgänge wie z.B. das Berufsvorbereitungsjahr, das Berufsgrundbildungsjahr und die Maßnahmen der Bundesagentur für Arbeit nicht zu einem Berufsabschluss oder zu einer Anrechnung auf einen voll qualifizierenden schulischen oder dualen Ausbildungszugang. Dadurch sind bildungspolitische Fehlentwicklungen eingetreten, deren negative Folgen für Absolventen des Übergangssystems am Ausbildungs- und Arbeitsmarkt erfahrbar werden. So lauten die öffentlich immer deutlicher geäußerten Vorbehalte gegenüber dieser Jugendarbeitslosigkeit entgegengewirkten Intervention des Staates u.a. Ineffektivität der Lernzeiten, Intransparenz der Lerninhalte, Versäulung der beruflichen Sektoren, negative Stigmatisierung der schulischen Organisationsformen, fehlende Anrechnung und Anerkennung der Lernergebnisse" (Neß, 2007, 13).

Übersicht 7: Kritische Stimmen zum Übergangssystem

Im Rahmen der BIBB-Übergangsstudie 2005 zogen die meisten Teilnehmer am Übergangssystem eine weitgehend positive Bilanz in Hinblick auf die Freude an der Teilnahme, den fachlichen Nutzen, die Förderung der eigenen persönlichen Entwicklung und den weiteren beruflichen Werdegang (Beicht/Ulrich, 2008, 283) – wenn auch weitergehende Analysen zeigten, dass Bildungsteilnehmer grundsätzlich zu positiven Urteilen neigen und die subjektiven Nutzeneinstufungen nur bedingt mit den realen Verbleibformen korrelierten (Beicht/Ulrich, 2010). Ein unmittelbarer Übergang in eine vollqualifizierende Berufsausbildung gelang tatsächlich lediglich rund der Hälfte der Teilnehmer (Beicht, 2009, 9f.). Nach drei Jahren lagen die (kumulierten) Übergangsquoten bei 70 % (Berufsvorbereitung), 76% (berufsfachschulische Bildungsgänge) und 81% (Berufsgrundbildung). Die BIBB-Übergangsstudie 2011 kam zu ähnlichen Ergebnissen (Beicht/Eberhard, 2013), und auch das DJI-Übergangspanel berichtet von relativ niedrigen Übergangsquoten aus der Berufsvorbereitung (Lex/Geier, 2010, 179ff.).

Signifikant raschere Übergänge in vollqualifizierende Berufsausbildung wurden nach den Resultaten der BIBB-Übergangsstudie 2011 im Wesentlichen nur dann erzielt, wenn der Absolvent über einen höheren allgemeinbildenden Schulabschluss verfügte; dabei spielte es keine Rolle, wo und wann der Schulabschluss erworben wurde (ob vor Einmündung in das Übergangssystem oder durch den Abschluss der teilqualifizierenden Bildungsmaßnahme). Einen großen Einfluss nahmen wiederum die Ausbildungsmarktverhältnisse vor Ort und damit die regionale Herkunft der Jugendlichen; darüber hinaus hemmte eine niedrige soziale Herkunft einen rascheren Übergang. Wie Beicht und Eberhard (2013, 25) auf Basis der Übergangsstudie 2011 resümierten, hatten nach drei Jahren zwar 70% der Teilnehmer den Übergang in eine Berufsausbildung geschafft, aber für immerhin 30% stand dieser Schritt noch aus: „Meist durchlaufen diese Jugendlichen mehrere Maßnahmen hintereinander oder scheiden ganz aus dem Bildungssystem aus. Gerade für sie ist das Risiko besonders hoch, dass sich das Übergangssystem als Sackgasse herausstellt und sie von dauerhafter Ausbildungslosigkeit betroffen sein werden".

3.2 Ergebnisse einer Expertenbefragung zum Übergangssystem

Ende 2010 führte das Bundesinstitut für Berufsbildung in Kooperation mit der Bertelsmann-Stiftung im Rahmen des BIBB-Expertenmonitors eine Expertenbefragung zum Reformbedarf beim Übergang Schule – Berufsausbildung durch.[3] Dabei wurden die knapp 500 Berufsbildungsfachleute um eine Einschätzung zu den bisherigen Existenzgründen des Übergangssystems, zu dessen Effizienz und zu häufig genannten Kritikpunkten an diesem Bildungsbereich gebeten. Die Ergebnisse finden sich in Übersicht 8 auf der folgenden Seite.

Was die *Existenzgründe des Übergangssystems* betrifft, so verorteten immerhin 60% der befragten Fachleute die Hauptursache in Vermittlungsdefiziten während der allgemeinbildenden Schulzeit. Etwa die Hälfte der Experten betrachtete einen großen Teil der Schulabgänger als nicht ausbildungsreif, wobei insbesondere Vertreter der Kammern und Arbeitgeberverbände dies postulierten. Nur eine Minderheit von 23% wollte das Dasein des Übergangssektors allein mit einem Mangel an vollqualifizierenden Ausbildungsplätzen in Verbindung bringen. Dass durch eine intensive Unterstützung der Betriebe bei der Ausbildung benachteiligter Jugendlicher das Übergangssystem weitgehend überflüssig würde, glaubten insgesamt 43%. Eine Mehrheit unter den Experten schätzte die *Effizienz des Übergangssystems* relativ positiv ein: 63% meinten, dieser Sektor sei in der Lage, nicht ausbildungsreife Jugendliche zur

3 Der Expertenmonitor erhebt in Form der Online-Befragung mehrmals im Jahr zu bildungspolitischen Themen und Problemstellungen das Urteil verschiedener Berufsbildungsfachleute. Die Experten stammen hierbei aus unterschiedlichen Institutionen der Bildungsbereiche, der Wirtschaft und der staatlich-öffentlichen Akteure. Die Einschätzungen geben so Aufschluss über einen allgemeinen fachlichen Tenor zu bestimmten Themen, ermöglichen aber darüber hinaus die Abbildung unterschiedlicher Meinungen je nach organisationaler Herkunft der Experten. Vgl. http://www.expertenmonitor.de.

	Organisationale Herkunft:									
	Alle Experten	Betrieb	ÜBS	Schule	Kammer	Arbeitgeberverband	Gewerkschaft	Forschung, Hochschule	öffentliche Verwaltung	Sonstige
Bisherige Existenzgründe des „Übergangssystems“										
▪ Ein großer Teil der heutigen Schulabgänger ist nicht ausbildungsreif.	52	50	58	44	62	64	18	32	33	64
▪ Wenn die allgemeinbildende Schule besser die für eine Berufsausbildung notwendigen Kompetenzen vermitteln würde, könnte man auf das Übergangssystem verzichten.	60	69	49	60	75	70	61	40	47	75
▪ Wenn Betriebe mehr Unterstützung bei der Ausbildung von benachteiligten Jugendlichen erhielten, wären die meisten Maßnahmen des Übergangssystems überflüssig.	43	41	28	29	42	43	70	47	35	68
▪ Es gibt das Übergangssystem nur deshalb, weil zu wenige Ausbildungsplätze vorhanden sind.	23	20	16	24	13	20	50	38	18	23
Effizienz des „Übergangssystems“										
▪ Das Übergangssystem ist in der Lage, nicht ausbildungsreife Jugendliche zur Ausbildungsreife zu führen.	63	54	74	71	67	52	54	51	79	60
▪ Das Übergangssystem trägt dazu bei, die Chancen der Teilnehmer auf einen Ausbildungsplatz zu erhöhen.	68	73	72	76	70	64	39	60	70	72
Kritikpunkte										
▪ Im Übergangssystem gibt es zu viele verschiedene Maßnahmen und Bildungsgänge.	79	74	76	71	85	80	79	73	91	81
▪ Jugendliche, die Maßnahmen/Bildungsgänge des Übergangssystems absolviert haben, haben bei den Betrieben einen schlechten Ruf.	41	35	40	37	29	41	44	56	49	38
▪ Für Jugendliche sind die Maßnahmen und Bildungsgänge des Übergangssystems, Warteschleifen, in denen sie ihre Zeit verschwenden.	41	42	26	38	37	36	68	50	37	44
Absolute Zahl der Befragten	482	70	62	45	81	22	28	73	57	44

[*] Wiedergegeben werden die jeweiligen %-Anteile der Fachleute, die der Aussage („eher“ oder „voll und ganz“) zustimmen

Quelle: BIBB-Expertenmonitor

Übersicht 8: Das Übergangssystem in der Diskussion – Ergebnisse des BIBB-Expertenmonitors

Ausbildungsreife zu führen, und 68% waren der Ansicht, das Übergangssystem erhöhe die Chancen der Teilnehmer auf einen Ausbildungsplatz. Nur die Vertreter der Gewerkschaft zeigten sich deutlich skeptischer; lediglich 39% glaubten, dass das Übergangssystem zu verbesserten Chancen auf dem Ausbildungsmarkt führe.

Ungeachtet der tendenziell eher positiven Einschätzung der Effizienz formulierten die Fachleute (79%) auch *Kritik am Übergangssystem*. 79% waren der Überzeugung, es gebe zu viele verschiedene Maßnahmen und Bildungsgänge in diesem Sektor. Eine stärkere Minderheit von jeweils 41% befürchtete zudem, dass die Maßnahmen und Bildungsgänge des Übergangssystems für die Jugendlichen überflüssige Warteschleifen seien und bei den Betrieben einen eher schlechten Ruf hätten. Unter den Gewerkschaftsvertretern fand die Kritik, die Bildungsgänge seien überflüssig, sogar eine deutliche Mehrheit (68%).

4. Reformvorschläge

4.1 Reform des Übergangssystems als Bildungssektor

Im Rahmen des Expertenmonitors 2010 wurden dieselben Fachleute auch zu ihrem Urteil hinsichtlich verschiedener Reformvorschläge zum Übergangssystem befragt. In Übersicht 9 auf der folgenden Seite sind zunächst die einzelnen Vorschläge benannt, die das Übergangssystem als Bildungssektor betrafen, sowie die Anteile der Fachleute, die den jeweiligen Vorschlägen zustimmten.

Wie die Übersicht zeigt, trafen alle vier zur Diskussion gestellten Reformvorschläge auf überwiegende Zustimmung bei allen Expertengruppen: Die Anteile der Fachleute, die der jeweiligen Aussage „eher“ oder „voll und ganz“ zustimmten, lagen bei durchschnittlich 80% bis 91%. Es war somit Konsens, dass die dem Übergangssystem überlassenen Ressourcen effektiver einzusetzen seien. Hierzu zählt, die Vielfalt der Bildungsgänge und Maßnahmen auf wenige Grundtypen zurückzuführen, die Bildungsgänge mit Hilfe betrieblicher Praxisphasen zu dualisieren und sie zugleich so zu gestalten, dass sie den Erwerb eines ersten oder höheren Schulabschlusses ermöglichen. Lediglich beim zuletzt genannten Vorschlag fiel die Zustimmungsquote in einer der Expertengruppen, nämlich in der Gruppe der Arbeitgebervertreter, mit 59% ein wenig verhaltener aus.

4.2 Reform des Übergangssystems als institutionelle Ordnung des Übergangs von der Schule in die Berufsausbildung

Die Experten nahmen auch Stellung zu Reformvorschlägen, die die institutionelle Ordnung des Übergangs von der Schule in die Berufsausbildung betrafen. Bei Gei, Krewerth und Ulrich (2011) findet sich eine ausführliche Darstellung der Ergebnisse, vertiefende Analysen bei Granato und Ulrich (2013, S. 332ff.) sowie bei Frieling und

Ulrich (2013). Wir wollen deshalb an dieser Stelle die Ergebnisse nur kurz unter Bezugnahme auf eine zusammenfassende Grafik skizzieren (Übersicht 10).

	Organisationale Herkunft:									
Reformvorschläge	Alle Experten	Betrieb	ÜBS	Schule	Kammer	Arbeitgeberverband	Gewerkschaft	Forschung, Hochschule	öffentliche Verwaltung	Sonstige
▪ Die Ressourcen im Übergangssystem müssen effektiver eingesetzt werden.	89	91	87	84	90	100	88	90	91	88
▪ Statt zahlloser Programme im Übergangssystem sollte es nur noch wenige Grundtypen von Maßnahmen und Bildungsgängen geben.	85	77	79	87	90	91	93	86	88	84
▪ Grundsätzlich sollten alle Bildungsgänge im Übergangssystem so gestaltet sein, dass betriebliche Praxisphasen im Vordergrund stehen.	91	83	95	91	95	96	85	90	91	91
▪ Alle Maßnahmen/Bildungsgänge im Übergangssystem sollten so gestaltet sein, dass sie den Erwerb eines ersten oder höherwertigen Schulabschlusses ermöglichen.	80	78	79	84	73	59	93	85	74	96
Absolute Zahl der Befragten	482	70	62	45	81	22	28	73	57	44

[*] Wiedergegeben werden die jeweiligen %-Anteile der Fachleute, die der Aussage („eher“ oder „voll und ganz“) zustimmen

Quelle: BIBB-Expertenmonitor

Übersicht 9: Reformvorschläge zum Übergangssystem – Ergebnisse des BIBB-Expertenmonitors

Weitgehend einhellig von allen Experten wurden Reformvorschläge begrüßt, die darauf zielen, die Kompetenzen der Jugendlichen zu stärken und Betrieben bei schwierigen Ausbildungssituationen mehr Unterstützung zu verschaffen. Dabei ging es u.a. darum, der Berufsorientierung in den allgemeinbildenden Schulen mehr Bedeutung einzuräumen, individuelle Potenzialanalysen für die Schüler zu etablieren und für eine kontinuierliche Übergangsbegleitung der Jugendlichen zu sorgen. Betrieben sollte ein fester Ansprechpartner zur Verfügung gestellt werden, der bei spezifischen Problemen von Auszubildenden (z.B. infolge eines Migrationshintergrundes) unterstützend zur Seite steht.

Übersicht 10: Expertenmeinungen zu Reformvorschlägen

Zumindest kontrovers und z.T. auch überwiegend ablehnend wurden Vorschläge diskutiert, die auf eine Einschränkung der betrieblichen Entscheidungsautonomie hinausliefen, zum Beispiel in Form einer Ausbildungsquote für Migranten oder eines anonymisierten Bewerbungsverfahrens. Die Gewährung von Ansprüchen durch außerbetriebliche vollqualifizierende Ausbildungsformen stieß insbesondere bei den Vertretern der Wirtschaft auf Widerstand, während dieser Vorschlag in den sonstigen Expertengruppen eher positiv beurteilt wurde. Die Idee, die Berufsausbildung in Module aufzugliedern und auf diese Weise Teile der Berufsausbildung in die Berufsvorbereitung zu integrieren bzw. mehr Lernorte an der Berufsausbildung zu beteiligen, fand zwar bei den Fachleuten aus Hochschulen und der Forschung Zustimmung, stieß aber bei den Vertretern der Wirtschaftsverbände und der Gewerkschaft mehrheitlich auf Ablehnung (Gei/Krewerth/Ulrich, 2011, 11).

4.3 Bereits umgesetzte Reformen

Der Expertenmonitor zum Reformbedarf des Übergangs Schule-Berufsausbildung, von dem im vorausgegangenen Abschnitt die Rede war, wurde in der zweiten Jahreshälfte 2010 durchgeführt. Seitdem sind bereits einige Jahre vergangen, und inzwischen wurde bereits eine Vielzahl an Reformansätzen konzipiert, zum Teil auch schon umgesetzt. Einen systematischen Überblick über die verschiedenen Reformstrategien aller 16 Bundesländer gibt Christe (2013). Aus der Fülle der Reformprojekte seien an dieser Stelle drei herausgegriffen: Die Bertelsmann-Initiative „Übergänge mit System", die Hamburger Reform des Übergangssystems sowie die BMBF- Initiative „Abschluss und Anschluss – Bildungsketten bis zum Ausbildungsabschluss". Alle drei Projekte zeichnen sich durch einen umfassenden Ansatz aus, welcher bereits Maßnahmen in der Schulzeit beinhaltet, auf zusätzliche Unterstützung der förderbedürftigen Jugendlichen setzt sowie eine vermehrte Kooperation von Bildungs- und Wirtschaftsakteuren erforderlich macht.

4.3.1 Bertelsmann-Initiative „Übergänge mit System"

Die Initiative „Übergänge mit System" stellt ein exemplarisches Beispiel für einen umfassenden und bereits im Umsetzungsprozess befindlichen Reformansatz dar (Euler/Severing, 2011a, 2011b; Bertelsmann Stiftung, 2012). Die Initiative wurde von 2009 bis 2012 von der Bertelsmann Stiftung in Kooperation mit der Bundesagentur für Arbeit sowie mit 16 Ministerien aus neun Bundesländern[4] durchgeführt; dabei war der Expertenmonitor 2010, von dem oben berichtet wurde, ein Teil der analytischen Projektarbeit. Aufgrund ihrer großen Resonanz wird die Initiative in einem Folgeprojekt fortgeführt. „Übergänge mit System" oblag das Ziel, den Übergangssektor transparenter zu gestalten und die Angebotsvielfalt auf wenige Basismaßnahmen zu vermindern. Hierfür wurde sowohl auf wissenschaftliche Erkenntnisse als auch auf Erfahrungen und Strategien der involvierten Bundesländer zurückgegriffen (Kerner/Wieland, 2012, 14f.). Die Initiative besteht aus drei Bausteinen. Das erste Element setzt hierbei bereits vor dem Übergangssektor an, und zwar in Form einer ab der siebten Klasse an den allgemeinbildenden Schulen durchgeführten differenzierten Berufs- und Studienorientierung. Dabei sollen die regionalen Akteure aus der Arbeitsverwaltung, Kommune und Wirtschaft einbezogen werden. Ziel ist Praxisnähe, darüber hinaus die frühzeitige Identifizierung förderungsbedürftiger Jugendlicher und die Ausrichtung des Berufsfindungsprozesses an den individuellen Talenten und Interessen der Schüler. Im Optimalfall wirkt die schulische Orientierungsmaßnahme präventiv, der Schulabsolvent wird als ausbildungsreif befunden und er mündet in eine Ausbildung ein. Scheitert er allerdings dabei, stehen ihm je nach Ursache eine der beiden anderen Elemente aus dem Übergangskonzept als Bildungsoption zur Verfügung. Welches der beiden Elemente in Frage kommt, hängt von der Potenzialanalyse des Jugendlichen am Ende der Schulzeit ab (Hohbein/Wieland, 2013, 199).

Hat der Jugendliche nach Beendigung der Schulzeit zwar die Ausbildungsreife erlangt, findet aber aufgrund der Arbeitsmarktsituation keine Lehrstelle, soll ihm eine vollqualifizierende, möglichst betriebsnahe Ausbildungsmöglichkeit eröffnet werden. Die betriebsnahe Ausbildung richtet sich nach den Ordnungsprinzipien der anerkannten Ausbildungsberufe und wird mit einer Kammerprüfung abgeschlossen. Der betreffende Jugendliche kann hierbei zu jeder Zeit unter Anrechnung bereits erworbener Kompetenzen in eine betriebliche Ausbildung wechseln. Ein überflüssiges Verweilen im Übergangssystem soll auf diese Weise vermieden werden. Wird der Jugendliche in der Potenzialanalyse für nicht ausbildungsreif befunden, werden ihm Qualifizierungsangebote eröffnet, die zur Ausbildungsreife führen. Bei diesen Förderungsmaßnahmen wird zunächst eine Zielsetzung der individuellen Vorbereitung

4 Baden-Württemberg, Berlin, Bremen, Brandenburg, Hamburg, Hessen, Nordrhein-Westfalen, Sachsen, Schleswig-Holstein.

auf eine Ausbildung vorgenommen. Erreicht der Jugendliche diese definierten Ziele, wird ihm die Möglichkeit einer Berufsausbildung geboten (Kerner/Wieland, 2012, 16f.). Der Vorteil des Konzepts besteht in der präventiven Ermittlung des individuellen Förderbedarfs der Jugendlichen, so dass unterstützende Maßnahmen frühzeitig implementiert und tatsächlich nur den betreffenden Schülern zuteilwerden. Ziel ist, dem Gros der Schulabgänger eine möglichst rasche und friktionslose Einmündung in die Berufsausbildung zu ermöglichen. Zusammen mit den Kooperationspartnern aus Bundesländern und Ministerien entwickelt, stellt dieses Konzept einen vielversprechenden Reformansatz des Übergangssystems dar.

4.3.2 Die Reform des Übergangssystems in Hamburg

Im Stadtstaat Hamburg wurde der Übergangssektor bereits umfassend reformiert. Der Reformansatz wurde 2009 vom Hamburger Institut für Berufliche Bildung (HIBB) entwickelt und zeichnet sich dadurch aus, dass er „eingebettet ist in eine umfassende Schul- und Bildungsreform“ (Deutschmann/Goedeke/Schulze, 2013, 120). Diese erstreckt sich von einer verbesserten Diagnostik und Förderung im Grundschulalter über die Einführung eines zweigliedrigen Schulsystems mit Stadtteilschulen, der „Sicherung der Anschlüsse und Übergänge“ von der Schule in die Berufsausbildung (ebd.) bis hin zur Etablierung von Jugendberufsagenturen, die alle schulpflichtigen (auch berufsschulpflichtigen) Jugendlichen so lange begleiten und aktiv ansprechen, bis ihre Berufsausbildung gesichert ist.

Ein wesentlicher Baustein der Reform ist das so genannte Hamburger Ausbildungsmodell, in der Graphik als HAM abgekürzt (Übersicht 11). Es zielt auf ausbildungsreife Schulabgänger, die trotz ihrer Qualifikation für einen Ausbildungsberuf keinen Lehrstellenplatz erhalten haben. In diesem Fall sieht das Modell zunächst ein einjähriges Berufsqualifikationsjahr (BQ) für die Jugendlichen vor. Das Berufsqualifikationsjahr entspricht somit dem ersten Lehrjahr einer regulären Berufsbildung und soll möglichst in eine reguläre betriebliche Ausbildung führen. Die Ausbildung setzt sich sowohl aus schulischen als auch aus betrieblichen Unterrichtsphasen zusammen (Hamburger Institut für berufliche Bildung, 2013a).

Für die Aufnahme eines berufsqualifizierenden Jahres bewerben sich die Jugendlichen entsprechend direkt bei einer der beteiligten Berufsbildungsschulen, die den angestrebten Ausbildungsberuf unterrichten. Das qualifizierende Jahr ist im Gegensatz zur Berufsausbildung mit keiner Ausbildungsvergütung verbunden, allerdings besteht die Möglichkeit der Anrechnung der erlangten Qualifikationen in einer nachfolgenden geförderten Ausbildung (Übersicht 11). Mündet der Jugendliche nach dem Jahr nicht in eine betriebliche Ausbildung ein, erhält er eine öffentlich geförderte, außerbetriebliche Ausbildung (Busemeyer, 2012, 33). Die Einmündung in eine betriebliche Ausbildung soll durch die Vermittlung von theoretischen wie praktischen Inhalten des eigentlichen Ausbildungsberufs entschieden erleichtert werden und somit eine mitunter ineffiziente und langwierige Wartezeit im Übergangssystem verhindern.

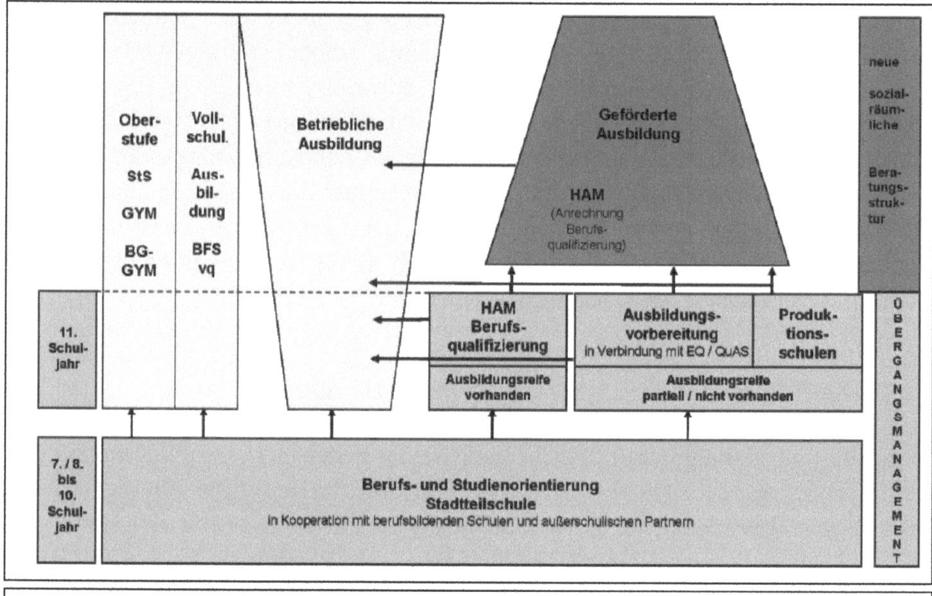

BFS vq = vollqualifizierende Berufsfachschule
BG-GYM = Berufliches Gymnasium
EQ = Einstiegsqualifizierung
GYM = Gymnasium
HAM = Hamburger Ausbildungsmodell
QuAS = Qualifizierung und Arbeit für Schulabgänger
StS = Stadtteilschule

Quelle: Drucksache 19/8472 der Bürgerschaft der Freien Hansestadt Hamburg vom 18.01.2011

Übersicht 11: Hamburger Reformansatz zum Übergang Schule – Berufsausbildung

Von großer Bedeutung ist die enge Kooperation mit den beteiligten Berufsbildungsschulen. Dieser Austausch wird mit dem 2011 beschlossenen Reformpaket auf die allgemeinbildenden Schulen ausgeweitet, indem eine frühe Berufsorientierung in Zusammenarbeit mit Berufsschulen und außerschulischen Partnern bereits in der Sekundarstufe erfolgt (Hamburger Institut für berufliche Bildung, 2013b). Das Hamburger Institut für Berufliche Bildung (HIBB) war Kooperationspartner der Bertelsmann-Initiative „Übergänge mit System", und so verwundert nicht die Ähnlichkeit zum dort entwickelten Konzept (vgl. Bertelsmann Stiftung, 2012).

4.3.3 BMBF-Initiative „Abschluss und Anschluss – Bildungsketten bis zum Ausbildungsabschluss"

Die Initiative „Abschluss und Anschluss – Bildungsketten bis zum Ausbildungsabschluss" des Bundesministeriums für Bildung und Forschung (BMBF) ist Teil des „Nationalen Paktes für Ausbildung und Fachkräftenachwuchs" 2010–2014 (Bundesministerium für Bildung und Forschung, 2011, 2013d). Mit der Initiative, die im November 2010 startete, sollen „Schulabbrüche verhindert, Warteschleifen im Übergangsbereich vermieden und der Fachkräftenachwuchs durch berufliche Ausbildung gesichert" werden (Bundesministerium für Bildung und Forschung, 2011, 5). Der Begriff der Bildungskette soll dabei die systematische Aufeinanderfolge und Verzahnung eines umfassenden Förderansatzes symbolisieren. Diese Förderung beginnt bereits in der Schulzeit, um Schwierigkeiten beim Übergang von der Schule zur Berufsausbildung frühzeitig entgegenzuwirken. Die Initiative besteht aus verschiedenen Teilprogrammen, die jeweils in unterschiedlicher Form an den jeweiligen Prozess ihres fortschreitenden Bildungsweges anknüpfen. Zunächst ist hierbei das Sonderprogramm „Berufseinstiegsbegleitung Bildungsketten" zu nennen. Das Programm beinhaltet Potenzialanalysen in der siebten oder achten Klasse allgemeinbildender Schulen. Wird in dieser Phase ein erhöhter Förderbedarf bei Schülern festgestellt, erhalten die Jugendlichen von der Vorabgangsklasse bis zum ersten Berufsbildungsjahr eine Unterstützung durch Berufseinstiegsbegleiter, die ihnen persönlich zur Seite stehen (Bundesministerium für Bildung und Forschung, 2013a).

Ein wesentlicher Baustein zur Unterstützung des Berufsfindungsprozesses der Jugendlichen bildet das Berufsorientierungsprogramm (BOP) für Schüler der achten Klassen. Die Schüler absolvieren verteilt über zwei Wochen Werkstatttage im Umfang von 80 Stunden in Berufsbildungsstätten (Bundesministerium für Bildung und Forschung, 2013b). Die Werkstatttage sehen praxisnahe Erfahrungen in mindestens drei verschiedenen Berufsfeldern vor und werden unter Anleitung von Ausbildern und Lehrkräften durchgeführt. Zur Allokation der Jugendlichen zu den entsprechenden Berufsfeldern soll auf die vorausgegangene Potenzialanalyse zurückgegriffen werden.

Das Ausbildungsstrukturprogramm JOBSTARTER bildet ein weiteres Element der Bildungskette. Es wird seit 2006 vom BMBF gefördert und beinhaltet Fördermaßnahmen für einen erleichterten Übergang in eine Lehrstelle. Regionale Projekte sollen die Betriebe bei der Schaffung zusätzlicher Ausbildungsplätze unterstützen. Das Programm zielt zugleich auf eine verstärkte Kooperation der berufsbildenden Akteure vor Ort. Mittlerweile zählen 280 Projekte zu Jobstarter, die nach eigener Aussage bisher 62.600 neue Ausbildungsplätze generierten (Bundesministerium für Bildung und Forschung, 2013e).

Zu dem Programmpool gehört unter anderem auch die Initiative zur „Verhinderung von Ausbildungsabbrüchen und Stärkung Jugendlicher in der Berufsausbildung", abgekürzt VerA. Das Projekt, eine gemeinschaftliche Initiative des BMBF mit den Spitzenverbänden der Wirtschaft (Handwerk, Freie Berufe, Industrie und Handel) und dem Senior Experten Service (SES), stellt eine Unterstützungsmaßnahme für Auszubildende dar, die sich im Rahmen ihrer Berufsbildung mit Schwierigkeiten konfrontiert sehen und einen Ausbildungsabbruch in Erwägung ziehen. Die vor Ort geleistete Unterstützung erfolgt durch den sogenannten Senior Experten Service (SES), welcher den Jugendlichen ausbildungsbegleitende Vertrauenspersonen zur Verfügung stellt. Der Service wird auf ehrenamtlicher Basis von Experten angeboten, die sich durch Berufs- und Lebenserfahrung auszeichnen. Die Personen dieses Service helfen sowohl bei Kompetenzschwächen als auch bei Konflikten und nehmen die Position eines unabhängigen Vermittlers zwischen Auszubildendem und Ausbildungsstelle ein. Die

Inanspruchnahme ist kostenlos und kann für zwölf Monate mit Verlängerungsoption wahrgenommen werden (Bundesministerium für Bildung und Forschung, 2013c).

Die BMBF-Initiative der „Bildungsketten“ ist sicherlich ein typisches Beispiel für die Effekte, die der drohende Fachkräftemangel auf die institutionelle Neugestaltung des Übergangs von der Schule in die Berufsausbildung hat: Es kommt zu einer *Systematisierung* des Übergangsgeschehens, die in Zeiten steigender Schulabgängerzahlen und fehlender Lehrstellen weitgehend ausgeblieben war. Tatsächlich stellt die künftige demografische Entwicklung eine beträchtliche Herausforderung für die Sicherung des Fachkräftenachwuchses dar (Ulrich, 2012d). Damit steht die Frage im Raum, welche Zukunft dem Übergangssektor als Bildungsbereich im Zuge dieser Entwicklung noch bleibt.

5. Die Zukunft des Übergangssystems

Angesichts des demografischen Wandels wurde die Frage nach der Zukunft des Übergangssystems bereits mehrfach aufgeworfen: Wird dieser Bildungssektor an Bedeutung weiterhin verlieren, wenn nicht gar gänzlich verschwinden, wenn die Schulabgängerzahlen stetig kleiner werden und sich die Verhältnisse auf dem Ausbildungsmarkt weiter entspannen? Wir wollen uns an dieser Stelle auf zwei Wegen mit der Zukunft des Übergangssystems auseinandersetzen, zum einen mit einem erneutem Rückgriff auf Befragungsergebnisse des BIBB-Expertenmonitors und zum anderen über einen regressionsanalytisch basierten Schätzansatz, auf den wir weiter unten zu sprechen kommen.

5.1 Expertenerwartungen

Die Experten äußerten sich ungeachtet ihres Plädoyers zugunsten von Reformen des Übergangssystems zur Zukunftsfähigkeit dieses Bildungssektors relativ optimistisch (Übersicht 12).

So erwarteten nur 12% der Fachleute, dass der demografisch bedingte Rückgang bei den Schulabsolventen dazu führe, dass das Übergangssystem nicht mehr erforderlich sein werde. Vielmehr hielten 81% der Experten das Übergangssystem auch in Zukunft für unverzichtbar. Die Varianz in den Urteilen zwischen den verschiedenen Expertengruppen war dabei sehr begrenzt. Besonders optimistisch zeigten sich die Vertreter der überbetrieblichen Ausbildungseinrichtungen (ÜBS). Niemand dieser Fachleute erwartete ein Verschwinden des Übergangssystems im Zuge der stetig sinkenden Schulabsolventenzahlen. Rund 90% glaubten, das Übergangssystem sei auch in Zukunft unverzichtbar. Alles in allem zeichnete sich damit im Expertenmonitor ein Bild ab, nach dem das Übergangssystem stark reformbedürftig sei, aber wohl auch in Zukunft benötigt werde (vgl. Bojanowski, 2012, mit konkreten Vorschlägen zur „Neuformatierung des Übergangssystems“).

	Organisationale Herkunft:									
	Alle Experten	Betrieb	ÜBS	Schule	Kammer	Arbeitgeberverband	Gewerkschaft	Forschung, Hochschule	öffentliche Verwaltung	Sonstige
Erwartungen zur Zukunft des „Übergangssystems“										
▪ Auch in Zukunft wird das Übergangssystem unverzichtbar sein.	81	81	90	78	83	82	64	79	79	84
▪ Der demografisch bedingte Rückgang bei den Schulabsolventen wird dazu führen, dass das Übergangssystem nicht mehr erforderlich sein wird.	12	16	0	16	16	14	19	16	11	5
Absolute Zahl der Befragten	482	70	62	45	81	22	28	73	57	44

*Wiedergegeben werden die jeweiligen %-Anteile der Fachleute, die der Aussage („eher“ oder „voll und ganz“) zustimmen

Quelle: BIBB-Expertenmonitor

Übersicht 12: Zukunft des Übergangssystems – Ergebnisse des BIBB-Expertenmonitors

5.2 Vorausschätzung der quantitativen Entwicklungen

Die Statistischen Ämter des Bundes und der Länder (2010, 22ff. und 63f.) nahmen 2010 erstmalig eine erste Abschätzung der künftigen Entwicklung der Gesamtzahl der Schüler im „Übergangssystem“ vor. Der Schätzansatz berücksichtigte im Wesentlichen demografische Effekte und Auswirkungen, die sich aus dem Trend der schulischen Höherqualifizierung ergaben. In einer weiteren Schätzung, die im Nationalen Bildungsbericht 2010 publiziert wurde, floss darüber hinaus der künftige Arbeitskräftebedarf in die Vorausschätzung mit ein (Autorengruppe Bildungsberichterstattung, 2010, 176f.). Die Rückgänge der Teilnehmerzahlen im Übergangssystem wurden dabei jedoch wohl stark überschätzt (Maier/Ulrich, 2012b, 381).

Eine quantitative Vorausschätzung der künftigen Bedeutung des Übergangssystems, gemessen an seinen Anfängerzahlen, ist u.a. über Regressionsanalysen möglich. Basis solcher Analysen ist eine rückwirkende Untersuchung der bisherigen Zugangslogiken in das Übergangssystem und eine Projektion der künftigen Verhältnisse unter Festschreibung dieser Logiken. Nach Maier und Ulrich (2012a) hingen die Anfängerzahlen in der Vergangenheit im Wesentlichen von der Zahl der nichtstudienberechtigten Abgänger und Absolventen aus den allgemeinbildenden Schulen und von der Höhe des betrieblichen Ausbildungsplatzangebots ab. Dies belegten sie mit rückwirkenden Regressionsanalysen im Stützzeitraum von 1992 bis 2011 (vgl. auch Kap. 2). Wir aktualisierten diese Ex-post-Berechnungen, indem wir auch die Ist-Werte für 2012 berücksichtigten (vgl. Statistisches Bundesamt, 2013). Auf dieser Basis schätzten wir die Entwicklung der Anfängerzahlen im Übergangssystem von 2013 bis 2025 voraus. Dabei stützten wir uns zum einen auf die Prognosen des Statistischen Bundesamtes zur künftigen Entwicklung der Schulabgängerzahlen. Aktualisierte Zahlen stellt das Statistische Bundesamt jährlich zur Vorbereitung des Berufsbildungsberichts zur Verfügung (vgl. Maier/Ulrich, 2012b). Da für die Entwicklung des Ausbildungsplatzangebots keine langfristigen Vorausschätzungen existieren (die Abhängigkeit des Lehrstellenangebots von wirtschaftskonjunkturellen Entwicklungen steht einer zumindest ansatzweise validen Vorausschätzung im Wege), arbeiteten wir mit zwei alternativen Szenarien.

In Variante 1 gingen wir von einem gleichbleibenden Ausbildungsplatzangebot wie in 2012 aus, also von rd. 584.500 Plätzen. Die zweite Variante basiert auf einem stetig sinkenden Ausbildungsplatzangebot um 1% jährlich. Das Angebot würde sich demnach von 584.500 im Jahre 2012 auf 513.000 im Jahre 2025 verringern und somit der sinkenden Zahl nichtstudienberechtigter Schulabgänger und -absolventen weitgehend angleichen. Die prognostizierten Entwicklungen der Anfängerzahlen im Übergangssystem unterscheiden sich nun je nach zugrunde gelegtem Angebotsszenario (Übersicht 13).

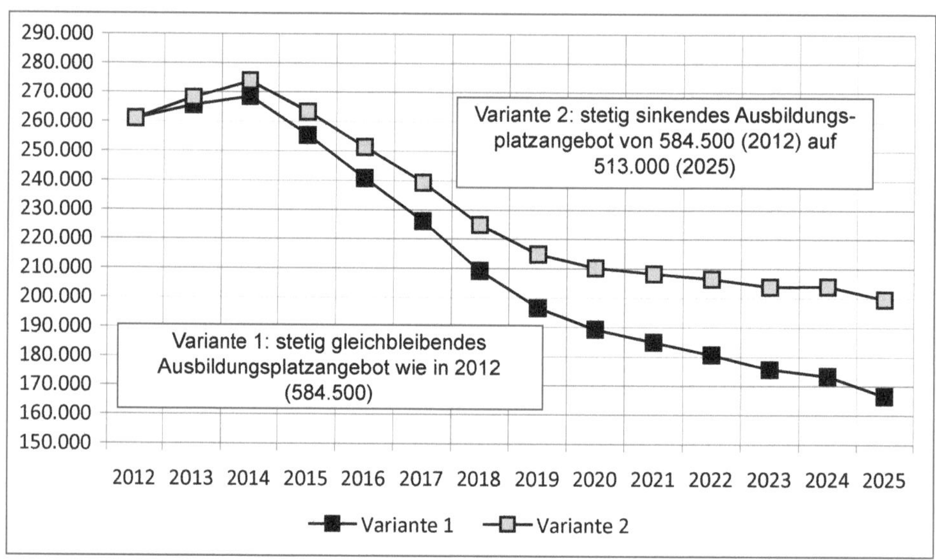

Eigene Berechnungen in Anlehnung an das von Maier/Ulrich (2012a, 384) verwendete Verfahren

Übersicht 13: Vorausschätzung der Ausbildungsanfängerzahlen im Übergangssystem bis zum Jahr 2025

Nach der ersten Variante (gleichbleibendes Ausbildungsplatzangebot wie 2012) werden die Einmündungszahlen ins Übergangssystem zunächst auf etwa 268.600 im Jahr 2014 steigen, um nachfolgend auf etwa 166.600 Anfänger im Jahre 2025 zu fallen. Die Entwicklung auf Basis der zweiten Variante (stetig sinkendes Ausbildungsplatzangebot im dualen System um jährlich ein Prozent) verhält sich hinsichtlich ihres Kurvenverlaufes ähnlich, wenn auch mit allgemein höheren Werten. Auch hier wächst die Zahl der Ausbildungsanfänger im Übergangssystem zunächst bis 2014 auf 273.900, um schließlich wieder stetig zu fallen. Im Jahr 2025 liegt sie bei knapp 199.600. Die beiden errechneten Varianten belegen den starken Einfluss des demografischen Wandels auf die zukünftige Entwicklung der Anfängerzahlen im Übergangssystem. Selbst wenn, wie in der zweiten Variante, vom pessimistischen Szenario eines stetigen Rückgangs des Lehrstellenangebots ausgegangen wird, vermag dieser angenommene Rückgang nicht das Absinken der Anfängerzahlen im Übergangssystem zu verhindern (vgl. auch Maier/Ulrich, 2012b).

Das Übergangssystem wird aber auch nicht verschwinden, selbst dann nicht, wenn das Lehrstellenangebot ungeachtet stark sinkender Schulabgängerzahlen auf demselben Niveau wie 2012 gehalten werden könnte. In diesem Resultat spiegelt sich erneut die Eigenständigkeit der Existenzlogik des Übergangssystems von den Entwicklungen auf dem Ausbildungsmarkt wider. Dieser Bildungssektor ist nicht nur in Abhängigkeit des vollqualifizierenden Berufsausbildungssystems zu sehen, da Jugendliche zu großen Teilen gezielt in das Übergangssystem einmünden und darin einen Vorteil erblicken (Reißig, 2012, 19). So wird ihnen je nach Bildungsgang die Möglichkeit einer schulischen Höherqualifizierung eröffnet, die wiederum ihre Chance auf attraktivere Ausbildungsberufe und Berufslaufbahnen verbessert.

5.3 Zusammenfassung und Diskussion

In den ersten anderthalb Jahrzehnten seit der Wiedervereinigung nahm die quantitative Bedeutung des Übergangssystems stetig zu, doch verlor es damit zugleich an Reputation. Der wesentliche Grund war der Verdacht, dass dieser Bildungssektor implizit dafür genutzt würde, Schwächen des dualen Berufsausbildungssystems in Hinblick auf seine Aufnahmefähigkeit ausbildungsinteressierter Jugendlicher zu kaschieren. Die Möglichkeit der Kaschierung war deshalb gegeben, weil erfolglose Ausbildungsstellenbewerber im Übergangssystem ungeachtet ihres Misserfolgs als „versorgte Ausbildungsstellenbewerber" gelten und bei der Bilanzierung von Ausbildungsplatzangebot und -nachfrage unberücksichtigt bleiben. Die Ursache für die sachlich nur schwer nachvollziehbare statistische Praxis ist letztlich in der bildungspolitisch nie grundlegend geklärten Frage zu suchen, wer eigentlich die Verantwortung für Lehrstellenbewerber in einem marktbasierten Ausbildungssystem zu übernehmen hat, denen infolge eines fehlenden Bedarfs in den Betrieben, Praxen und Verwaltungen keine Lehrstelle angeboten wird (vgl. Granato/Ulrich, 2013, S. 317ff.).

Zwar hatte das Bundesverfassungsgericht bereits in einem Urteil vom 10. Dezember 1980 die Verantwortung bei den Arbeitgebern verortet und damit die Erwartung verbunden, „daß grundsätzlich alle ausbildungswilligen Jugendlichen die Chance erhalten, einen Ausbildungsplatz zu bekommen", auch dann, „wenn das freie Spiel der Kräfte zur Erfüllung der übernommenen Aufgabe nicht mehr ausreichen sollte" (vgl. dazu auch Kath, 1999). Doch scheuten die politisch Verantwortlichen stets davor zurück, von der vom Bundesverfassungsgericht eingeräumten Möglichkeit Gebrauch zu machen, bei einem substanziellen Lehrstellendefizit ein Gesetz zugunsten einer Ausbildungsplatzumlage zu verabschieden und schließlich auch anzuwenden. Denn es war unklar, wie sich ein solches Gesetz, das von den Vertretern der Wirtschaft stets vehement abgelehnt wurde, mittel- und langfristig auf die Ausbildungsmotivation der Betriebe auswirken würde. Die Berufsbildungspolitik ließ sich somit stets von der Hoffnung leiten, dass substanzielle Lehrstellendefizite im Zuge des nächsten Konjunkturaufschwungs (bzw. später: im Zuge des demografisch bedingten Rückgangs der Schulabgängerzahlen) verschwinden würden. Die restriktive statistische Bilanzierung, die bereits in den 1970er-Jahren im Zusammenhang mit der Formulierung des Ausbildungsplatzförderungsgesetzes vereinbart und später in das Berufsbildungsgesetz integriert wurde, nahm zugleich Handlungsdruck von den politisch Verantwortlichen. Denn das Ausmaß der offiziellen Lehrstellenlücke fiel selbst auf dem Höhepunkt der Ausbildungsmarktkrise relativ begrenzt aus.

Das Übergangssystem übernahm in dieser Zeit eine wichtige Legitimationsfunktion für die duale Berufsausbildung. Und dies in mehrerer Hinsicht: Zum einen verringerte es *statistisch* die Nachfrage auf dem Ausbildungsmarkt und verbesserte damit die Ausbildungsmarktbilanz. Und zum anderen verfestigte es den Eindruck, Jugendliche seien in zunehmendem Maße noch nicht ausbildungsreif – und dies sei der Grund, warum die Anfängerzahlen im Übergangssystem so stark stiegen (vgl. Granato/Ulrich, 2013, S. 330; Lehmkuhl/Schmidt/Schöler, 2013, S. 117). Hinzu kam, dass die Verbleibsquoten der Absolventen des Übergangssystems in vollqualifizierender Berufsausbildung eher niedrig ausfielen und deshalb stark an der Effizienz und dem Nutzen des Übergangssystems gezweifelt wurde. Dabei hätten die Verbleibsquoten kaum höher ausfallen können, weil es auf dem Höhepunkt der Ausbildungsmarktkrise einen chronischen Mangel an Lehrstellen gab und die Teilnehmer des Übergangssystems nach Abschluss der Maßnahmen wieder im scharfen Wettbewerb mit den aktuellen Schulabgängern um die begrenzte Zahl an Ausbildungsplätzen standen.

Die Aufgaben und Probleme, die auf das Übergangssystem abgeladen wurden und sich dort zum Teil verfestigten (weil der Abfluss aus diesem System in die Berufsausbildung auch nicht recht funktionierte), lenkten die öffentliche Aufmerksamkeit verstärkt auf diesen Bildungssektor, während das duale System mit Verweis auf die offizielle Ausbildungsmarktbilanz und die durch das Nachvermittlungsgeschäft eröffneten Ausbildungsmöglichkeiten seinen Ruf zu wahren versuchte, jeder Jugendliche, der „könne und wolle", erhalte auch ein Ausbildungsplatzangebot. Damit geriet die Zugangsordnung in die duale Berufsausbildung zumindest teilweise aus der Schusslinie der öffentlichen Kritik.

In diesem Sinne fungierte das „Übergangssystem" durchaus als ein ‚Retter' des bestehenden institutionellen Gefüges und entpuppte sich nicht nur, wie Münk (2010, 44f.) es ausdrückte, als „Kollateralschaden des dualen Systems" (vgl. auch Ulrich, 2011). Der Preis, den das Übergangssystem dafür zahlte, war jedoch hoch: Zusehends wurde es auf seine Funktion als „Auffangbecken" bzw. „Wartesaal" reduziert, während durchaus positive und wichtige Funktionen aus dem Blick gerieten. Nach Braun/Geier (2013, S. 63) verengte sich selbst in den Nationalen Bildungsberichten der Blickwinkel, und dies völlig zu Unrecht: „Der Wunsch Jugendlicher, noch vor der Ausbildung einen höheren Schulabschluss zu erwerben, wird nicht zur Kenntnis genommen. Dass Berufsfachschulen in einer Verbindung von allgemein bildenden und beruflichen Inhalten im Bildungssystem benachteiligten Jugendlichen (lange Zeit junge Frauen, jetzt Jugendlichen mit Migrationshintergrund) den Weg zu höheren allgemein bildenden Abschlüssen ermöglicht haben, wird ausgeblendet. Es scheint, als ginge es darum, Jugendliche mit möglichst wenig Allgemeinbildung in Ausbildung zu bringen, und nicht darum, eine möglichst umfassende Allgemeinbildung als Grundlage für eine anschließende Berufsausbildung zu vermitteln."

Seit Mitte des letzten Jahrzehnts sinken die Schulabgängerzahlen, und im Zuge des drohenden Fachkräftemangels verändern sich auch die bildungspolitischen Perspektiven auf das Übergangssystem. Die Reformbereitschaft steigt. Dabei spielt zum einen der Druck der Wirtschaft eine Rolle. Sie ist daran interessiert, ungeachtet der starken demografischen Einbrüche (bei denen angesichts der katastrophal niedrigen Geburtenrate auf absehbare Zeit kein Ende in Sicht ist) für eine möglichst große Zahl an Ausbildungsstellenbewerbern zu sorgen. Das Übergangssystem wird damit zunehmend zum ungeliebten Konkurrenten um die sich stetig verknappende Zahl an Jugendlichen. Zum anderen schöpft die Berufsbildungspolitik berechtige Hoffnung, angesichts der veränderten demografischen Verhältnisse und des sinkenden Versorgungsbedarfs von Jugendlichen, erfolgreich institutionelle Änderungen vornehmen zu können, die zu einem rascheren Übergang ausbildungsinteressierter Jugendlicher führen.

In einigen Ländern, wie z.B. Hamburg oder Nordrhein-Westfalen, wurde sogar vereinbart, „ausbildungsreife", aber marktbenachteiligte Ausbildungsstellenbewerber bei fehlender betrieblicher Lehrstelle auf außerbetrieblichem oder schulischem Wege eine vollqualifizierende Berufsausbildungsstelle anzubieten. Dabei mag zum einen die Hoffnung eine Rolle gespielt haben, angesichts sinkender Schulabgängerzahlen nur noch wenige Jugendliche auf diesem (für die öffentliche Hand kostspieligen) Wege zu einer Berufsausbildung führen zu müssen. Zum anderen mögen aber auch bildungsökonomische Berechnungen eine Rolle gespielt haben, nach denen sich eine Ausbildungsplatzgarantie auch für die öffentliche Hand langfristig rechnet (Klemm, 2012).

Eine Ausbildungsplatzgarantie für „ausbildungsreife" Lehrstellenbewerber stellt zweifelsohne einen Fortschritt gegenüber der früheren Konzeptlosigkeit im Umgang mit diesem Personenkreis dar, auch wenn Zweifel geäußert werden, ob dies in der Praxis tatsächlich im vollen Umfang erreicht werden kann (Christe, 2013, S. 83). Jüngere Forschungsarbeiten werfen zudem die Frage auf, ob der Aspekt der „Ausbildungsreife" als Zugangskriterium für eine duale Berufsausbildung nicht stark überschätzt wird (Buchholz u.a., 2012; Kohlrausch/Solga, 2012). So verweisen Kohlrausch und Solga (2012) darauf, dass kognitive Kompetenzen und schulische Basiskenntnisse von Hauptschulabsolventen längst nicht die Relevanz für einen erfolgreichen Übergang in Berufsausbildung haben wie z.B. die Noten für das Arbeitsverhalten, welche für die Arbeitgeber offenbar von besonderer Bedeutung sind.

Ähnliche Erfahrungen werden aus der Schweiz berichtet, wo ein duales Berufsausbildungssystem ebenfalls existiert. Hier gelingt einem Großteil der Jugendlichen mit geringen kognitiven Kompetenzen der erfolgreiche Übertritt in die Berufsausbildung. Dies scheint auch damit zusammenzuhängen, dass die Ausbildungsmarktlage in der Schweiz deutlich besser ist und stärker von „Mikro- und Kleinbetrieben" geprägt wird, „welche bei der Auswahl von Auszubildenden wahrscheinlich weniger selektiv sind als größere Unternehmen" (Buchholz u.a., 2012, 721). Angesichts der günstigen Arbeitsmarktlage scheinen die schweizerischen Betriebe stärker auf schwächere Kandidaten angewiesen zu sein.

Da sich im Zuge der demografischen Entwicklung in Deutschland die Rekrutierungsprobleme weiter verschärfen dürften, stellt sich somit die Frage, ob es überhaupt noch zweckmäßig ist, auf Zugangsmodelle zu bauen, bei denen zwischen „ausbildungsreifen" und „nicht ausbildungsreifen" Jugendlichen unterschieden wird. Somit steht die Frage im Raum, ob das Übergangssystem *zumindest in Form einer unfreiwilligen Warteschleife* nicht „komplett abgeschafft" werden könnte (Zimmer, 2009, 26). Der Ausbildungserfolg der Jugendlichen müsste in diesem Fall durch längere Ausbildungszeiten bzw. stärkere Betreuung gesichert werden. Solche Wege sind in Österreich gesetzlich implementiert (vgl. §8b des österreichischen Berufsausbildungsgesetzes – BAG). Für benachteiligte Jugendliche mit individuellen Vermittlungshemmnissen ist dort eine so genannte „integrative Berufsausbildung" vorgesehen, die vorrangig in Lehrbetrieben durchgeführt werden soll. Den Jugendlichen wird eine „Berufsausbildungsassistenz" mit sozialpädagogischen, psychologischen und didaktischen Aufgaben gewährt. Eine Ausbildungszeitverlängerung ist ebenfalls möglich.[5] In §18 des Schweizerischen Berufsbildungsgesetzes (BBG) ist für Personen mit Lernschwierigkeiten oder Behinderungen ebenfalls grundsätzlich die Möglichkeit einer Verlängerung der Berufsausbildung vorgesehen (vgl. Frieling/Ulrich, 2013, 80f.).

Jüngere Überlegungen laufen somit darauf hinaus, „ein Verständnis bzw. Konzept inklusiver Berufsausbildung systematisch zu entwickeln und zu prüfen, in dem auf die Prüfung der Ausbildungsreife verzichtet und allen interessierten jungen Menschen sofort eine Berufsausbildung eröffnet wird" (Enggruber, 2012, 3). Damit würde man auch den vielfältigen Messproblemen entgehen, „Ausbildungsreife" valide zu erfassen (Ratschinski/Steuber, 2012). Im Expertenmonitor 2010 äußerten sich noch die meisten Fachleute skeptisch in Hinblick auf die Realisierungschancen einer entsprechenden Reform (Frieling/Ulrich, 2013, 83ff.). Doch die Zeiten ändern sich, und der „Wind, welcher der Wirtschaft im Zuge der demografischen Entwicklung entgegen bläst, wird vielleicht zum Rückenwind von Reformen" (Frieling/Ulrich, 2013, 91), die wenige Jahre zuvor noch als wenig realistisch erschienen.

---

5 Einen ähnlich systematischen Förderansatz gibt es in Deutschland nicht. Das deutsche Berufsbildungsgesetz (BBiG) sieht eine Verlängerung der Ausbildungszeit bislang „in Ausnahmefällen" vor (§ 8 BBIG). Demnach „kann die zuständige Stelle auf Antrag Auszubildender die Ausbildungszeit verlängern, wenn die Verlängerung erforderlich ist, um das Ausbildungsziel zu erreichen". Ausbildungsbegleitende Hilfen müssen über §75 des Sozialgesetzbuchs III organisiert werden.

Literatur

Autorengruppe BIBB/Bertelsmann Stiftung (2011): Reform des Übergangs von der Schule in die Berufsausbildung. Aktuelle Vorschläge im Urteil von Berufsbildungsexperten und Jugendlichen (Wissenschaftliche Diskussionspapiere, Nr. 122). Bonn: BIBB.

Baethge, Martin; Baethge-Kinsky, Volker (2013): Ausbildungsvorbereitung von Jugendlichen mit besonderem Förderbedarf. WSI-Mitteilungen, 66 (1/2013). S. 43–51.

Baethge, Martin; Solga, Heike; Wieck, Markus (2007): Berufsbildung im Umbruch. Signale eines überfälligen Aufbruchs. Bonn: Friedrich-Ebert-Stiftung.

Bamming, Ruth; Schier, Friedel (2010): Ausbildungsberichterstattung – Mehr Transparenz durch einen integrierten Ansatz. Berufsbildung in Wissenschaft und Praxis, 39 (1), S. 39–42.

Beicht, Ursula (2009): Verbesserung der Ausbildungschancen oder sinnlose Warteschleife? Zur Bedeutung und Wirksamkeit von Bildungsgängen am Übergang Schule – Berufsausbildung. BIBB REPORT, 11/2009.

Beicht, Ursula; Eberhard, Verena (2013): Ergebnisse empirischer Analysen zum Übergangssystem auf Basis der BIBB-Übergangsstudie 2011. Die deutsche Schule, 105 (1), S. 10–25.

Beicht, Ursula; Friedrich, Michael; Ulrich, Joachim Gerd (Hrsg.) (2008): Ausbildungschancen und Verbleib von Schulabsolventen. Bielefeld: W. Bertelsmann.

Beicht, Ursula; Ulrich, Joachim Gerd (2008): Ergebnisse der BIBB-Übergangsstudie. In: Beicht, Ursula; Friedrich, Michael; Ulrich, Joachim Gerd (Hrsg.): Ausbildungschancen und Verbleib von Schulabsolventen. (S. 101–291). Bielefeld: W. Bertelsmann.

Beicht, Ursula; Ulrich, Joachim Gerd (2010): Bilanzierung oder Rechtfertigung? Was Urteile von Probanden zum Ausbildungsnutzen bedeuten. Eine akteurtheoretische Kritik evaluativer Berufsbildungsforschung. Schweizerische Zeitschrift für Soziologie, 36 (1). S. 161–185.

Berger, Klaus; Braun, Uta; Schöngen, Klaus (2007): Ausbildungsplatzprogramm Ost – Evaluation, Ergebnisse und Empfehlungen. Bielefeld: W. Bertelsmann.

Bertelsmann Stiftung (Hrsg.) (2012): Übergänge mit System. Fünf Forderungen für die Neuordnung des Übergangs von der Schule in den Beruf. Gütersloh: Bertelsmann.

Bojanowski, Arnulf; Eckert, Manfred (2012): „Black Box Übergangssystem“: Das Übergangsgeschehen zwischen sozialer Selektivität, bildungspolitischer Steuerungsproblematik und pädagogischer Übergangsforschung. In: Bojanowski, Arnulf; Eckert, Manfred (Hrsg.): Black Box Übergangssystem. (S. 7–19). Münster: Waxmann.

Bojanowski, Arnulf (2012): Bildungs- und ordnungspolitische Neuformatierung des Übergangssystems. Versuch eines „Masterplans“. In: Bojanowski, Arnulf; Eckert, Manfred (Hrsg.): Black Box Übergangssystem. (S. 65–80). Münster: Waxmann.

Braun, Frank; Geier, Boris (2013): Bildungsgänge des Übergangssystems – Wartesaal des Berufsbildungssystems oder Orte der Chancenverbesserung? Die Deutsche Schule, 105 (1). S. 52–65.

Buchholz, Sandra; Imdorf, Christian; Hupka-Brunner, Sandra; Blossfeld, Hans-Peter (2012): Sind leistungsschwache Jugendliche tatsächlich nicht ausbildungsfähig? Eine Längsschnittanalyse zur beruflichen Qualifizierung von Jugendlichen mit geringen kognitiven Kompetenzen im Nachbarland Schweiz. Kölner Zeitschrift für Soziologie und Sozialpsychologie, 64. S. 701–727.

Bundesagentur für Arbeit (2008): Bewerber und Berufsausbildungsstellen. Berichtsjahr 2007/08. Nürnberg: Bundesagentur für Arbeit.

Bundesagentur für Arbeit (2012a): Arbeitsmarkt in Zahlen. Ausbildungsstellenmarkt. Bewerber und Berufsausbildungsstellen. Deutschland. September 2012. Nürnberg: Bundesagentur für Arbeit.

Bundesagentur für Arbeit (2012b): Statistik zum Ausbildungsstellenmarkt. Bewerber für Berufsausbildungsstellen. Zeitreihe. Nürnberg: Bundesagentur für Arbeit.

Bundesministerium für Bildung und Forschung (1999): Berufsbildungsbericht 1999. Bonn: BMBF.

Bundesministerium für Bildung und Forschung (2011): Berufsbildungsbericht 2011. Bonn/Berlin: BMBF.

Bundesministerium für Bildung und Forschung (2013a): Abschluss und Anschluss – Bildungsketten bis zum Ausbildungsabschluss. Bonn: BMBF.

Bundesministerium für Bildung und Forschung (2013b): Initiative Bildungsketten. Berufsorientierungsprogramm: praxisnaher Berufskompass. Bonn: BMBF.

Bundesministerium für Bildung und Forschung (2013c): Initiative VerA – Stark durch die Ausbildung. Bonn: BMBF.

Bundesministerium für Bildung und Forschung (2013d): Inititative Bildungsketten. Abschluss schaffen – Anschluss finden. Bonn: BMBF.

Bundesministerium für Bildung und Forschung (2013e): Jobstarter: das Förderprogramm für mehr Ausbildungsplätze. Bonn: BMBF.

Busemeyer, Marius (2012): Reformperspektiven der beruflichen Bildung. Erkenntnisse aus dem internationalen Vergleich. Berlin: Friedrich-Ebert-Stiftung.

Christe, Gerhard (2013): Länderstrategien zur Reform des Übergangssystems. Die Deutsche Schule, 105 (1). S. 66–84.

Deutschmann, Rolf; Goedeke, Michael; Schulze, Hartmut (2013): Das Beispiel Hamburg: Auf dem Weg zu einem systematischen Übergangssystem Schule – Beruf. In: Arbeitsgemeinschaft Weinheimer Initiative (Hrsg.): Lokale Bildungsverantwortung. (S. 119–138). Stuttgart: Kohlhammer.

Dionisius, Regina; Schier, Friedel; Ulrich, Joachim Gerd (2013): Integrierte Ausbildungsberichterstattung (iABE): Neue Möglichkeiten der Analyse von amtlichen Statistiken am Beispiel des Bildungssektors „Integration in Berufsausbildung". Zeitschrift für Berufs- und Wirtschaftspädagogik, 109(3). S. 399–420.

Eberhard, Verena (2012): Der Übergang von der Schule in die Berufsausbildung – ein ressourcentheoretisches Modell zur Erklärung der Übergangschancen von Ausbildungsstellenbewerbern. Bielefeld: W. Bertelsmann.

Eberhard, Verena; Beicht, Ursula; Krewerth, Andreas; Ulrich, Joachim Gerd (2013): Perspektiven beim Übergang Schule-Berufsausbildung. Methodik und erste Ergebnisse der BIBB-Übergangsstudie 2011 (Wissenschaftliche Diskussionspapiere, Heft 142). Bonn: BIBB.

Eberhard, Verena; Ulrich, Joachim Gerd (2010a): Ins „Übergangssystem" oder ersatzweise in geförderte Berufsausbildung? Regionale Unterschiede im Umgang mit Bewerbern ohne betriebliche Lehrstelle. Berufsbildung in Wissenschaft und Praxis, 39 (6). S. 10–14.

Eberhard, Verena; Ulrich, Joachim Gerd (2010b): Übergänge zwischen Schule und Berufsausbildung. In: Bosch, Gerhard; Krone, Sirikit; Langer, Dirk (Hrsg.): Das Berufsbildungssystem in Deutschland. (S. 133–164). Wiesbaden: VS Verlag für Sozialwissenschaften.

Enggruber, Ruth (2012): Inklusive Berufsausbildung – empirische Einblicke, konzeptionelle Überlegungen und Strukturideen im Spiegel von ExpertInnenmeinungen Düsseldorf: Fachhochschule Düsseldorf.

Esser, Hartmut (2000): Soziologie. Spezielle Grundlagen: Die Konstruktion der Gesellschaft. Frankfurt a.M.: Campus.

Euler, Dieter (2005): Das Bildungssystem in Deutschland: reformfreudig oder reformresistent? In: BIBB (Hrsg.): Wege zur Sicherung der beruflichen Zukunft in Deutschland (S. 203–216). Bielefeld: W. Bertelsmann.

Euler, Dieter; Severing, Eckart (2011a): Eckpunkte der Initiative „Übergänge mit System". In: Bertelsmann Stiftung (Hrsg.): Übergänge mit System. (S. 15–21). Gütersloh: Bertelsmann.

Euler, Dieter; Severing, Eckart (2011b): Rahmenkonzept der Initiative „Übergänge mit System". Handlungsfelder und Praxisbeispiele für den gemeinsamen Reformprozess. In: Bertelsmann Stiftung (Hrsg.): Übergänge mit System. Rahmenkonzept für eine Neuordnung des Übergangs von der Schule in den Beruf. (S. 23–73). Gütersloh: Bertelsmann.

Friedrich, Michael (2009): Berufliche Pläne und realisierte Bildungs- und Berufswege nach Verlassen der Schule. Bielefeld: W. Bertelsmann.

Frieling, Friederike; Ulrich, Joachim Gerd (2013): Die Reformdebatte zum Übergang Schule-Berufsausbildung im Spiegel divergierender Interessen. In: Maier, Maja S.; Vogel, Thomas (Hrsg.): Übergänge in eine neue Arbeitswelt? Blinde Flecken in der Debatte zum Übergangssystem Schule-Beruf. (S. 69–93). Wiesbaden: VS Springer.

Gaupp, Nora; Lex, Tilly; Reißig, Birgit; Braun, Frank (2008): Von der Hauptschule in Ausbildung und Erwerbstätigkeit. Ergebnisse des DJI-Übergangspanels. Bonn: BMBF.

Gei, Julia; Krewerth, Andreas; Ulrich, Joachim Gerd (2011): Reformvorschläge zum Übergang Schule-Berufsausbildung nur bedingt konsensfähig. Ergebnisse einer Expertenbefragung. Berufsbildung in Wissenschaft und Praxis, 40 (2). S. 9–13.

Geier, Boris (2013): Die berufliche Integration von Jugendlichen mit Hauptschulbildung. Eine Längsschnittanalyse typischer Übergangsverläufe WSI-Mitteilungen, 66 (1/2013). S. 33–41.

Granato, Mona; Ulrich, Joachim Gerd (2013): Die Reformierbarkeit des Zugangs in duale Berufsausbildung im Spannungsfeld institutioneller Widersprüche. Schweizerische Zeitschrift für Soziologie, 39 (2). S. 315–339.

Greinert, Wolf-Dietrich (2007): Kernschmelze – der drohende GAU unseres Berufsausbildungssystems. Berlin: Technische Universität Berlin

Greinert, Wolf-Dietrich (2008): Beschäftigungsfähigkeit und Beruflichkeit – zwei konkurrierende Modelle der Erwerbsqualifizierung? Berufsbildung in Wissenschaft und Praxis, 37 (4). S. 9–12.

Hamburger Institut für berufliche Bildung (2013a): Berufsqualifizierung für Jugendliche ohne Ausbildungsvertrag. Hamburg: HIBB.

Hamburger Institut für berufliche Bildung (2013b): Schulreform. Umfassende Bildungsreform. Hamburg: HIBB.

Hohbein, Aline; Wieland, Clemens (2013): Bertelsmann-Stiftung: Die Initiative „Übergänge mit System". In: Arbeitsgemeinschaft Weinheimer Initiative (Hrsg.): Lokale Bildungsverantwortung. (S. 194–202). Stuttgart: Kohlhammer.

Imdorf, Christian (2010): Wie Ausbildungsbetriebe soziale Ungleichheit reproduzieren: Der Ausschluss von Migrantenjugendlichen bei der Lehrlingsselektion. In: Krüger, Heinz-Hermann; Rabe-Kleberg, Ursula; Kramer, Rolf-Torsten; Budde, Jürgen (Hrsg.): Bildungsungleichheit revisited. Bildung und soziale Ungleichheit vom Kindergarten bis zur Hochschule. (S. 259–274). Wiesbaden: VS Verlag für Sozialwissenschaften.

Imdorf, Christian (2012): Zu jung oder zu alt für eine Lehre? Altersdiskriminierung bei der Ausbildungsplatzvergabe. Zeitschrift für Arbeitsmarktforschung, 45 (1). S. 79–98.

Kath, Folkmar (1999): Finanzierung der Berufsausbildung im dualen System. Probleme und Lösungsvorschläge. In: AG Hochschultage Berufliche Bildung (Hrsg.): Kosten, Finanzierung und Nutzen beruflicher Bildung. (S. 99–110). Neusäß: Kieser.

Kerner, Janine; Wieland, Clemens (2012): Die Initiative „Übergänge mit System“. LAG JAW (Themenheft 2 2012). S. 14–19.

Klemm, Klaus (2012): Was kostet eine Ausbildungsgarantie? Gütersloh: Bertelsmann Stiftung.

Kohlrausch, Bettina; Solga, Heike (2012): Übergänge in Ausbildung: Welche Rolle spielt die Ausbildungsreife? Zeitschrift für Erziehungswissenschaft, 15. S. 753–773.

Landesinstitut für Schulentwicklung; Statistisches Landesamt Baden-Württemberg (Hrsg.) (2011): Bildungsberichterstattung 2011. Stuttgart: Landesinstitut für Schulentwicklung und Statistisches Landesamt Baden-Württemberg.

Lakies, Thomas; Nehls, Hermann (2007): Berufsbildungsgesetz. Basiskommentar. Frankfurt a.M.: Bund-Verlag.

Lehmkuhl, Kirsten; Schmidt, Guido; Schöler, Cornelia (2013): „Ihr seid nicht dumm, ihr seid nur faul.“ – Über die wunderliche Leistung, Ausgrenzung als selbstverschuldet erleben zu lassen. In: Maier, Maja S.; Vogel, Thomas (Hrsg.): Übergänge in eine neue Arbeitswelt? Blinde Flecken in der Debatte zum Übergangssystem Schule-Beruf. (S. 115–130). Wiesbaden: VS Springer.

Lex, Tilly; Geier, Boris (2010): Übergangssystem in der beruflichen Bildung: Wahrnehmung einer zweiten Chance oder Risiken des Ausstiegs? In: Bosch, Gerhard; Krone, Sirikit; Langer, Dirk (Hrsg.): Das Berufsbildungssystem in Deutschland. Aktuelle Entwicklungen und Standpunkte. (S. 165–187). Wiesbaden: VS Verlag für Sozialwissenschaften.

Maier, Tobias; Ulrich, Joachim Gerd (2012a): Prognosen zur weiteren Entwicklung des Übergangsbereichs. In: Bundesinstitut für Berufsbildung (Hrsg.): Datenreport zum Berufsbildungsbericht 2012. Informationen und Analysen zur Entwicklung der beruflichen Bildung. (S. 381–386). Bielefeld: W. Bertelsmann.

Maier, Tobias; Ulrich, Joachim Gerd (2012b): Vorausschätzung des Ausbildungsplatzangebots und der Ausbildungsplatznachfrage. In: Bundesinstitut für Berufsbildung (Hrsg.): Datenreport zum Berufsbildungsbericht 2012. Informationen und Analysen zur Entwicklung der beruflichen Bildung. (S. 69–76). Bielefeld: W. Bertelsmann.

Ministerium für Arbeit, Integration und Soziales (2012): Neues Übergangssystem Schule – Beruf in NRW. Zusammenstellung der Instrumente und Angebote. Düsseldorf: MAIS NRW.

Münk, Dieter (2010): Berufliche Bildung im Labyrinth des pädagogischen Zwischenraums: Von Eingängen, Ausgängen, Abgängen – und von Übergängen, die keine sind. In: Münk, Dieter; Rützel, Josef; Schmidt, Christian (Hrsg.): Labyrinth Übergangssystem: Forschungserträge und Entwicklungsperspektiven der Benachteiligtenförderung zwischen Schule, Ausbildung, Arbeit und Beruf. 2. Auflage. (S. 31–52). Bonn: Pahl-Rugenstein.

Münk, Dieter; Rützel, Josef; Schmidt, Christian (Hrsg.) (2010): Labyrinth Übergangssystem. 2. Aufl. Bonn: Pahl-Rugenstein.

Neß, Harry (2007): Generation abgeschoben. Warteschleifen und Endlosschleifen zwischen Bildung und Beschäftigung. Bielefeld: W. Bertelsmann.

Plicht, Hannelore (2010): Das neue Fachkonzept berufsvorbereitender Bildungsmaßnahmen der BA in der Praxis. Nürnberg: Institut für Arbeitsmarkt- und Berufsforschung der Bundesagentur für Arbeit (IAB).

Protsch, Paula; Solga, Heike (2012): Wenn der Betrieb aussiebt. Warum Jugendliche mit Hauptschulabschluss bei der Lehrstellensuche scheitern. WZB Mitteilungen, 138 (Dezember 2012). S. 45–48.

Ratschinski, Günter; Steuber, Ariane (Hrsg.) (2012): Ausbildungsreife: Kontroversen, Alternativen und Förderansätze. Wiesbaden: Springer VS.

Reißig, Birgit (2012): Die Potenziale berufsvorbereitender Bildungsangebote. DJI Impulse, 100 (4/2012). S. 17–19.

Schaub, Günter (1991): Betriebliche Rekrutierungsstrategien und Selektionsmechanismen für die Ausbildung und Beschäftigung junger Ausländer. Berlin, Bonn: Bundesinstitut für Berufsbildung.

Schepers, Albert (2012): Vom Modellvorhaben „Ein-Topf" zum Neuen Gesamtsystem Übergang Schule – Beruf NRW. LAG JAW (Themenheft 2 2012). S. 20–25.

Solga, Heike, Menze, Laura (2013): Der Zugang zur Ausbildung: Wie integrationsfähig ist das deutsche Berufsbildungssystem? WSI-Mitteilungen, 66 (1/2013). S. 5–14.

Statistische Ämter des Bundes und der Länder (Hrsg.) (2012): Indikatoren der integrierten Ausbildungsberichterstattung für Deutschland. Ein Vergleich der Bundesländer. Wiesbaden: Hessisches Statistisches Landesamt.

Statistisches Bundesamt (2012): Integrierte Ausbildungsberichterstattung. Anfänger im Ausbildungsgeschehen 2011 nach Sektoren/Konten und Ländern (Schnellmeldung). Wiesbaden: DESTATIS.

Statistisches Bundesamt (2013): Schnellmeldung Integrierte Ausbildungsberichterstattung. Anfänger im Ausbildungsgeschehen nach Sektoren/Konten und Ländern 2012. Wiesbaden: DESTATIS.

Ulrich, Joachim Gerd (2008): Jugendliche im Übergangssystem – eine Bestandsaufnahme, bwp@ Spezial 4 – HT2008, WS 12.

Ulrich, Joachim Gerd (2011): Übergangsverläufe von Jugendlichen aus Risikogruppen, bwp@ Spezial 5 – HT2011, WS 15.

Ulrich, Joachim Gerd (2012a): Indikatoren zu den Verhältnissen auf dem Ausbildungsmarkt. In: Dionisius, Regina; Lissek, Nicole; Schier, Friedel (Hrsg.): Beteiligung an beruflicher Bildung – Indikatoren und Quoten im Überblick. (S. 48–65). Bonn: BIBB.

Ulrich, Joachim Gerd (2012b): Institutionelle Mechanismen der (Re-)Produktion von Ausbildungslosigkeit. In: Siebholz, Susanne; Schneider, Edina; Busse, Susann; Sandring, Sabine; Schippling, Anne (Hrsg.): Prozesse sozialer Ungleichheit. Bildung im Diskurs. (S. 93–106). Wiesbaden: Springer VS.

Ulrich, Joachim Gerd (2012c): Institutionelle Mechanismen der (Re-)Produktion von Bildungsungleichheit an der Schwelle zur dualen Berufsausbildung und ihr Einfluss auf die Qualifizierungschancen von Bewerbern mit Migrationshintergrund. In: Pielage, Patricia; Pries, Ludger; Schultze, Günther (Hrsg.): Soziale Ungleichheit in der Einwanderungsgesellschaft. Kategorien, Konzepte, Einflussfaktoren. (S. 68–84). Bonn: Friedrich-Ebert-Stiftung.

Ulrich, Joachim Gerd (2012d): Kein Entrinnen aus dem Nachwuchsmangel, wenn es überall an Nachwuchs mangelt? Wege zur erfolgreichen Rekrutierung von Auszubildenden. Ausbilder-Handbuch (Aktualisierungslieferung Nr. 136, Kapitel 3.1.7). S. 1–19.

Ulrich, Joachim Gerd (2013): Der Ausbildungsmarkt und sein Einfluss auf die Übergangsverläufe von Jugendlichen. In: Arbeitsgemeinschaft Weinheimer Initiative (Hrsg.): Lokale Bildungsverantwortung. (S. 62–78). Stuttgart: Kohlhammer.

Zimmer, Gerhard (2009): Notwendigkeiten und Leitlinien der Entwicklung des Systems der Berufsausbildung. In: Zimmer, Gerhard; Dehnbostel, Peter (Hrsg.): Berufsausbildung in der Entwicklung – Positionen und Leitlinien. (S. 7–45). Bielefeld: W. Bertelsmann.

Wolfgang Wittwer

„Warum sind wir eigentlich dumm?" – Wie Bildung Jugendlichen ohne Ausbildungsplatz helfen kann

1. Die Ausgangsanalyse

Wer bestimmt eigentlich, ob wir dumm sind? Und was ist der Maßstab dieser Einschätzung?

Bei der Beantwortung dieser Fragen werde ich auf zwei Aspekte eingehen, den bildungspolitischen und den pädagogisch-didaktischen Aspekt. Beide Perspektiven sind wichtig. Denn ohne die entsprechenden bildungspolitischen bzw. bildungskulturellen Rahmenbedingungen laufen alle noch so gut gemeinten pädagogischen Bemühungen ins Leere!

In einem ersten Schritt werde ich mich mit dem Thema anhand von vier pointiert formulierten Thesen auseinandersetzen und im zweiten Schritt Konzepte und Maßnahmen skizzieren, die Jugendlichen helfen können, ihre Stärken zu zeigen und damit nicht als dumm zu erscheinen.

These 1: Das Bildungssystem lässt uns als dumm erscheinen

Der Begriff Dummheit hat unterschiedliche Konnotationen. Er kann so viel bedeuten wie mangelnde Intelligenz oder Allgemeinbildung; Beschränktheit oder Borniertheit; Versagen in menschlicher, sozialer oder fachlicher Hinsicht. Wobei Menschen, denen wir Klugheit und Intelligenz zusprechen, dennoch in bestimmten Lebensbereichen bzw. Lebenssituationen versagen können. Dummheit ist also ein sehr ambivalenter Begriff. Er hat positive wie negative Konnotationen.

Unsere Sprichwörter, die ja gleichsam „Lebensweisheiten" ausdrücken, unterstreichen diese Aussage: „Es gibt keine dummen Fragen, es gibt nur dumme Antworten" oder „Es gibt keine dummen Fragen, dumm ist nur, wer nicht fragt".

Warum bezeichnen wir dennoch – gerade auch im Bildungsbereich – Kinder oder Jugendliche als dumm? Die Antwort ist schnell gegeben. Unsere Einschätzung, ob jemand klug oder dumm ist, hängt von unserem Betrachtungsstandort ab. Unser Standort aber ist die Perspektive der Gesellschaft und den von ihr formulierten Bildungsanforderungen. Von diesem Standort aus werden die Bildungsmöglichkeiten für die Kinder bzw. Jugendlichen festgelegt, quotiert und bewertet. Sehr deutlich kommt dies in der Dreigliedrigkeit unseres Schulsystems und in der Begründung dieser Struktur zum Ausdruck. Legitimiert wird diese Struktur in zweifacher Weise:

1. Durch die Behauptung, es gebe verschiedene Begabungen, nämlich praktische, technische und theoretische Begabungen. Diesen würden die drei Schularten entsprechen (vgl. Blankertz 1982, 238). Unbestreitbar ist, dass es unterschiedliche Begabungen gibt. Zu bezweifeln ist allerdings, dass die Begabungen sich genau

in diesen drei Schultypen kristallisieren und dass die zahlenmäßige Verteilung der Schüler/innen auf die drei Typen genau ihren individuellen Begabungen entspricht.

2. Durch die Verfasstheit unserer Arbeitsgesellschaft, wie es der Pädagoge Weinstock Mitte der 50er Jahre formuliert hat und die auch heute bei der Verteidigung dieser Struktur immer noch angeführt wird. Demnach braucht die Maschine dreierlei Menschen: „den, der sie bedient und in Gang hält; den, der sie repariert und verbessert; schließlich den, der sie erfindet und konstruiert. Hier ergibt sich: Die richtige Ordnung der modernen Arbeitswelt gliedert sich, im Großen und Ganzen und in typisierter Vereinfachung in drei Hauptschichten: die große Masse der Ausführenden, die kleine Gruppe der Entwerfenden und dazwischen die Schicht, die unter den beiden anderen vermittelt. Was ergibt sich nun aus dieser Struktur unserer modernen Arbeitswelt für den Aufbau des Bildungswesens? Offenbar verlangt die Maschine eine dreigegliederte Schule: eine Bildungsstätte für die ausführenden, also zuverlässig antwortenden Arbeiter, ein Schulgebilde für die verantwortlichen Vermittler und endlich ein solches für die Frager, die sogenannten theoretischen Begabungen“ (Weinstock 1955, 121f.).

Nach dieser Sichtweise orientiert sich unser Schulwesen nicht an vorhandenen Begabungen, sondern an den gesellschaftlichen Qualifikations-Interessen. Dieser Blick führt zu einem hierarchischen System von Schultypen mit differenzierter gesellschaftlicher Wertschätzung, die sich nach Besuchsdauer, Abschlüssen, Berechtigungen, Vermittlung von beruflichen Chancen und Ansehen unterscheiden, aber auch zu einer informellen Hierarchie von Ausbildungsberufen und Ausbildungsbetrieben führt. Der Zugang zu den einzelnen Schultypen erfolgt nicht nur aufgrund von Fähigkeit und Leistung, sondern auch nach sozialer Herkunft. Folgerichtig erhalten Arbeiterkinder seltener eine Empfehlung für das Gymnasium als Kinder aus anderen Familien (vgl. Schultz, 2011, 38).

Sind nun Kinder, denen der Zugang zu bestimmten Bildungsgängen verwehrt wird oder die nicht in das Schultypenraster passen, dumm?

These 2: Verschiedenheit statt Gleichheit als Bildungsziel

Kinder und Jugendliche werden bei diesem Ansatz als Bildungsobjekte und nicht als Bildungssubjekte gesehen. Dem Blick der Gesellschaft muss daher eine andere Sichtweise gegenüber gestellt werden, der Blick des Subjekts. D. h. unser Bildungssystem muss von der Frage geleitet werden: Wie kann das einzelne Subjekt bei seinen Bemühungen unterstützt werden, sich das Verständnis seiner selbst und der Welt, in der es lebt, zu erschließen. So hat beispielsweise der Deutsche Ausschuss für das Erziehungs- und Bildungswesens sinngemäß den Begriff Bildung definiert (Deutscher Ausschuss für das Erziehungs- und Bildungswesen, 1965).

Diese Leitidee ist allerdings unserem Bildungswesen auch heute noch weitgehend fremd. An Stelle einer Individualisierung der Lehr- und Lernprozesse hat es sich die Homogenisierung der Lernenden nach Schultypen auf die Fahne geschrieben. Lernende jedoch, zeichnen sich, wie es der Philosoph und Pädagoge Johann Friedrich Herbart (1776–1841) einmal formuliert hat, durch die „Verschiedenheit der Köpfe“

aus. Sie „ist das größte Hindernis aller Schulbildung. Darauf nicht zu achten ist der Grundfehler aller Schulgesetze" (zitiert nach Hinz 1993, 3). Sie sehen, die Erkenntnis gibt es zwar schon lange, aber an der Umsetzung fehlt es immer noch. Herbart meint mit seiner Aussage zweierlei. Zum einen, dass die Schüler unterschiedliche Interessen, Begabungen bzw. Potenziale haben. Zum anderen, dass Schule darauf keine Rücksicht nimmt, sondern im Gegenteil alle Schüler gleich behandelt und damit gleich machen will. Und wir finden das auch gerecht! Aber, ist das auch gerecht?

Abbildung 1: Individualisierung oder Normierung?

Der Homogenitäts-Ansatz beruht auf dem Versuch, das grundsätzliche Spannungsverhältnis, das unser Bildungssystem kennzeichnet, zu lösen. Dieses Spannungsverhältnis (man kann es auch als Paradoxie bezeichnen) liegt in den gegensätzlichen Anforderungen von „rechtlicher Gleichheit" und „individueller Verschiedenheit". Oder anders formuliert, zwischen formaler Chancengleichheit und dem Anspruch auf Subjektivität. Der Philosoph Hermann Lübbe hat dieser Tage in einem Interview gesagt: „Die Hoffnung, die Kinder mit schwächeren Voraussetzungen würden gleichermaßen immer mehr (die) Aufstiegschancen nutzen, hat sich allerdings nicht erfüllt. Je größer die formale Chancengleichheit, umso auffälliger werden die schwer änderbaren Differenzen. Allgemein heißt das: Die Verbesserung der Lebenschancen macht Unterschiede spürbarer" (Lübbe, 2012, 14). Diese Situation gilt insbesondere für den Bildungsbereich: D. h. durch die Homogenisierung treten die individuellen Unterschiede der Lernenden noch stärker hervor.

Abbildung 2: Gleiche Aufgabe für alle Lernenden?

Es macht wenig Sinn, Jugendlichen eine Aufgabe zu stellen, bei der von vornherein klar ist, dass sie nicht gelöst werden kann. Die Aufgabenstellung muss sich an den lernenden Subjekten orientieren, d. h. die Aufgabe muss inhaltlich und von den Anforderungen her auf unterschiedlichen Niveaus gestellt und mit differenziertem Unterstützungsangebot gegeben werden. Alle Jugendlichen gleich zu behandeln, ist daher höchst ungerecht!

These 3: Die individuelle Stärke muss zum Navigator der individuellen Entwicklung werden

Dass jeden Menschen etwas Besonderes auszeichnet, habe ich vor einiger Zeit in der Stadt Bielefeld im Rahmen eines verkaufsoffenen Sonntags erlebt. Wer an diesem Tag durch die Stadt ging, konnte ein Denkmal der ungewöhnlichen Art bewundern. Zwei Handwerker hatten ein „Ich-Denkmal“ erbaut, auf das sich jeder, der vorbei kam, stellen konnte.

„Nicht nur Kinder“, so war am folgenden Tag in der NW zu lesen, „drängeln sich auf das Podest, auch Einzelgänger und Verliebte besteigen es, ein Vater hebt stolz den Kinderwagen seines Sohnes hinauf...“. Ein Zuschauer meinte, „das Denkmal funktioniert, die Menschen nehmen es an“ und er fügte hinzu: „Jeder Mensch ist einzigartig“ (Neue Westfälische Nr. 81, 7.4.2008).

Ich meine, die Subjektivität eines Menschen kann nicht anschaulicher dargestellt werden als in diesem Denkmal. Jeder Mensch zeichnet sich durch eine ganz besondere Stärke aus. Diese Stärke kann für die Gestaltung unseres Lebens, insbesondere für das berufliche Leben, zum „Navigator“ werden. Vorausgesetzt, wir kennen unsere Stärken. Doch kennen wir diese wirklich?

Quelle: Andreas Frücht

Abbildung 3: Ich-Denkmal

Im Rahmen des Modellversuchs „Change – Chance“, bei dem es darum ging, jungen Erwerbstätigen Veränderungskompetenz zu vermitteln, hatten wir diesen bei einem Workshop die Aufgabe gestellt, ihren Körperumriss zu zeichnen und darin ihre Stärken einzutragen. Das Ergebnis war, dass ein Großteil der jungen Menschen nicht ihre Stärken, sondern ihre Schwächen eingetragen hat. Diese scheinen ihnen präsenter als ihre Stärken zu sein.

Betrachtet man unser Erziehungs- und Bildungssystem, dann brauchen wir uns darüber nicht zu wundern. Denn Förderung und Entwicklung wird dort vor allem als Defizitausgleich verstanden und nicht als individuelle Stärkenförderung. Damit wird den jungen Menschen zugleich eine wichtige Orientierung genommen. Denn die individuellen Stärken können in vielfacher Hinsicht den Menschen helfen, ihr (Berufs) Leben aktiv zu gestalten. Individuelle Stärken …

- geben Orientierung: Das Wissen um die eigene Stärke und deren Erleben in unterschiedlichen (Berufs-)Lebenssituationen wird zum Motor der (beruflichen) Entwicklung.
- stellen Kontinuität her: Ein Individuum behält seine Stärken unabhängig davon, welche Berufstätigkeit es ausübt und wo es arbeitet.
- begründen Fachqualifikationen: Eine Stärke kann nie „nur so“ angewendet werden, sondern immer in einem bestimmten fachlichen Kontext. Zu ihrer Anwendung sind daher zugleich auch Fachqualifikationen erforderlich.
- motivieren und geben Selbstvertrauen: Mit der individuellen Stärke besitzt das Subjekt etwas, auf das es sich auch in schwierigen Situationen verlassen kann. Das Subjekt ist motiviert, diese einzusetzen, da es damit positive Erfahrungen gemacht hat.

Wie wichtig das Wissen um die eigenen Stärken ist, zeigt sich im Konzept der Selbstwirksamkeitserwartung (vgl. Bandura, 1977). Nach diesem Konzept besteht eine Verbindung zwischen der Einschätzung einer Situation als Bedrohung oder Herausforderung einerseits und der Einschätzung der eigenen Kompetenzen, diese Situation bewältigen zu können andererseits (Selbstwirksamkeitserwartung). Personen mit hoher Selbstwirksamkeitserwartung beurteilen schwierige Situationen eher als Herausforderung und nicht als Bedrohung (vgl. Schwarzer, 1994, 113). Sie sind überzeugt, dass sie mit ihren Fähigkeiten neue Aufgaben bewältigen können. Sie sind von ihrer eigenen Selbstwirksamkeit überzeugt. Es ist also wichtig, dass jeder seine Stärke kennt.

Ein Beleg für diese Forderung ist Constanze W. Sie orientiert sich bei ihrer beruflichen Entwicklung an ihrer individuellen Stärke:

> *Constance W. wollte nach dem Abitur unbedingt Kunst studieren, wurde jedoch an der Akademie abgelehnt. „Gerade ich, die immer wusste, was sie wollte, stand nun ganz am Anfang. Da musste ich tief in mich gehen und überlegen, was ich mit meinem Leben beginnen will“. Sie genoss zunächst, gar nichts zu tun. Sie jobbte, machte ein Praktikum. Diese Phase dauerte etwa zweieinhalb Jahre. Dann hatte sie selbst das Gefühl, eine Perspektive haben zu müssen. Sie machte auf Vorschlag ihrer Mutter ein Praktikum in einer Schreinerei. Das Praktikum gefiel ihr so gut, dass sie sich entschloss, eine Ausbildung zu machen. „Schreiner ist an sich nicht mein Traumberuf. Das ebnet mir nur den weiteren Lebensweg“. ... „Ich musste schon immer irgendwas mit den Händen machen. Wenn wir ein neues Fahrrad bekommen haben in einem großen Pappkarton, hat mich der Karton am meisten interessiert. Aus dem habe ich was gebastelt“. Constance W. freut sich auf die nächsten Jahre, weil sie dann so viel lernen kann, um selber etwas zu leisten. „Im Moment bin ich richtig stolz darauf, eine Ausbildung zu machen und nicht zu studieren ... Seit ich meine Schreinerausbildung mache, genieße ich sogar größten Respekt“* (vgl. Göricke, 2001, V2/1).

Leitend für die Berufsbiografie von Constance W. ist ihre individuelle Stärke „Handwerkliches Geschick“. Diese Kompetenz hatte sie bereits sehr früh als Kind im privaten Bereich entdeckt und gelebt. Sie hilft ihr nun beim Einstieg in das Berufsleben. Dabei spielt der gewählte Ausbildungsberuf Schreiner eine nachgeordnete Rolle. Sie hat ihn eher zufällig gewählt. Für sie ist die Funktion der Schreinerausbildung klar. Sie ebnet ihr nur den weiteren Lebensweg. Die weitere berufliche Entwicklung bleibt zunächst noch offen.

Mit dem Prozess der Orientierung an den individuellen Stärken bei der Berufslaufbahngestaltung verändert sich gleichzeitig grundlegend das Verhältnis von Beruf und Berufsbiografie. Das Berufskonzept, an dem sich bislang Berufsausbildung und Berufstätigkeit sowie der soziale Status von Erwerbstätigen orientiert haben, wird zunehmend in Frage gestellt und gilt nur noch für die Ausbildung (vgl. Wittwer, 2003).

Der Beruf verliert damit zunehmend seine zentrale Stellung als biografiekonstituierende bzw. biografiestützende Kraft. „Das Konzept des Berufs“, so Brater, „wird heute ersetzt durch das Konzept der Berufsbiographie; an die Stelle der vordefinierten Entwicklungsschablone ‚Beruf‘ tritt der Prozeß des arbeitsbezogenen Lebenslaufs, der potentiell individuell selbst gestaltet sein kann“ (Brater, 1998, 40). Der Beruf wird damit zum Gestaltungsfeld der Biographie.

Das Erleben der individuellen Stärke ist insbesondere für Jugendliche, die als „Problemgruppe“ bezeichnet werden, wichtig. Also für Jugendliche, die durch das Homogenisierungsraster fallen. Diese Jugendlichen haben natürlich auch Stärken. Nur werden diese nicht als solche erkannt, da sie nicht den Standard-Qualifikationen unseres Bildungswesens entsprechen. Diese Jugendlichen gelten daher als „dumm“. Der individuelle Stärkenansatz kann nun zeigen, dass auch diese Jugendlichen über ganz bestimmte Fähigkeiten verfügen, die auch für die Gesellschaft wertvoll sein können. Man muss sie nur suchen und fördern.

These 4: Jugendliche entwickeln aufgrund ihrer Subjektivität unterschiedliche Strategien zum Umgang mit neuen Situationen

Wie wichtig das Wissen um die eigenen Stärken beispielsweise beim Übergang von der Schule in die berufliche Ausbildung sein kann, haben wir bei einer empirischen Untersuchung im Rahmen des bereits zitierten Modellversuchs feststellen können. Befragt wurden 1052 Auszubildende des 1. Ausbildungsjahres in unterschiedlichen Ausbildungsberufen in der Region Ostwestfalen-Lippe (vgl. Wittwer/Genrich/Staack, 2006). Im Mittelpunkt der Untersuchung stand die Frage: Welche persönlichen Eigenschaften und Fähigkeiten haben den Auszubildenden bei dem Wechsel von der Schule in die berufliche Ausbildung geholfen?

Den Jugendlichen wurden 40 Aussagen zu Eigenschaften vorgelegt, die sie anhand einer vierstufigen Skala bewerten sollten. Mit Hilfe einer Clusteranalyse wurden die Antworten zu folgenden fünf Veränderungstypen zusammengefasst: „Die Naiven“, „Die Erfahrungsorientierten“, „Die Ehrgeizigen“, „Die Pragmatiker“ und „Die Individualisten“. Siehe dazu die folgende Übersicht zur Einschätzung der Eigenschaften, die beim Übergang Schule/Beruf helfen können (vgl. Wittwer/Genrich/Staack, 2006):

„Die Naiven“ (11 %)	„Die Erfahrungs-orientierten“ (34,6 %)	„Die Ehrgeizigen“ (27,8 %)	„Die Pragmatiker“ (17 %)	„Die Individua-listen“ (9,6 %)
Überschätzen ihre Fähigkeiten	Benötigen feste Strukturen und klare Vorgaben	Benötigen Kenntnisse über fachl. Wissen u. fachl. Anforderungen	Kaschieren ihre Schwächen	Suchen im direkten Handeln die persönl. Weiterentwicklung
Undifferenzierte Einschätzung der Eigenschaften, die helfen können	Wollen Gewissheit, was sie erwartet; hilfreich: bereits gesammelte Erfahrungen	Veränderung= Bereicherung, wollen sich im Austausch mit anderen fachl. weiterentwickeln	Rationales, nüchternes, selbstständiges Handeln. Hilfe nur im „Notfall“	Neue Situation als Herausforderung, in der sie sich persönlich ausprobieren können
Hauptschule	Kein Schulabschluss, Hauptschule	Realschule, Abitur,	Kein Schulabschluss, Realschule	Realschule, Abitur

Die Jugendlichen entwickeln also vor dem Hintergrund ihrer spezifischen Sozialisation, ihrer individuellen Stärken, Erfahrungen etc. ganz unterschiedliche Strategien, um mit dieser Veränderungssituation umzugehen. Diese Strategien sind aber nicht immer hilfreich für einen produktiven Umgang mit dieser neuen Situation.

Für die Jugendlichen ist es daher wichtig, dass sie sich ihrer Strategien und deren Konsequenzen bewusst werden. Lehrer wie Ausbilder müssen die Jugendlichen bei diesem Prozess unterstützen und diesen helfen, ihre Stärken zu erkennen. Sie sind dann auch in der Lage, sich in neuen Situationen zielorientiert zu verhalten. Sie besitzen in dem Fall so etwas wie Veränderungskompetenz. Die Veränderungskompetenz bezeichnet die Fähigkeit eines Individuums,

- seine Stärken bzw. Qualifikationen in wechselnden Situationen zielorientiert einzusetzen,
- auf die unterschiedlichen und wechselnden Anforderungen der Arbeits- bzw. Lebenswelt einzugehen und
- die jeweiligen Anforderungen im Hinblick auf die eigene berufliche Entwicklung produktiv zu verarbeiten (vgl. Wittwer, 2001).

Eine Veränderungskompetenz kann auf drei Ebenen angewendet werden: auf der sozialen, der institutionell-organisatorischen und der fachlichen Ebene (vgl. ebd.).

- Die soziale Ebene bezieht sich z.B. auf die Interaktionen der Menschen und meint die Fähigkeit, in immer wieder neuen und wechselnden Situationen mit fremden Personen in Kontakt zu treten und kommunizieren zu können. Die neue und unbekannte Situation ängstigt in diesem Fall die Menschen nicht, sie freuen sich vielmehr, andere Menschen kennen zu lernen und neue Kontakte zu schließen.
- Auf der institutionell-organisatorischen Ebene geht es um die Fähigkeit, sich in einer neuen Organisation, z.B. in einem Unternehmen, selbstbewusst zu bewegen. Dazu gehört u. a., das jeweilige Werte- und Normensystem sowie die tradierten Gewohnheits- und Verhaltensmuster zu erkennen und sie mit den bisherigen Erfahrungen abzugleichen und zu bewerten.
- Veränderungskompetenz auf der fachlichen Ebene meint schließlich die Fähigkeit, das in einem ganz bestimmten Kontext erworbene Wissen und Können auch in anderen bzw. wechselnden (Arbeits-)Situationen anwenden zu können.

Veränderungskompetenz ermöglicht den Transfer der individuellen Stärken und Qualifikationen. Das, was man einmal gelernt hat, muss somit bei Wechsel und Veränderung nicht „verlernt“ werden, sondern kann den Anforderungen der neuen Situation angepasst werden. Veränderungskompetenz ist daher eine ganz zentrale Schlüsselkompetenz. Sie ist unerlässlich für die aktive Gestaltung der (Berufs-)Biografie.

2. Was ist zu tun?

Ich hatte bereits am Anfang ausgeführt, wie wichtig es ist, dass Politik und Pädagogik gemeinsam unser Bildungswesen so verändern, damit Jugendliche nicht als dumm erscheinen. Im Folgenden soll kurz skizziert werden, in welche Richtung diese Veränderung gehen sollte.

2.1 Praktizierte Leitidee der Ausbildung

Die Entdeckung und Förderung der individuellen Stärken bei allen Lernenden als durchgängiges Prinzip unseres Bildungswesens:

- Keine positive Diskriminierung
- Wertschätzung von Heterogenität
- Paradigmenwechsel: Weg von der Defizitanalyse und hin zur Stärkenanalyse

2.2 Verankerung dieses Ziels in der Kultur und Struktur der Bildungsorganisation

Jeder schulische/berufliche Bildungsgang soll – quer über alle Fächer – gestaltungsoffene Ausbildungsteile enthalten. Die gestaltungsoffene Ausbildung ermöglicht einen „dritten“ Weg, zwischen dem offiziellen Ordnungsrahmen eines für alle verbindlichen Curriculums und der notwendigen Offenheit auf die Entwicklung des einzelnen Lernenden inhaltlich und zeitlich eingehen zu können.

Stichworte sind hier: Flexibilität, Differenzierung, Inklusion, Managing Diversity. Wesentlich ist natürlich auch die Finanzierung der Umsetzung dieses Ziels.

2.3 Die Schule als Potenzialwerkstatt

Die Zusammenarbeit von Schule, Ausbildungsbetrieb und Berufsberatung gilt es im Blick auf das Erkennen und Werten der Potentiale von Jugendlichen in folgenden Entwicklungsschritten zu beschreiben:

2.3.1 Bildungspotenzial erkennen

Hier geht es zunächst um eine *Potenzial-Profil-Erstellung*: eine individuelle Potenzial-Diagnose, die Abklärung konkreter berufsspezifischer Wünsche und deren Abgleich mit entsprechenden Berufsbildern. Anschließend geht es um die *Entwicklung einer Bildungs-Biografie-Perspektive*. Hier geht es um die Unterstützung der Jugendlichen beim „Finden“ ihres Bildungs- und Berufswegs.

2.3.2 Potenzial in der (beruflichen) Ausbildung entwickeln

Darauf gilt es das *Potenzial-Profil* in der Praxis zu überprüfen, z.B. durch schulische und außerschulische Erfahrungsräume oder durch betriebliche Praktika. Dabei ist jeweils die *„Individualisierung der Ausbildung"* in den Blick zu nehmen: Jede zeitlich begrenzte Ausbildung vollzieht sich in individuellen Ausbildungssettings. Als Ziel gilt nun die *Entwicklung von Berufsperspektiven*, indem jeweils berufliche Optionen erkannt werden und die entsprechende Entwicklung von Strategien zu deren Realisierung vorangetrieben werden.

2.3.3 Sicherung des Potenzials durch professionelle Begleitung

Wesentlich für das Gelingen einer Potenzialwerkstatt ist die Professionalität des Bildungspersonals. Sie zeigt sich u.a. in der Sensibilität für das Stärken- bzw. Heterogenitäts-Konzept, in ihrer Befähigung zur Entwicklung entsprechender Konzepte und Instrumente, in der Anleitung der biografischen (Selbst-/Fremd-)Reflexion und der Überprüfung des bisherigen Bildungsweges, der gewonnenen Erfahrungen sowie der getroffenen Entscheidungen. Dadurch kann eine Neuausrichtung des Bildungs- und Berufsweges eröffnet werden.

2.3.4 Die methodische Umsetzung des Konzepts

Für die Ausgestaltung von didaktisch-methodischen Settings zur Umsetzung des Konzepts in der Praxis stehen eine Vielzahl von Methoden und Techniken zur Verfügung. Im Folgenden sollen einige von diesen genannt werden, mit denen positive Erfahrungen bei der Anwendung des Konzepts gemacht worden sind. Sie können zur Diagnose (Diagnose-Instrument) sowie zur Entwicklung (Entwicklungs-Instrument) der individuellen Stärken eingesetzt werden. Die Anwendung von Diagnose-Instrumenten bietet sich an im Rahmen von Selbst-/Fremdreflexionsprozessen, bei denen die eigene (Bildungs-)Geschichte retrospektiv aufgearbeitet und der Lebenslauf bzw. die berufliche Karriere prospektiv geplant wird. Mit Hilfe dieser Reflexionsprozesse können individuelle Potenzial-Portfolios erstellt werden. Diagnoseinstrumente sind z. B. (nähere Ausführungen vgl. Wittwer/Bruhn, 2009):

- Selbst- und Fremdeinschätzungsbogen
- „Der heiße Punkt"
- SOFT-Analyse
- „Phantasie-Reisen" wie „Kindheitsräume", „Mein Ziel".

Der Erfahrungsraum stellt ein wichtiges Instrument dar, das individuelle Potenzial zu erkennen und weiterzuentwickeln (ausführlich hierzu vgl. Wittwer, 2010, S. 176ff.). Unter einem Erfahrungsraum werden reale Lern- und Lebenssituationen (Arbeitssituationen) verstanden, die strukturell-organisatorisch und didaktisch-methodisch so angelegt sind, dass dort neues Wissen sowie neue Fertigkeiten und Fähigkeiten in fachlicher und sozialer Hinsicht erworben werden können. Die Lernenden können dabei ihr Potenzial erfahren bzw. erproben. Dadurch können sich ihnen zugleich neue berufliche Optionen eröffnen, indem sie erleben, in welchen unterschiedlichen lebensweltlichen Kontexten ihre Stärken und Qualifikationen gefordert sind.

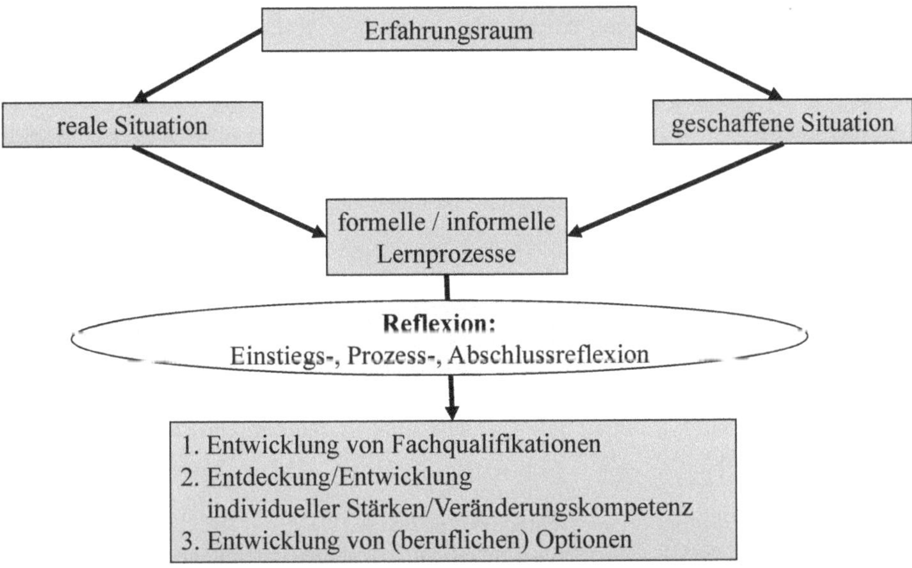

Abbildung 4: Erfahrungsraum

Eine Lern- und Lebenssituation ist als Erfahrungsraum allgemein geeignet, wenn sie komplex, aktiv erlebbar, zeitlich begrenzt ist und eine unterstützende Begleitung beinhaltet. Für den einzelnen Jugendlichen muss sie darüber hinaus eine Herausforderung darstellen, indem sie neu und motivierend für diesen ist und ihn individuell fördert. Erfahrungsräume sind also gezielt für den einzelnen Lerner zu gestalten bzw. auszuwählen.

Um die Herausforderung des Erfahrungsraums bewusst zu erleben, sind drei Reflexionsphasen wichtig:

- Einstiegsreflexion: Das Bewusstmachen der eigenen Stärken.
- Prozessreflexion: Das Erleben einer neuen herausfordernden Situation.
- Abschlussreflexion: Das Bewusstwerden, welche Stärken bzw. Veränderungskompetenzen bei der Bewältigung der Herausforderung geholfen haben und wie diese in Zukunft bewusst genutzt werden können.

Erfahrungsräume können, in formalisierten Bildungsmaßnahmen, im Arbeitsprozess, aber auch im sozialen Umfeld des Lernenden situiert sein.

2.3.5 Das Geheimnis guter Lehrerinnen und Lehrer

Gute Manager, so Beckstein, „finden bei ihren Mitarbeitern zuerst heraus, was sie besonders gut können und sorgen dafür, dass sich diese Begabungen so gut wie möglich entfalten können. Gute Manager versuchen nicht, ihre Leute zu perfektionieren oder zu kontrollieren. Sie vertrauen ihnen, bevollmächtigen sie und helfen ihnen, ihr einzigartiges Potenzial zu entwickeln. Es ist Unsinn, alle Leute gleich zu behandeln. Jeder hat andere Stärken und andere Bedürfnisse“ (Beckstein 2001, 24).

Übertragen auf Schule und Ausbildung heißt das: Gute Lehrerinnen und Lehrer entdecken und fördern das individuelle Potential ihrer Schüler. Das geht aber nicht mit genormten bzw. standardisierten Messinstrumenten. Individualität lässt sich nicht auf einer Skala von 1 bis 100 messen. Die Maßeinheit trägt jeder Mensch in sich. Gehen wir so vor, dann haben wir kluge Schüler/innen. Denn dumm sind nicht die Jugendlichen. Dumm, d. h. nicht tauglich, ist unser Messsystem.

Literatur

Bandura, Albert (1977): Self-efficacy: Toward a unifying theory of behavioral change. In: Psychological Review, 84, 1977, 2, S. 191–215.

Beckstein, Dieter (2001): Kleines Führungs-Geheimnis. In: Süddeutsche Zeitung Nr. 53,vom 05.03.2001, S. 24.

Blankertz, Herwig (1982): Die Geschichte der Pädagogik. Wetzlar.

Brater, Michael (1998): Beruf und Biographie. Esslingen.

Deutscher Ausschuß für das Erziehungs- und Bildungswesen: Empfehlungen zum Aufbau der Hauptschule. In: Empfehlungen und Gutachten des Deutschen Ausschusses für das Erziehungs- und Bildungswesen. Folge 7/8. Stuttgart 1965, S. 8–49.

Göricke, J. (2001) „Es wird viel passieren“. In: Süddeutsche Zeitung Nr. 216 (2001), S. V2/1

Hinz, Andreas (1993): Heterogenität in der Schule. Hamburg.

Lübbe, Hermann (2012): Hyperdynamik ist immer schädlich, jeder Autofahrer weiß das. In: Süddeutsche Zeitung Nr. 302 vom 31.12.2011/01.01.2012, S. 14.

Schwarzer, Ralf (1994): Optimistische Kompetenzerwartung: Zur Erfassung einer personellen Bewältigungsressource. In: Diagnostica 40, 2, S. 105–123.

Schultz, Tanjev (2011): Ungerechte Noten. In: Süddeutsche Zeitung Nr. 292 vom 19.12.2011, S. 38.

Weinstock, Heinrich (1955): Realer Humanismus. Heidelberg.

Wittwer, Wolfang: Berufliche Weiterbildung (2001). In: Schanz, H. (Hg.): Berufs- und wirtschaftspädagogische Grundprobleme. Band 1. Baldmannsweiler, S. 229–247.

Wittwer, Wolfgang (2003): Die neue Beruflichkeit – Der Trend zur Virtualisierung des Berufskonzepts. In: Arnold, Rolf (Hg.): Berufspädagogik ohne Beruf? Baltmannsweiler, S. 64–88.

Wittwer, Wolfgang/Genrich, Melanie/Staack, Yvonne (2006): Veränderungskompetenz – Welche Fähigkeiten helfen Jugendlichen beim Übergang von der Schule in die Ausbildung? In: Cramer, G./Dietl, St. F./Schmidt, H./Wittwer, W. (Hrsg.): Ausbilder Handbuch, Loseblattwerk 88. Erg.-Lfg. November 2006.

Wittwer, Wolfgang/Bruhn, I. (2009): Förderung berufsbiografischer Perspektiventwicklung in der Ausbildung. In: Cramer, G./Dietl, St. F./Schmidt, H./Wittwer, W. (Hg.): Ausbilder Handbuch. Köln, 111. Erg.-Lfg.

Wittwer, Wolfgang (2010): Vom ‚Betroffenen‘ zum Change Agent – Management von Entwicklungs- und Veränderungsprozessen durch individuelle Veränderungskompetenz. In: Strikker, F. (Hg.): Human Ressource im Wandel. Bielefeld, S. 159–180.

Ulrich Kelber

Das Recht auf Ausbildung – Was tut die Politik für Jugendliche ohne Ausbildungsreife?

Was tut die Politik für Jugendliche ohne Ausbildungsreife? Niemand, der einen sozialdemokratischen Abgeordneten anspricht, soll hören müssen, dass eine solche Frage nicht in seinen Zuständigkeitsbereich fällt. Das gilt für die Zuständigkeit im Parlament und auch auf anderen politischen Ebenen, ob in der Bildung, also auf Länderebene, oder in Firmenbereichen. Der Fragende sollte eine Antwort erhalten. Sie, verehrte Anwesende, haben nach der Haltung der Sozialdemokratie bzw. der Haltung der Politik zum Recht auf Ausbildung gefragt. Antworten für eine gesamte Partei oder gar für die Politik allgemein zu geben, ist immer sehr schwierig. Die Vielfalt der Meinungen in der SPD ist sicher ähnlich groß wie die in diesem Saal.

Obwohl mein Arbeitsfeld gänzlich andere Schwerpunkte hat, nämlich z.B. Umwelt, Energiepolitik, Verbraucherschutz, Nachhaltigkeit, werde ich eine Antwort auf Ihre Frage versuchen, dabei allerdings eher allgemein über das Thema sprechen. Da ich fünf Kinder habe, interessiere ich mich für die Themen Bildung, Ausbildung, Berufseinstieg in besonderer Weise.

1. Das Problem der Jugendarbeitslosigkeit

Ich komme gerade von einer Klausurtagung aus Kiel, wo wir im geschäftsführenden SPD-Fraktionsvorstand auch über das Thema „Recht auf Ausbildung" gesprochen haben. So werde ich automatisch darüber informiert, was Kolleg/inn/en, die dies Thema als Spezialbereich haben, zu aktuellen Fragen sagen. Schließlich kann man das Sozialgesetzbuch nicht vollständig kennen oder einen neuen Entwurf einer Studie vollständig durcharbeiten. Ich kann Ihnen jedoch versprechen, das Grundprinzip, die Grundansprüche und das damit verbundene Menschenbild zu verstehen.

Hier in Bonn ist es mir wichtig, dass ich regelmäßig mit den Gewerkschaften, mit der industriellen Handelskammer und der Bundesagentur für Arbeit zusammentreffe. Etwa einmal im Halbjahr oder auch einmal im Quartal besprechen wir unterschiedliche Themen, insbesondere natürlich den Ausbildungs- und den Arbeitsmarkt. Die Zahlen für die Ausbildungsreife sind, wie ich glaube, in Deutschland sehr viel besser als in anderen westeuropäischen Ländern. Manche dieser Zahlen bilden nicht die volle Wirklichkeit ab und machen nicht alle Probleme deutlich, die wir haben. Wenn ich von Jugendarbeitslosigkeit höre, die durch eine abgebrochene Schul- oder Berufsausbildung bedingt ist, dann ist das natürlich ein Unterschied, ob ich wie in Spanien in Richtung 50% gehe, in Frankreich 25% oder in Deutschland 5% habe. Wenn ich dann noch sage, dass die Hälfte statistisch nicht berücksichtigt wird, liegen wir bei einer 10%igen Jugendarbeitslosigkeit. Wir kämpfen also mit einer anderen Größenordnung des Problems als die anderen westeuropäischen Staaten. Dort hat es längst eine Größenordnung erreicht, die aus meiner Sicht demokratiegefährdend ist.

In den Wahlkreiswochen besuche ich ganz gerne Betriebe und Schulen. Ich bin ja nicht die ganze Zeit in Berlin, weil mein Lebensmittelpunkt mein Wahlkreis in Bonn ist. Vor zwei Tagen war ich noch an einer Hauptschule, wo ich in einer Klasse 10 gefragt habe: Wer von euch weiß, was er nach der Schule tun will? Es handelte sich nicht um Schüler mit den schwächsten schulischen Leistungen dieser Schule, sondern um eine kleine Gruppe mit den stärksten Leistungen ein halbes Jahr vor ihrem Abschluss. Als Antwort auf meine Frage gingen nicht alle Finger nach oben. Bei der Frage, wer schon eine feste Zusage oder bereits einen Ausbildungsvertrag unterschrieben habe, meldete sich von den ungefähr 18 Anwesenden nur einer. Die Frage sollte man eigentlich besser im März stellen, aber ich war bereits im Januar da.

Die Zahlen haben wir alle schon einmal gehört: Nur 5% derjenigen, die einen Abschluss an einer Hauptschule machen, gehen überhaupt mit einem festen Vertrag im dualen Ausbildungssystem nach Hause. Allen anderen gelingt es nicht sofort, den meisten nur über Umwege. Und das sind ja schon die, die überhaupt einen Abschluss gemacht haben. Also: Was läuft da schief und was muss an dieser Stelle geschehen? Denn parallel zu Jugendlichen ohne Ausbildungsplatz gibt es Klagen über einen Fachkräftemangel oder zumindest über einen drohenden Fachkräftemangel. Es gibt offene Lehrstellen, Regionen mit Bewerbermangel. Gleichzeitig haben wir Regionen, in denen schon die reinen Zahlen zeigen, dass deutlich zu wenig Ausbildungsplätze vorhanden sind. In Bonn übersteigt die Zahl der Ausbildungsplätze die Zahl der Bewerber. Hinter diesen Zahlen muss man allerdings sehen, dass wir nach wie vor eine hohe Zahl von Jugendlichen haben, die von Maßnahme zu Maßnahme weitergereicht werden, denn auch nach mehreren Jahren der Suche finden sie keinen Ausbildungsplatz. Es gibt bei uns zu viele junge Menschen in Übergangssystemen – und auch der Anteil der Berufsschulen außerhalb des dualen Systems ist drastisch angewachsen. Das liegt nicht etwa daran, dass die Berufsschule für diese Berufssparte der angemessene Weg der Ausbildung wäre, sondern weil es keinen Ausbildungsplatz im Dualen System gegeben hat. Trotz des beginnenden demographischen Wandels haben wir nach wie vor auch einen Mangel an Ausbildungsplätzen in der Bundesrepublik. Das ist nicht nur ein Problem der fehlenden Ausbildungsreife bei einem Teil der Jugendlichen.

2. Was kann Politik tun und warum sollte Politik handeln?

Es war eigentlich schon immer eine Frage des Anstands, möglichst wenige junge Menschen eines Jahrgangs zu einem frühen Zeitpunkt beruflich scheitern zu lassen. Man muss wenigstens den Einstieg ins Berufsleben ermöglichen. In einer Welt wie der Bundesrepublik, die sich demographisch wandelt, ist es eine pure Frage ökonomischer Vernunft, nicht mehr zu akzeptieren, dass 10–15% eines Jahrgangs am Ende ohne einen Abschluss dastehen. Wir wissen, dass es für einfache Tätigkeiten immer weniger Raum geben wird. Das heißt, wir produzieren einen bestimmten Anteil der Gesellschaft, der nicht in der Lage sein wird, berufliche Perspektiven zu entwickeln.

Das zieht natürlich entsprechende Kosten für die gesamte Gesellschaft nach sich, die dann nicht für investive Maßnahmen zur Verfügung stehen.

Am Anfang steht sicherlich immer die Diagnose der Ursachen. Wo sehen wir, die wir in der Politik tätig sind, die Ursachen? Erstens haben wir zu wenig Ausbildungsplätze. Trotz des starken Bevölkerungsrückgangs gilt das insbesondere in Ostdeutschland und in ländlichen Regionen. In Teilen der eher städtischen und stadtnahen Infrastruktur in Süd- und Südwestdeutschland und in Regionen wie Köln, Bonn oder Düsseldorf gibt es eher schon erste Mangelsituationen, aber insgesamt gesehen zu wenig. Zweitens sind die Anforderungen an die Auszubildenden gestiegen – manchmal tatsächlich auf Grund technischer Entwicklung. Der KFZ-Mechaniker von früher und der Mechatroniker von heute, um den Lieblingsausbildungsberuf junger Männer zu nennen, haben einfach unterschiedliche Anforderungen. Neue Technologien sind entstanden. Ab und zu hat man aber auch das Gefühl, dass der eine oder andere Ausbildungsbetrieb bei den formalen Anforderungen übertreibt. Früher ist man mit deutlich geringeren Spezialkenntnissen eingestiegen und die technischen Voraussetzungen haben sich nicht so massiv verändert. Das heißt, dass diese Betriebe, da sie so stark auf formale Qualifikationen achten, sich die Chance nehmen, Kontakt zu möglichen späteren loyalen Mitarbeitern zu bekommen. Drittens gibt es zu wenig Kontakt zwischen Betrieben und Schülern, die eher mit schwächeren schulischen Leistungen auffallen, die Schulverweigerer oder potentielle Schulabbrecher sind. Wir haben aber viertens auch die Situation, dass wir einen gewachsenen Anteil junger Menschen haben, denen das fehlt, was man als Ausbildungsreife bezeichnet. Es fehlen bestimmte grundlegende Kenntnisse in Rechtschreibung und Grundrechenarten, und es mangelt auch an Fähigkeiten wie Sorgfalt, Disziplin oder Eigendisziplin. Denen, die das von zu Hause nicht mitgebracht haben, bieten wir aber auch in dem System nicht die Chance, sich in ihren Defiziten zu verbessern. Die Startungleichheit, die sie hatten, merzen wir durch Hilfestellungen zu einem späteren Zeitpunkt nicht aus.

Wir kennen gescheiterte Karrieren durch Schulmüdigkeit und Schulverweigerung. Nach letzten vorliegenden Zahlen, über die wir nach wie vor sprechen, waren es vor wenigen Jahren noch 65.000 Schüler, welche die Schule ohne jeglichen Schulabschluss verlassen haben. Diese Zahl soll etwas gesunken sein. Das wäre sicherlich der erste Punkt, der deutlich zurückgehen muss. Wir brauchen hier Programme, in denen man eine gewisse Zeitlang einen Schwerpunkt setzt und andere Dinge berücksichtigt, um wenigstens eine Halbierung der abgebrochenen Schulabschlüsse zu erreichen.

Wir sehen auch, dass es besondere Gruppen bei den Jugendlichen gibt, in denen diese Probleme besonders stark ausgeprägt sind. Wir müssen in diesem Zusammenhang natürlich über die Gruppe der Jugendlichen mit Migrationshintergrund sprechen. Das ist manchmal schwierig zu definieren. Was ist denn noch ein Jugendlicher mit Migrationshintergrund, wenn wir uns über die zweite, dritte und vierte Generation unterhalten? Nach wie vor gibt es dort, wo sie statistisch erfasst werden, eine doppelt so hohe Häufigkeit im Abbrechen von Schulausbildungen. Nur ein Drittel erreicht höchste Schulabschlüsse und Berufsabschlüsse oder sogar die allgemeine Hochschulreife. Viele dieser Jugendlichen leben in für Bildungsfragen schwierigen familiären

Zusammenhängen, meist verbunden mit Armut, aber nicht immer. Wir haben auch Bereiche, wo nicht die materielle Armut das entscheidende Problem ist, sondern eine Art von Motivationsarmut. Die Bereitschaft, sich mit Bildung und Fragen außerhalb von unmittelbarer Unterhaltung zu beschäftigen, fehlt. Wer keine Vorbilder hat, ist dann oft auch durch mangelnde Sprachkenntnisse früh in der Bildungslaufbahn gehemmt. Deswegen war die Überlegung der früheren schwarzgelben Landesregierung, die unter Jürgen Rüttgers gestartet ist, absolut richtig, nämlich zu sagen, dass es bereits im Kindergarten und auch für die, die nicht im Kindergarten sind, einen Sprachtest geben muss. Wenn dieser Test nicht bestanden worden ist, bedarf es einer entsprechenden Förderung. In dieser Frage ist man leider auf dem halben Weg stehen geblieben. Ich hoffe, dass sich das in Zukunft verbessert. Man hat darüber gestritten, ob denn die Tests und die Umgebung richtig seien. Das wird es immer geben bei solchen Dingen. Wenn man erkannt hat, dass ein bestimmtes Kind nicht nur schlechte Chancen hat, sondern später viele andere auch noch aufhalten wird, dann wäre das der Zeitpunkt, das notwendige Geld einzusetzen. Das ist besser, als eventuell riesige Reparaturkosten zu einem viel späteren Zeitpunkt zu benötigen. Auf das Thema Prävention werde ich gleich noch einmal zurückkommen.

In Wirklichkeit haben wir uns über Geldsummen bei einer Sprachförderung unterhalten, von denen im Prinzip im Monat eine Stunde organisierbar war, und das wäre der Zeitpunkt gewesen, zum ersten Mal politisch zu handeln. Oft leben solche Jugendlichen auch in einem sozialen Umfeld der Wohnquartiere, der Freundschaftsbereiche, der Cliquen, die nicht Motivations- und Leistungsbereitschaft fördern. Als das im Augenblick wirtschaftlich erfolgreichste Land Europas müssen wir feststellen – ich trete jetzt an die etwas größeren Länder heran –, dass wir trotzdem das Land sind, wo die Herkunft und die familiären und die sozialen Verhältnisse stärker über Bildungschancen entscheiden als in jedem anderen der größeren Industriestaaten Europas. Das ist sicherlich ein Armutszeugnis für die deutsche Gesellschaft. Wir stellen auch fest, dass viele Jugendliche mit der Berufswahl stärker überfordert sind als früher. Das hängt natürlich auch mit der Vielfalt der Auswahlmöglichkeiten zusammen. In meiner Generation hat man sich nicht erst zu einem sehr späten Zeitpunkt auf das Thema Berufswahl eingelassen. Die Praktika zum Kennenlernen eines Berufs, das Kontakte-Knüpfen, um zu wissen, ob man auch als Person in ein Unternehmen passt, werden heute oft zu spät wahrgenommen. Man versucht nur noch, auf dem Papier etwas zu finden, was einem im Augenblick als am wenigsten unangenehm erscheint.

Die Abbrecherquoten, auch von denen, die die formalen Bedingungen in ihren Ausbildungsberufen locker erfüllen, sind nicht kleiner, sondern eher größer geworden. Diesen Teufelskreis gilt es zu durchbrechen, und deswegen glauben wir, dass der vorsorgende Sozialstaat und die Idee der Prävention wirklich gestärkt werden müssen. Und da bin ich der jetzigen Ministerpräsidentin dankbar, dass sie diese Idee auch verteidigt und sagt, es müsse auch in Zeiten von Schuldenbremsen, für die ich gestimmt habe und die ich für richtig halte, möglich sein, sich darauf zu konzentrieren, Geld in Prävention zu investieren, denn das ist am Ende die billigere Methode. Nach unserem Menschenbild sollte jeder sein Potential entfalten können.

3. Präventionsmaßnahmen

Präventive Maßnahmen müssen sehr früh einsetzen, bei vielen Familien schon vor der Geburt. Das Dormagener Modell ist ein solches Beispiel dafür, dass Familien aufgesucht werden und dort, wo die Familienhebammen das Gefühl haben, die Familie braucht mehr Unterstützung, diese auch abgerufen wird. Interessanterweise ist bei dieser persönlichen Ansprache die Bereitschaft, Hilfe und Unterstützung anzunehmen, sehr hoch. Dafür zu sorgen, dass es keine Vernachlässigung der Kinder gibt, ist ebenso notwendig wie die Eltern zu unterstützen, die ja nicht aus Bösartigkeit den Anreiz nicht geben, sondern weil sie ihn selber schon nicht erhalten haben oder weil sie im alltäglichen Kampf so ausgelaugt sind. Der Ausbau der frühkindlichen Betreuung wäre die wirkliche Erfüllung des Rechtsanspruches auf Kinderbetreuung ab 2013. Sie werden natürlich erleben, dass das Geld auf einmal nicht in die Schaffung der U3-Plätze gehen wird, sondern dass Leute, die keinen U3-Platz in Anspruch nehmen wollen, die Kommune verklagen werden und vom Gericht Recht bekommen – und dann praktisch das Geld für eine private U3-Betreuung von der Kommune überwiesen bekommen müssen. Wir werden die Kosten haben, ohne die Infrastruktur erstellt zu haben, und das wäre sogar teurer, als wenn wir jetzt mit den entsprechenden Programmen von Bund und Land die Kommunen unterstützen würden. Wir haben in Nordrhein-Westfalen das Problem, dass Kommunen in Nothaushalten leben, besonders viele in den strukturschwachen Gebieten. Die sind vom kommunalen Haushaltsrecht her gar nicht in der Lage, die Investitionen stemmen zu dürfen. In dieser U3-Betreuung gibt es die Möglichkeit, den Beruf mit der Familie zu vereinbaren. Es ist für die Eltern wichtig, auch in dieser ersten Phase bereits Anreize zu setzen. Alles, was das stört, ist eine falsche Politik. Es gilt den Kindergarten auszubauen und mit zusätzlichen pädagogischen Fachkräften auszustatten, weil dort alle Anreize aufgesogen werden. Diese Phase reicht bis in die ersten Grundschuljahre hinein. Wenn Politik in der Lage ist, mehr in Bildung zu investieren, muss sie sich als erstes bewusst auf diese Phase Kindergarten und Grundschule konzentrieren. Wenn wir 20 Milliarden Euro zusätzlich mobilisieren, dann hätte Deutschland erst den Durchschnitt der Wirtschaftsnationen in seinen Bildungsausgaben am Bruttoinlandsprodukt erreicht.

Die heutigen offenen Ganztagsschulen müssen wir natürlich in echte Ganztagsschulen überführen. Der Nachmittag muss für Bildung und für Motivation geöffnet werden. Im Rahmen der Novelle vom Hartz haben wir, Ende 2010/Anfang 2011, ein Programm mit Schulsozialarbeitern und Schulpädagogen begonnen. Gerade an den Schulen mit vielen problematischen Jugendlichen brauchen wir eine dauerhafte Unterstützung. Sozialpädagogen sind an diesen Schulen genauso wichtig wie Lehrer. Wir haben festgestellt, dass es für schulmüde Jugendliche andere Wege geben muss, diese wieder für den Stoff zu interessieren. Ich habe mir früher manche dieser Projekte angeschaut, wie zum Beispiel eins von der TÜV-Akademie, die dann mit den Wagen auf den Schulhof gefahren sind und mit den Schülern Metallarbeiten gemacht haben. Und auf einmal hat dieser zuvor schulmüde Schüler erkannt, wofür manche mathematischen Geschichten notwendig waren – nämlich für Sachen, die ihm Spaß gemacht haben. Und viele von denen sind später in den normalen Unterricht wieder integriert worden. Andere sind dann andere praxisorientierte Wege weitergegangen. So etwas muss passieren. Wir werden natürlich auch außerhalb des schulischen Umfelds arbeiten müssen, gerade in benachteiligten, sozial schwächeren Stadtteilen. Das war mal die Idee des Programms „Soziale Stadt“ und auch da muss man sagen: Dieses Programm wird praktisch nicht mehr mit Geld ausgestattet, sondern wird zum Auslaufen gebracht, was einer Politik der Prävention eindeutig zuwiderläuft.

Wir müssen dieses außerschulische Umfeld stabilisieren und wir werden auch in der Schule Präventionsarbeit leisten müssen. Ich habe ein paarmal in den letzten Jahren gefragt, ob wir einen Wettbewerb in der Senkung der Beiträge zur Arbeitslosenversicherung brauchen oder ob wir nicht sagen, die Aufgabe der Agentur für Arbeit fange nicht erst in dem Augenblick an, wenn jemand arbeitslos ist. Die Agentur für Arbeit muss spätestens am Anfang des neunten Schuljahres mit jeder Schule über jeden Schüler sprechen und überlegen, bei wem die Gefahr eines Schulabbruchs bzw. eines Ausbildungsabbruchs bestehen könnte. Die Aufgabe der Agentur müsste auch sein, spezifische Defizite zu bekämpfen und Kontakte zu den Betrieben herzustellen. Die Zahl derjenigen, die von einem Schulabbruch bedroht waren, es dann aber trotzdem geschafft haben und übergegangen sind zu einem Ausbildungsvertrag, konnte von 5% in Richtung 25% und 30% deutlich gesteigert werden. Das ist natürlich ein gigantischer Schritt, wenn man so vielen jungen Menschen dabei geholfen hat.

Die Finanzierungsfrage schließt sich an. Wir sind einfach der festen Überzeugung, dass sich Prävention schon nach wenigen Jahren auszahlt und sich dann eigentlich sogar eine Positivspirale ergibt. Zum Beispiel kostet ein Jugendlicher, der in einer Tageseinrichtung oder sogar in einem Jugendheim untergebracht werden muss, schnell mal bis zu 5.000 Euro im Monat. Wer weiß, wie billig es wäre, eher an schulischer Förderung, sprachlicher Förderung oder ähnlichem zu arbeiten? Das kostet manchmal nur 8 Euro im Monat pro Jugendlichem. Dieses Missverhältnis zu beenden, wäre wichtig.

Die Ministerpräsidentin hat das Prognosegutachten „Soziale Prävention“, „Bilanzierung der sozialen Folgekosten“ in Nordrhein-Westfalen erstellen lassen: Auf Grund fehlender Berufs- und Schulabschlüsse werden voraussichtlich 15,4 Milliarden Euro an Kosten und nicht hereinkommenden Steuereinnahmen auf der Fläche des Landes Nordrhein-Westfalen jährlich verloren gehen. Zum Vergleich: Die Neuverschuldung Nordrhein-Westfalens soll 2012 drei Milliarden Euro nicht überschreiten. 15,4 zu 3 – das zeigt, dass wir eine andere Gewichtung vornehmen müssen. Wir benötigen Perspektiven statt Warteschleifen.

4 Jugendliche im Übergangssystem – eine „verlorene“ Generation?

Einer ganzen Reihe von Jugendlichen wird alles das, worüber ich bisher gesprochen habe, nicht mehr helfen, weil diese dann bereits im System sind. Was machen wir mit diesen Jugendlichen? Wie verhindern wir, dass die Fehler, die dort gemacht wurden, noch mal passieren? Wir müssen auch einen Fokus auf sogenannte Altbewerber legen. Wir wissen, dass in den letzten Jahren deren Anteil an den Bewerberzahlen ungefähr bei der Hälfte liegt. Das zeigt, was für eine riesige Welle wir vor uns herschieben, die jetzt ganz langsam in manchen Gebieten abgebaut wird. Die Zahl hat sich wohl etwas verbessert, zumindest in unserer Region, aber das ist bei weitem noch nicht in der ganzen Bundesrepublik so.

Natürlich ist der demographische Wandel eine riesige Chance. Er ist eine Chance und Herausforderung, Jugendliche in den Arbeitsmarkt zu integrieren und Ausbildungsverhältnisse abzuschließen. Der demographische Wandel ist eine Chance, weil wir nach über 15 oder 20 Jahren nicht mehr in der Lage sein müssen, immer mehr Arbeitsplätze oder Ausbildungsplätze zu schaffen. Wenn wir die Anzahl der Arbeitsplätze erhalten und die in Ruhestand gehenden Mitarbeiter abgelöst werden, dann wird das Problem schon deutlich reduziert. Diese Chance wahrzunehmen, um eine spiralmäßige Vorwärts- oder eine Aufwärtsbewegung auszulösen, wäre wichtig.

Es ist nicht so, als würde es dafür keine Programme geben. Meine Recherche hat ergeben, dass, wenn wir allein die Bundes- und Länderebene zählen, wir 193 Programme für die Förderung von Benachteiligten im Schul- und Ausbildungsbereich haben. Dazu kommen spezifische kommunale Programme. Trotzdem haben sie nicht den gewünschten Erfolg gehabt. Manche sind zu klein geraten und dann nicht aus dem erfolgreichen Pilotversuch ins Massenangebot gestartet. Andere sind zum Teil überhaupt nicht aufeinander abgestimmt und haben nicht die richtigen Schnittstellen im Übergangssystem selber: Es gibt zu viele Trägerstrukturen. Natürlich verdienen viele ihr Geld mit solchen Maßnahmen, aber ich glaube, hier grundsätzlich reinzugehen, wäre richtig. Das soll nicht die Folge einer Sparmaßnahme sein. Es geht also nicht um die Kürzung der Mittel. Das war leider in diesem Jahr zumindest bei der Bundesagentur für Arbeit so. Wir müssen mehr Geld zur Verfügung stellen. Aber wir verlangen zugleich, dass dieses Geld auch effizient ausgegeben wird. Wir wollen die Evaluierung, wir stärken die Programme, die gut laufen und wir bauen die anderen stückweise ab.

Wir wissen ja auch, dass die Übergangssysteme und die Schulberufssysteme oft als Warteschleifen missbraucht werden. Nicht überall, denn wir haben tolle Projekte in den Berufsschulen. Tolle Sachen, aber wie viel ist davon eigentlich Warteschleife mit geringer Chance des Übergangs in berufliche Ausbildung? Welche Programme laufen erfolgreich? Wir haben das Gefühl, dass zumindest die Einstiegsqualifizierungsprogramme relativ erfolgreich sind. In diesen Bereich würden wir gerne weitere Förderungen vornehmen. Wir haben teilweise Übergänge von einem Drittel geschafft. Schwächer ist es noch bei manchen der Altbewerber. Diese Programme müssen sicherlich deutlich passgenauer arbeiten und individualisierter fördern. Das kann natürlich nur passieren, indem ich insgesamt die zur Verfügung stehenden Ressourcen erhöhe.

Ich glaube, dass wir die Förderinhalte aktualisieren müssen. Viele dieser Programme der Bundesagentur erwecken den Eindruck, dass man sich nicht auf das einlässt, was für den Jugendlichen bzw. die jungen Menschen das Richtige ist. Das schließe ich aus Gesprächen in meinen Bürgersprechstunden. Die Bundesagentur kauft Maßnahmen ein und füllt diese Maßnahmen dann mit jungen Menschen, denen sie etwas anbieten muss. Wir haben ja irgendwann im Gesetz geschrieben, mit jedem muss eine Integrationsvereinbarung abgeschlossen werden. Die Agentur für Arbeit trägt eine hohe Belastung. Die in Hartz gesetzte vorgesehene Relation zwischen Betreuung und Zahl der zu Betreuenden wurde nie erreicht.

Das Schulausbildungssystem möchten wir natürlich mit der Realität im Berufsleben enger verknüpfen. Wir müssen breiter und flexibler sein und versuchen, einen engeren Bezug zur betrieblichen Praxis herzustellen. Wir müssen diese Systeme auch in die Lage versetzen, gerade mit den Betrieben Verbindungen zu knüpfen, denen Fachkräfte fehlen. Das heißt natürlich, dass man dann auch bereit sein muss, an spezifischen Stellen zu handeln. Man muss bereit sein bestimmte Jugendliche und bestimmte Betriebe zu unterstützen. Ich glaube übrigens, dass wir das relativ zeitnah tun müssen – nämlich spätestens im Jahr des doppelten Abiturjahrgangs 2013. Wir alle werden wieder in den Zeitungen lesen, wie schwierig es für Abiturienten ist, in überfüllten Hörsälen und in überfüllten Bibliotheken zu sitzen. Das wird unangenehm für sie sein, aber die eigentlichen Verlierer sind sie nicht. In Bonn sind es vergleichsweise wenig. Wir haben ja fast einen 65%igen Übergang vom Abitur in die Hochschule. In anderen Bereichen ist der Prozentsatz niedriger. Diese Jugendlichen werden in den Ausbildungsmarkt drängen. Es wird wieder ein Verdrängen von Realschülern, Hauptschülern und denen ohne Schulabschluss stattfinden. Trotz des demographischen Wandels wird das Jahr 2013 in NRW ein Problemjahr werden. Und bei einer zwei- oder dreijährigen Ausbildung haben wir dann 2015 und 2016 ein Arbeitsplatzproblem.

5. Perspektiven über den demographischen Wandel hinaus

Trotz des demographischen Wandels wird man wahrscheinlich ein Sonderprogramm fahren müssen: eine Bezuschussung zur Schaffung von mehr Ausbildungsplätzen inklusive einem Bonus, wenn man diese zusätzlichen Ausbildungsplätze drei Jahre später auch für mindestens ein Jahr übernimmt. Wenige Jahre später wird das wahrscheinlich nicht mehr das Hauptproblem sein. Die Geburtenjahrgänge werden noch schwächer werden. Aber es ist notwendig, zumindest 2013, zu fördern, damit nicht die, die kein Abitur machen, die eigentlichen Verlierer des doppelten Abiturjahrgangs sind. Die Steigerung der Dualen Ausbildung ist die eigentliche Zielgröße. Wir wollen dort möglichst viele junge Menschen haben. Wir halten das nach wie vor für eine Stärke Deutschlands, für ein geeigneteres Modell als in anderen Ländern.

Wir glauben tatsächlich, dass wir ermöglichen müssen, insbesondere in vielen kleineren Betrieben mehr auszubilden, und dass wir die Bereitschaft von Betrieben, junge Menschen mit Benachteiligungen zu nehmen, erhöhen müssen. Wir haben festgestellt, dass es Großunternehmen gibt, die sagen, ein bestimmter Prozentsatz seiner Ausbildungsplätze werde bewusst nicht den Bewerbern mit den höchsten formalen Qualifikationen gegeben. Einen bestimmten Anteil geben sie in eine andere Gruppe hinein. Damit würden sie zum Teil gute Erfahrungen machen, weil die Nähe zum Betrieb wesentlich höher sei als bei den anderen. Diese Bereitschaft zu erhöhen, ist wichtig – gerade auch im Hinblick auf weniger junge Menschen, mit denen man konkurrieren muss. Ich glaube, dafür steigt die Bereitschaft in der Politik allein deswegen, weil die Politik selber mit den Problemen im öffentlichen Dienst konfrontiert wird. In der zweiten Hälfte dieses Jahrzehnts werden auch im öffentlichen Dienst viele Menschen ausscheiden. Auch auf die Berufe, die nicht akademisch sind, werden dann wesentlich kleinere Jahrgänge treffen, aber der öffentliche Dienst ist genauso unflexibel wie die Wirtschaft. Zum Beispiel stellt die Polizei in diesem Jahr so gut wie gar nicht ein, 2013 auch nur wenige. Wenn aber ab 2017 der doppelte Jahrgang da ist, verdreifacht und vervierfacht sich dann der Wunsch der Einzustellenden.

Ich glaube, dass wir mehr Teilzeit-Ausbildungen ermöglichen müssen, um auch jungen Eltern Ausbildungsmöglichkeiten bieten zu können. Es gibt eine Reihe von jungen Menschen, bei denen es auch einen Schul- oder Ausbildungsabbruch gegeben hat. Sowohl bei der Aufnahme als auch für den Fall, dass ein Kind zur Welt kommt, müssen wir einen Übergang von einer Vollzeitausbildung zu einer Teilzeitausbildung ermöglichen.

Wie ich vorher angesprochen hatte, müssen wir die Zahl der betrieblichen Ausbildungsplätze weiter erhöhen. Es sollte nicht beim Appell bleiben. Ich bin der festen Überzeugung: Wenn die Zahl der betrieblichen Ausbildungsplätze nicht reicht, werden wir über die gesetzliche Maßnahme, z. B. eine Ausbildungsplatzabgabe, nachdenken müssen. Es kann nicht sein, dass die einen, die ausbilden, die gesellschaftliche Leistung erbringen und andere davon profitieren. Insgesamt wird unsere Wirtschaft ja nur funktionieren, wenn alle dazu bereit sind.

6. Das Recht auf Ausbildung

Das Recht auf Ausbildung ist für mich als Sozialdemokraten sehr wichtig. Wir wollen Rechtsansprüche schaffen. Der erste ist: Wir wollen einen Rechtsanspruch auf einen Schulabschluss schaffen. Das gehört zum sozialdemokratischen Menschenbild, zu sagen, wir wollen nicht nur unterschiedliche Startchancen ausgleichen. Wir wollen auch nicht nur eine zweite Chance, so heißt das Programm, das leider auch wieder etwas gekürzt wird. Ich bin als Sozialdemokrat sogar bereit, eine dritte, vierte und fünfte Chance zu finanzieren. Allerdings werden von Chance zu Chance die Anforderungen an den, der sich einbringen muss, etwas erhöht, weil, um es einmal mit den Worten von Ulla Schulz zu sagen, wir liberal sind, aber nicht blöd. Das heißt: Ein Ausnutzen der Gesellschaft ist natürlich nicht in Ordnung. Aber es gibt immer wieder Gründe, warum Menschen scheitern. Wenn sie mit besten Absichten versucht haben, ihre zweite Chance wahrzunehmen, sollten wir dieses Recht einführen.

Der fehlende Schulabschluss und die Anschlussfähigkeit auf dem Ausbildungsmarkt sind immer noch der Hauptgrund dafür, dass Jugendliche keine Berufschancen haben. Deswegen müssen wir die Möglichkeiten schaffen, auch denen, die bereits im System erst einmal gescheitert sind und keinen Schulabschluss haben, den Rechtsanspruch auf einen Schulabschluss zu geben. Auch denen, die schon in anderen Berufen arbeiten müssen, um Geld zu verdienen, müssen wir ermöglichen, den Schulabschluss in Teilzeit oder in Abendkursen nachzuholen.

Der Weg, den wir dann darüber hinaus gehen, ist der Rechtsanspruch in Form einer Ausbildungsgarantie. Der Staat muss es als einen Teil seiner Daseinsvorsorge verstehen, dass er sich engagieren muss bis dahin, dass jeder einen Berufsabschluss erlangen kann. Dieses Ziel ist dann wieder zu verstehen vor dem Hintergrund eines bestimmten – sozialen – Weltbildes. Dabei muss der Weg bis zu diesem ersten Berufsabschluss gebührenfrei sein. Wenn sich nun wirklich jemand für ein privates Institut entscheidet, bin ich nicht bereit, einen beliebigen Zuschuss zu zahlen; die staatlichen Angebote müssen kostenfrei sein und der Staat muss sich auch darum kümmern, dass dies geschieht. Erstens muss er das wegen seiner Fürsorgepflicht, wegen seiner Daseinsvorsorge. Und zweitens soll er es auch als Schutz für die Gesellschaft insgesamt tun: Denn jeder Jugendliche ohne Ausbildung ist nicht nur ein verlorenes Potenzial für sich selbst, sondern er wird am Ende, anstatt einen Beitrag für die Gesellschaft zu leisten, auch zu einer Belastung für die Gesellschaft. Das sollten wir nicht wollen.

Beate Scheffler

„Keinen auf dem Weg verlieren" – Bildungspolitische Herausforderungen

> *„Unser Schulsystem muss nicht nur leistungsfähiger, sondern auch sozial gerechter werden. Wir wollen ein Schulsystem, das alle Talente noch besser erkennt, nutzt und fördert, Vielfalt und Verschiedenheit schätzt und kein Kind zurücklässt."*
>
> *Ministerin Löhrmann*

Das bildungspolitische Ziel der rot-grünen Landesregierung ist eine Schule, die ein wohnortnahes und umfassendes Schulangebot bietet und alle Kinder willkommen heißt. Die Schule der Zukunft will allen Talenten und Begabungen gerecht werden und will konsequent und mit individueller Förderung die Kinder in den Mittelpunkt ihrer Arbeit stellen. Jede und jeder Einzelne muss für sich die „bestmögliche Bildung und Ausbildung erreichen" und „zwar ohne Ansehen der Person – unabhängig von der Herkunft, unabhängig von Einschränkungen, unabhängig vom Geldbeutel der Eltern" (Ministerin Löhrmann in ihrer Regierungserklärung im Ausschuss für Schule und Weiterbildung am 26.9.2012). Um dieses Ziel zu ermöglichen, wählte die Landesregierung seit 2010 ein beteiligungs- und konsensorientiertes Verfahren. Es hat sich gezeigt, dass es trotz der Verschiedenheit der Beteiligten möglich ist, ein *gemeinsames Leitziel* für ein leistungsfähiges und sozial gerechtes Schulsystem zu entwickeln.

2011 wurde das Jahr der schulpolitischen Gespräche und Beschlüsse – mit weitreichenden Konsequenzen. Wesentliche Schritte auf diesem Weg waren die Bildungskonferenz, der Schulkonsens, der Ausbildungskonsens und der Koalitionsvertrag von SPD und Bündnis 90/DIE GRÜNEN.

- An der *Bildungskonferenz* zu der die Ministerin im September 2010 zum ersten Mal einlud und die im Oktober 2012 zum sechsten Mal tagte, sind über 120 Vertreterinnen und Vertreter von rund 50 Verbänden, Institutionen und im Landtag vertretenen Parteien beteiligt. Sie hat Empfehlungen für die Landesregierung und den Landtag zur Weiterentwicklung des Schulsystems erarbeitet. Zusammen Schule machen für Nordrhein-Westfalen lautet die Devise. Die erarbeiteten 42 Empfehlungen zu den Schwerpunkten *Individuelle Förderung, Übergänge gestalten, Ganztag weiterentwickeln, Eigenverantwortliche Schulen in Regionalen Bildungsnetzwerken* und *Schulstruktur in Zeiten demografischen Wandels wurden* am 20. Mai 2011 dem Landtag übergeben.
- Der am 19. Juli 2011 zwischen CDU, SPD und Bündnis 90/DIE GRÜNEN verabredete *Schulkonsens* sieht u.a. die Bildung von Sekundarschulen mit den Jahrgängen 5 bis 10 sowie den Erhalt kleiner Grundschulen vor. Am 20.10.2011 hat der Landtag das zur Umsetzung notwendige neue Schulgesetz und in Verbindung damit eine Änderung der Landesverfassung beschlossen. Mit Beginn des Schuljahres 2012/2013 sind 42 neue Sekundarschulen und 20 neue Gesamtschulen gestartet.

- Am 18. November 2011 verpflichteten sich die Partner im *Ausbildungskonsens* NRW, mit dem Neuen Übergangssystems allen jungen Frauen und Männern, die ausbildungsfähig und ausbildungswillig sind, eine verbindliche Ausbildungsperspektive zu geben. Zum Neuen Übergangssystem gehört die regionale Koordinierung des Übergangs von der Schule in die Berufsausbildung sowie eine verbindliche Berufs- und Studienorientierung ab Klasse 8 in allen Schulen des Landes. „Kein Abschluss ohne Anschluss" ist das Ziel.
- Der nach der Landtagswahl im Mai 2012 zwischen SPD und Bündnis 90/DIE GRÜNEN neu ausgehandelte *Koalitionsvertrag* greift den hohen bildungspolitischen Anspruch erneut auf und betont: „Gute Bildungspolitik ist zugleich präventive Sozial-, Wirtschafts- und Integrationspolitik" (S. 280f.). Schwerpunkte sind daher Inklusion und qualitativer und quantitativer Ausbau des Ganztags für *alle* Schulformen. Gesellschaftliche Veränderungen, wie der demografische Wandel, veränderte familiäre und außerfamiliäre Lebensformen, Prozesse der Migration, zunehmende Armut und der wirtschaftliche Wandel erfordern eine *systematische Kooperation aller Akteure und Institutionen* im Bereich der Bildung, Erziehung und Betreuung von Kindern und Jugendlichen.

Seit 1997 erprobt das Ministerium für Schule und Weiterbildung die systematische Kooperation mit den Kommunen. Das Leitbild der staatlich-kommunalen Verantwortungsgemeinschaft zielt auf die Verbesserung des Bildungserfolges und der Bildungsgerechtigkeit für alle Kinder und Jugendlichen. Im Rahmen eines Kooperationsvertrages vereinbaren das Land, vertreten durch das Schulministerium und die Kommunen, ihre Arbeit unter Einbeziehung bedeutender Bildungsakteure in der Region gemeinsam strategisch auszurichten. Im Sinne eines ganzheitlichen Bildungsverständnisses sollen über alle Altersgrenzen hinweg schulisches und außerschulisches Lernen von Kindern und Jugendlichen im Mittelpunkt der Kooperation stehen.

Aufgrund der guten Erfahrungen in den sogenannten „Regionalen Bildungsnetzwerken" bietet das Ministerium für Schule und Weiterbildung allen Kreisen und kreisfreien Städten diese Kooperation an. Inzwischen wurde mit 49 Kommunen der Vertrag abgeschlossen.

Der enge Zusammenhang von Bildungs- und Sozialpolitik wird deutlich in dem Projekt *„Kein Kind zurücklassen – Kommunen in NRW beugen vor"*, das gemeinsam mit der Bertelsmann Stiftung in 18 Kommunen Nordrhein-Westfalens auf den Weg gebracht wurde. Durch die Zusammenarbeit der bildungs-, jugend-, sozial- und integrationspolitischen Akteure vor Ort sollen im Sinne der nachhaltigen Bildungsgerechtigkeit die Chancen der Kinder aus benachteiligten Elternhäusern verbessert werden. Im Sinne von Bildungsketten beginnt die Begleitung der Familien schon unmittelbar nach der Geburt der Kinder durch Familienhebammen und den Ausbau von Familienzentren in benachteiligten Stadtteilen. Sie geschieht kontinuierlich und setzt sich – wenn nötig – bis zum Abschluss einer Berufsausbildung der Jugendlichen fort. Ein Transfer dieses Projektes in den nächsten Jahren ist landesweit geplant.

Zur Verbesserung der Bildungschancen (nicht nur) von Kindern mit Migrationshintergrund entwickelt das MSW ein Konzept für die *durchgängige Sprachbildung*, das die Herkunftssprachenkompetenz der Kinder berücksichtigt. Wichtig ist, dass durchgängige Sprachbildung sowohl horizontal in allen Schulfächern als auch vertikal über die Übergänge hinweg geschieht.

Gemäß den Empfehlungen der Bildungskonferenz wurde der *Ganztag*sausbau stetig weitergeführt. Zum 1. August 2012 starteten in der Sekundarstufe I insgesamt 83 neue Ganztagsschulen: 41 Sekundarschulen, 20 Gesamtschulen, 12 Gymnasien, 3 Realschulen und 7 Förderschulen. Im Primarbereich stieg die Zahl der nun zur Verfügung stehenden Plätze auf 248.000. Mittlerweile arbeiten zwei von drei Schulen in Nordrhein-Westfalen im Ganztag, und eins von drei Kindern besucht eine Schule mit Ganztagsangeboten.

Die Weiterentwicklung von Schule zu einer *inklusiven* Schule gehört mit zu den großen bildungspolitischen Herausforderungen der nächsten Jahrzehnte. Nach dem „Übereinkommen der Vereinten Nationen über die Rechte der Menschen mit Behinderungen“, das für die Bundesrepublik Deutschland 2009 in Kraft getreten ist, verpflichten sich die Vertragsstaaten in Artikel 24 unter anderem, das Recht von Menschen mit Behinderungen auf Bildung „ohne Diskriminierung und auf der Grundlage der Chancengleichheit zu verwirklichen“. Bereits seit 2009 existiert ein vom MSW initiierter *Gesprächskreis Inklusion*, in dem die Frage der Umsetzung der UN-BRK in den Schulen beraten wird.

Auch Kindern mit sonderpädagogischem Förderbedarf muss der Besuch einer geeigneten allgemeinen Schule in zumutbarer Entfernung ermöglicht werden. Kinder haben ein Recht auf inklusives Lernen in allen Schulformen.

Derzeit befindet sich der Entwurf für das entsprechende Schulrechtsänderungsgesetz in der Verbändeanhörung. Die Landesregierung wird die Stellungnahmen auswerten und hofft, in den ersten Monaten des Jahres 2013 das Erste Gesetz zur Umsetzung der UN-Behindertenrechtskonvention in den Landtag einbringen zu können.

Der Entwurf sieht vor, dass den Eltern von Kindern und Jugendlichen mit Behinderungen bei der Schulwahl immer auch ein Platz in einer allgemeinen Schule angeboten werden soll. Eltern sollen aber auch weiterhin die Förderschule wählen können, sofern sie diese für ihr Kind vorziehen und ein entsprechender Bedarf an Förderschulen vorhanden ist. Von Landesseite sollen also keine Förderschulen mit bestimmten Schwerpunkten abgeschafft werden. Der Elternwille zählt.

Aber nicht nur für Kinder mit besonderem Förderbedarf gilt: Jedes Kind hat ein Recht darauf, mit seinen Stärken und seinen Schwächen als Individuum wahrgenommen und nach seinen Möglichkeiten gefördert zu werden. Das ist der Grund dafür, warum Unterrichtsentwicklung in Nordrhein-Westfalen zunehmend unter dem Fokus der *individuellen Förderung* steht.

Unter dem Stichwort „Fokus Unterrichtsentwicklung: Fortbildung für eine neue Lehr- und Lernkultur“ werden die Lehrerfort- und Weiterbildungsangebote gebündelt und in den kommenden Jahren kontinuierlich weiterentwickelt. Ziel der Fortbildungsinitiative ist es, über die Weiterqualifizierung der Lehrkräfte und Schulleitungen die

Unterrichtsentwicklung in den Mittelpunkt der Schulentwicklung zu stellen. Innere und äußere Schulentwicklung sind zwei Seiten einer Medaille.

„Dem Konzept der individuellen Förderung liegt die Vision zugrunde, das Lernpotenzial aller Schülerinnen und Schüler auszuschöpfen und dabei den interindividuell unterschiedlichen Lernvoraussetzungen Rechnung zu tragen. Die Akzentuierung der Individualität ergibt sich daraus, dass Bildungsprozesse von ihrer Natur her nur ‚individuell' denkbar sind, und dass Gestalt und Geschwindigkeit von Prozessen der Aneignung von Wissen und Kompetenzen interindividuell sehr unterschiedlich ausgeprägt sein können" (Prof. Andreas Helmke bei der Bildungskonferenz 2011).

Das konkrete Projekt „Komm mit! – Fördern statt Sitzenbleiben" unterstützt die Schulen bei den Bemühungen, Lernschwächen bei Schüler/inne/n rechtzeitig zu erkennen und zu beheben. Zwei Kooperationsprojekte sind hier besonders hervorzuheben: zum einen das Kooperationsprojekt mit der Bertelsmann-Stiftung „Vielfalt fördern" und das Kooperationsprojekt mit der Mercator-Stiftung „Lernpotentiale individuell fördern an Gymnasien", an dem sich bereits ein Viertel der Gymnasien im Land beteiligen.

Das Zusammenleben in unserer Gesellschaft fordert einen wertschätzenden und sensiblen Umgang mit kultureller Vielfalt. Eine *Kultur der Anerkennung* und die Gestaltung von Vielfalt ist eine wichtige Voraussetzung zur Herstellung von Chancengleichheit und Bildungsgerechtigkeit. Am 08.02.2012 hat der Landtag ein *Teilhabe- und Integrationsgesetz* beschlossen. Das Gesetz fördert die soziale, gesellschaftliche und politische Teilhabe der Migrantinnen und Migranten, betont die Wertschätzung natürlicher *Mehrsprachigkeit* und schafft die Voraussetzung für die flächendeckende Einrichtung *Kommunaler Integrationszentren*. Dazu werden die mittlerweile 30 Regionalen Arbeitsstellen zur Förderung von Kindern und Jugendlichen aus Zuwandererfamilien *(RAA)* sowie das Komm-in-Programm des Integrationsministeriums zusammengeführt.

Die Kommunalen Integrationszentren koordinieren, beraten und unterstützen die Einrichtungen des Regelsystems in der Kommune bei der Integration von Menschen mit Migrationshintergrund und tragen so zur Verstetigung der Integrations- und Bildungsarbeit bei. Sie arbeiten dabei auch eng mit den anderen Akteuren der Integrations- und Bildungsarbeit vor Ort zusammen, beispielsweise mit den Regionalen Bildungsnetzwerken und den Vorhaben im Projekt „Kein Kind zurücklassen – NRW-Kommunen beugen vor".

Die RAA-Hauptstelle und das Kompetenzzentrum für Integration werden sich zu einer landesweiten Koordinierungsstelle weiterentwickeln und die Arbeit der Kommunalen Integrationszentren unterstützen und koordinieren.

Das Schulministerium fördert darüber hinaus interkulturelle Schulentwicklung und durchgängige Sprachbildung mit eigens für diesen Zweck zur Verfügung gestellten 3.000 zusätzlichen Lehrerstellen. Die Verwendung der Stellen soll dazu beitragen, die Bildungschancen von Kindern und Jugendlichen zu verbessern, um möglichst früh die Grundlagen für einen erfolgreichen Lebens- und Berufsweg zu schaffen und Demokratie und interkulturelle Verständigung in Schule und Gesellschaft zu stärken.

Dies geschieht im Rahmen der Bildungskette vom Übergang von der Kindertageseinrichtung in die Schule über die schulische und außerschulische Bildung bis hin zum Übergang von der Schule in eine Berufsausbildung, ein Studium oder einen Beruf.

Auch der *islamische Religionsunterricht* ist ein wichtiges Zeichen der Wertschätzung und Gleichberechtigung für die über 320.000 Schüler/innen muslimischen Glaubens. Nachdem der Landtag das entsprechende Gesetz am 21.12.2011 verabschiedet hatte, wurde der islamische Religionsunterricht bereits zum Schuljahr 2012/2013 in den Grundschulen eingeführt, die über die personellen und sächlichen Voraussetzungen verfügen. Zum Beginn des kommenden Schuljahres wird der islamische Religionsunterricht auf die Schulen der Sekundarstufe I ausgeweitet, sofern diese über entsprechend aus- und weitergebildete Lehrerinnen und Lehrer verfügen. Die Lehrpläne sind in Arbeit und werden demnächst zur Verfügung stehen.

An der Universität Münster haben zum diesjährigen Wintersemester die ersten Studierenden das Lehramtsstudium „Islamische Religionslehre“ (sowie mindestens ein weiteres Unterrichtsfach) aufgenommen, um nach erfolgreichem Abschluss des Studiums und des Vorbereitungsdienstes als grundständige Lehrkräfte den islamischen Religionsunterricht erteilen zu können. Zurzeit wird der islamische Religionsunterricht von entsprechend qualifizierten Lehrerinnen und Lehrern erteilt, die bisher im Schulversuch „Islamkunde in deutscher Sprache“ unterrichtet haben.

Das Gesetz zur Einführung von islamischem Religionsunterricht sieht vor, dass das Ministerium als zeitlich befristete Übergangslösung einen achtköpfigen Beirat bildet, der „die Anliegen und die Interessen der islamischen Organisationen bei der Einführung und der Durchführung des islamischen Religionsunterrichts vertritt“. Der Beirat ist an der Erstellung der Unterrichtsvorgaben, der Auswahl der Lehrpläne und Lehrbücher und an der Bevollmächtigung von Lehrerinnen und Lehrern beteiligt. Die Verfahrensweisen im Beirat orientieren sich an den Verfahren zur Beteiligung der Kirchen beim evangelischen und katholischen Religionsunterricht.

Nordrhein-Westfalen hat im Schuljahr 2012/13 als erstes Flächenland ein *umfassendes neues Übergangssystem* von der Schule in den Beruf gestartet. Ziel ist es, den Jugendlichen durch Berufs- und Studienorientierung schon ab der achten Klasse und durch die individuelle Betrachtung ihrer Stärken und Talente einen reibungslosen Übergang in eine Berufsausbildung oder ein Studium zu ermöglichen. Es handelt sich um einen radikalen Perspektivwechsel: Die Vielzahl der einzelnen Modelle und Projekte, die es vorher in diesem Bereich gab, wird durch ein konsequentes, kontinuierliches System ersetzt, in dem der Jugendliche im Mittelpunkt steht.

Über 70.000 junge Menschen sind derzeit in Maßnahmen, die nicht direkt zu einem Berufsabschluss oder einer Hochschulzugangsberechtigung führen, die Hälfte von ihnen ist nach Expertenschätzung aber ausbildungsreif. Angesichts des Fachkräftebedarfs der Wirtschaft sind Ausbildungsabbrüche und sogenannte Warteschleifen nicht zu verantworten – vor allem aber auch in Hinblick auf die Lebenschancen der jungen Menschen. Deshalb sollen die Jugendlichen frühzeitig ihre Fähigkeiten, Neigungen und Wünsche in Theorie *und* Praxis kennen lernen, um dann einen Beruf ergreifen zu können, der ihren Neigungen und Fähigkeiten auch entspricht.

Auf das neue Übergangssystem haben sich Landesregierung, Gewerkschaften, Unternehmensverbände, Kammern, Arbeitsverwaltung und Kommunen Ende des Jahres 2011 im Ausbildungskonsens NRW verständigt. Auf örtlicher Ebene koordinieren die Kommunen die Aktivitäten; die Landesregierung unterstützt, flankiert und koordiniert diesen Prozess auf Landesebene. Das Landesarbeitsministerium stellt jährlich bis zu neun Millionen Euro für die Kommunalen Koordinierungsstellen zur Verfügung.

Mit dem neuen *Übergangssystem* Schule – Beruf in NRW werden die Schüler/innen frühzeitig bei der Berufsorientierung, der Berufswahl und beim Eintritt in eine Ausbildung unterstützt. Für die Koordinierung und die Beratung in den Schulen stellt das Landesschulministerium jährlich bis zu 25,5 Mio Euro zur Verfügung. Darüber hinaus bringen sich die Regionaldirektion der BA und das BMBF über eine Sondervereinbarung mit erheblichen Beiträgen ein. Ziel ist es, den jungen Menschen nach der Schule möglichst rasch eine Anschlussperspektive für Berufsausbildung oder Studium zu eröffnen und durch ein effektives, kommunal koordiniertes Gesamtsystem unnötige Warteschleifen zu vermeiden.

Die zentralen Elemente des neuen Übergangssystems sind:

1. Spätestens ab Klasse 8 erhalten alle Schüler/innen eine verbindliche, systematische Berufs- und Studienorientierung. Neben der Ermittlung und Förderung von Potentialen und berufsrelevanten Kompetenzen gehören dazu vor allem gezielte Praktika in Betrieben, um verschiedene Berufsfelder zu erkunden und eine kompetente Berufswahl zu ermöglichen.

2. Vor Schulende wird den Schüler/inne/n eine konkrete persönliche Anschlussvereinbarung gegeben.

3. Die Anschlussvereinbarung ist Grundlage für die sich anschließenden Angebote für die jungen Menschen.

- Alle nicht ausbildungsreifen jungen Menschen erhalten ein zielgruppenspezifisches Übergangsangebot zur Erlangung der Ausbildungsreife mit ausgewiesenen Anschlussoptionen.
- Alle ausbildungsreifen und -willigen jungen Menschen erhalten ein direkt anschließendes betriebliches, außerbetriebliches oder vollzeitschulisches Ausbildungsangebot.
- Durch den Umbau der Bildungsangebote im Berufskolleg und die Änderung von Curricula zur Stärkung einer direkten beruflichen Anschlussfähigkeit wird das neue System ergänzt.

4. Die Aktivitäten vor Ort werden kommunal koordiniert und gebündelt. Ziel der kommunalen Koordinierung ist es, einen nachhaltigen und systematischen Übergang Schule-Beruf zu befördern, erforderliche Abstimmungsprozesse zu organisieren und zu einer kontinuierlichen Weiterentwicklung sowie der gezielten Systematisierung der unübersichtlichen Maßnahmenvielfalt beizutragen. Zum Aufgabenspektrum der kommunalen Koordinierungsstellen gehören: Ansprache

und Zusammenführung aller relevanten Partner, Herstellung von Transparenz über Nachfrage- und Angebotsseite, Initiieren von Absprachen, Vereinbarungen zwischen den Partnern, Nachhalten der Wirksamkeit, Qualitätssicherung und Evaluierung auf lokaler Ebene. Akteure sind neben den Kommunen die Bundesagentur für Arbeit mit den Arbeitsagenturen und Jobcentern, Schulen/Berufskollegs, Jugendhilfe, Bildungsträger, Wirtschaftsorganisationen, Kammern und Gewerkschaften.

Angesichts der großen Anzahl von Schüler/inne/n wird das neue Übergangssystem Schule – Beruf in Nordrhein-Westfalen schrittweise eingeführt. Bis Ende 2018/19 soll es vollständig ausgebaut sein. Sieben Referenzkommunen starteten Ende 2011 mit der praktischen Umsetzung des neuen Übergangssystems. Im Herbst 2012 nehmen weitere kommunale Koordinierungsstellen ihre Arbeit auf. Die Referenzkommunen verfügen bereits über weitreichende Aktivitäten in der regionalen Netzwerkbildung. Im Schuljahr 2012/13 begannen sie mit rund 29.000 Schüler/inne/n die standardisierte Berufsorientierung im 8. Schuljahr. Folgende Kommunen sind als Referenzkommunen beteiligt: Bielefeld, Dortmund, Mülheim, Städteregion Aachen, Kreis Borken, Kreis Siegen-Wittgenstein, Rheinisch-Bergischer Kreis.

Der Umbau des Übergangssystems macht auch grundlegende *Veränderungen an den Berufskollegs* erforderlich, die auf die Optimierung von Bildungsverläufen und Bildungserfolg der Jugendlichen abzielen. Zum Schuljahr 2014/15 sollen die neuen Regelungen in Kraft treten.

In diesem Zusammenhang werden das vollzeitschulisch ausgerichtete Berufsorientierungsjahr (BOJ) und die teilzeitschulische und vollzeitschulische Form der Klassen für Schüler/innen ohne Berufsausbildungsverhältnis in einer dualisierten Ausbildungsvorbereitung zusammengeführt. Die Schulen werden eng mit Praktikumsbetrieben und Trägern zusammenarbeiten, bei denen die Jugendlichen in der Regel an drei Tagen in der Woche Praxiserfahrungen sammeln. Für die Schüler/innen wird der Erwerb des Hauptschulabschlusses ermöglicht. Durch die curriculare Ausrichtung an Qualifizierungsbausteinen soll die Anschlussmöglichkeit an eine duale Ausbildung erleichtert werden.

Das folgende Schaubild zeigt das neue Übergangssystem (vgl. http://www.berufsorientierung-nrw.de/neues-uebergangssystem-schule-beruf/). Basis ist die konsequente Berufs- und Studienorientierung ab Klasse 8. Nach der Klasse 10 wechseln dann die Jugendlichen, die sich entsprechend qualifiziert haben, in Bildungsgänge, die zu einer Hochschulreife führen. Ein Großteil der Abgänger aus der Klasse 10 beginnen eine duale betriebliche Ausbildung bzw. eine vollzeitschulische Ausbildung mit Kammerprüfung. Jugendliche, die (partiell) nicht ausbildungsreif sind, werden in Zukunft eine Maßnahme der Einstiegsqualifizierung (Bundesanstalt für Arbeit), der Ausbildungsvorbereitung oder ein Angebot der Jugendhilfe besuchen. Die Diskussion, Beratung und gemeinsame Durchsetzung dieses Neuen Übergangssystems (NÜS) – genannt „Kein Abschluss ohne Anschluss“ – wird in der kommenden Zeit die berufsorientierte Bildungspolitik zum Wohl der Jugendlichen in NRW beschäftigen.

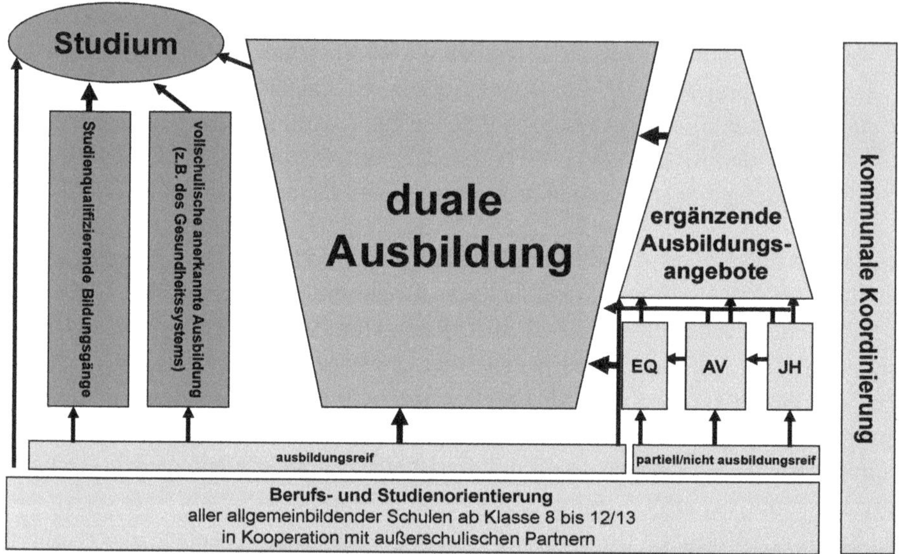
Studium
Studienqualifizierende Bildungsgänge
vollschulische anerkannte Ausbildung (z.B. des Gesundheitssystems)
duale Ausbildung
ergänzende Ausbildungs-angebote
EQ
AV
JH
kommunale Koordinierung
ausbildungsreif
partiell/nicht ausbildungsreif
Berufs- und Studienorientierung
aller allgemeinbildender Schulen ab Klasse 8 bis 12/13
in Kooperation mit außerschulischen Partnern

Dietrich Mau

Soziale Gerechtigkeit und das Übergangssystem – eine gewerkschaftliche Perspektive

1. Die Gerechtigkeitsidee der Gewerkschaften

Auf dem 18. Bundeskongress verabschiedete der DGB einen Leitantrag des Bundesvorstands „Die Würde des Menschen ist unser Maßstab" (Deutscher Gewerkschaftsbund, 2006). Darin heißt es u.a.: Die Würde des Menschen ist untrennbar verknüpft mit den Möglichkeiten des Einzelnen, als selbstständiges Individuum am gesellschaftlichen und wirtschaftlichen Leben teil zu haben. Ohne *soziale Gerechtigkeit* allerdings gibt es weder Freiheit noch Würde. Würde und Freiheit stellen jedoch in unserer Gesellschaft keine selbstverständlichen Güter mehr dar. Sie werden von einer zunehmenden wirtschaftlichen Deregulierung und Flexibilisierung bedroht.

Soziale Gerechtigkeit als Voraussetzung für ein Leben in Würde und als Leitidee einer sozialstaatlich verfassten Demokratie bedeutet daher gegenwärtig und zukünftig,

- die Anerkennung des Anspruchs von Arbeitnehmerinnen und Arbeitnehmern auf gerechte Teilhabe an der Erarbeitung und der Verteilung des Wohlstands sowie die Anerkennung ihrer Erwartungen an Selbst- und Mitbestimmung in Arbeitswelt und Gesellschaft;
- den sozialen Schutz vor Arbeitslosigkeit, damit die Menschen bei diesen existenziellen Risiken weiterhin im gesellschaftlichen Leben integriert bleiben und nicht ins soziale Abseits rutschen;
- allen Menschen unabhängig von Status, Ausbildung und Einkommen der Eltern, den Zugang zu Bildung und Ausbildung zu ermöglichen und lebensbegleitendes Lernen zu fördern. So können unabhängig von Status, Ausbildung und Einkommen der Eltern gesellschaftliche und soziale Gestaltungsmöglichkeiten genutzt werden;
- durch eine gute Bildung den Einzelnen zu befähigen, den Wandel von Arbeitsmarkt, Wirtschaft und Gesellschaft mitzugestalten.

Die deutschen Gewerkschaften treten für diese umfassende Gerechtigkeitsidee ein. Auf dem Hintergrund dieser normativ-politischen Grundposition untersuche ich im Folgenden, ob und wie es Schulabgängern in Nordrhein-Westfalen gelingt, möglichst ohne Umwege, friktionsfrei, erfolg- und perspektivenreich den Übergang zwischen Schule und Beruf zu bewältigen und sich in die Berufs-, Beschäftigungs- und Arbeitswelt zu integrieren.

Um diese Frage deskriptiv-analytisch zu beantworten, halte ich es für notwendig, zunächst zu klären, was grundsätzlich unter dem Übergang zu verstehen ist und wie dieser Übergang zwischen Schule und Beruf gestaltet ist. Im Mittelpunkt stehen Fragen zum Zugang zur Sphäre des Übergangs, der umgangssprachlich auch als erste Schwelle bezeichnet wird.

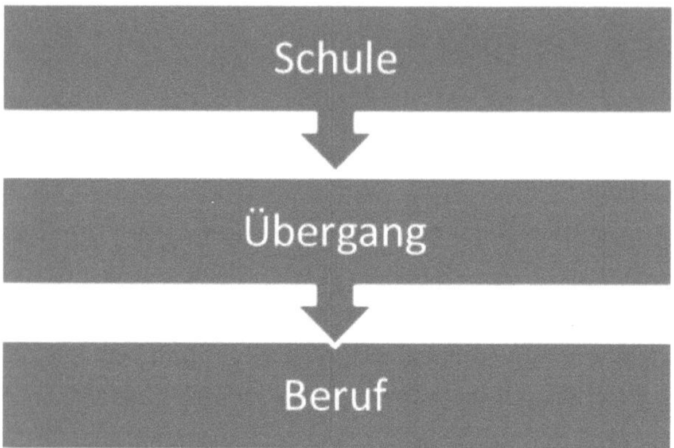

2. Integrierte Ausbildungsberichterstattung als Untersuchungsinstrument

Die umfassendste Beschreibung des Übergangs zwischen Schule und Beruf gibt zurzeit das Statistische Bundesamt mit seiner Meldung zur Integrierten Ausbildungsberichterstattung (IABE; Statistisches Bundesamt, 2013). Dieser Bericht gibt jährlich und differenziert nach unterschiedlichen Kategorien Auskunft über alle Anfänger im Ausbildungsgeschehen und unterscheidet vier wesentliche Sektoren:

1. Sektor Berufsausbildung
2. Sektor Integration in Ausbildung
3. Sektor Erwerb Hochschulzugangsberechtigung
4. Sektor Studium

In den vier Sektoren werden dann jeweils differenzierte Unterkonten ausgewiesen. Der Sektor der Berufsausbildung enthält nicht nur das Konto Berufsausbildung im dualen System, sondern eine Vielzahl weiterer Konten, die weitere Berufsausbildungsvarianten enthalten, von der schulischen Berufsausbildung, über die außerschulischen nichtbetrieblichen Ausbildungsformen bis hin zur Berufsausbildung in einem öffentlich-rechtlichen Ausbildungsverhältnis. Der Sektor der Integration enthält in einer Vielzahl von Konten Bildungsgänge, die im engeren Sinn auf eine Berufsausbildung vorbereiten und im weiteren Sinn allgemeinbildende Abschlüsse unterhalb der Hochschulzugangsberechtigung vermitteln. Der Sektor Erwerb Hochschulzugangsberechtigung enthält in Konten nicht nur die Bildungsgänge der Sekundarstufe II der allgemeinbildenden Schulen, sondern auch die Bildungsgänge der berufsbildenden Schulen, die eine Hochschulzugangsberechtigung vergeben. Der Sektor Studium enthält ohne Unterkonten alle Studienanfänger an den Hochschulen und Fachhochschulen der Bundesrepublik Deutschland.

Damit unterscheidet sich der Bericht des Statistischen Bundesamtes von anderen im öffentlichen Diskurs befindlichen Statistiken, welche in der Regel mit fragmentarisierten Übergangsbegriffen arbeiten.

Der jährliche Berufsbildungsbericht des Bundesministeriums für Bildung und Forschung (vgl. Berufsbildungsbericht, 2012) enthält die betriebliche Ausbildung und den sogenannten Übergangsbereich. Die betriebliche Berufsausbildung erfasst also nicht die vielfältigen und in der Regel landesspezifischen Schulberufe. Der sogenannte Übergangsbereich beschreibt im engeren Sinne allein den Übergang zwischen Schule und betrieblicher Ausbildung. Auch der dritte und vierte Sektor der Integrierten Ausbildungsberichterstattung wird im Berufsbildungsbericht nicht erfasst.

Eine vom Berufsbildungsbericht und von der Integrierten Ausbildungsberichterstattung wiederum abweichende Sektorenbildung findet sich im eigenständigen Kapitel Berufliche Bildung des Berichts zur Bildung in Deutschland (vgl. Bildung in Deutschland, 2012). Neben der Berufsausbildung erfasst und begründet der Bildungsbericht den eigenständigen Sektor der Schulberufsausbildung. Der Sektor des (schon begrifflich fragwürdigen) Übergangssystems ist allerdings deckungsgleich mit dem Übergangsbereich des Berufsbildungsberichts. Nicht erfasst bleibt in diesem Kapitel der Sektor Erwerb Hochschulzugangsberechtigung.

Selbst die (fast) namensgleiche Integrierte Ausbildungsberichterstattung Plus NRW (vgl. Integrierte Ausbildungsberichterstattung Plus für NRW 2011) zeigt abweichende Sektoren und Zielbereiche. Die NRW-Variante erfasst den Übergang mit dem Abschluss allgemeinbildender Schulen (Sek. I und II) und sortiert in vier Zielbereiche: die ersten beiden Sektoren des Bundesberichts sind deckungsgleich mit den Zielbereichen der IABE Plus NRW, im dritten Zielbereich sind allerdings nur die berufsbildenden Einmünder in den Sektor Erwerb Hochschulzugangsberechtigung erfasst. Über den Sektor Studium hinaus enthält die IABE Plus NRW Aussagen zum Zielbereich Weiterbildung.

Mit dieser kurzen Deckungsanalyse wird deutlich, dass die IABE die mit Abstand größte Reichweite hat und für sich in Anspruch nehmen kann, den Übergang zwischen Schule und Beruf unter Berücksichtigung akademischer und nichtakademischer Zugänge halbwegs vollständig abzubilden.[1] Dabei folgt die IABE der – für eine realistische Perspektivenbildung notwendigen – offenen Philosophie, dass sich die Angebote in den verschiedenen Sektoren und Zielbereichen nicht unabhängig voneinander entwickeln und es deshalb erforderlich ist, den gesamten Bereich des Übergangs von Schule und Beruf in den Blick zu nehmen.

1 Unter Sonstiges ließe sich noch zusammenfassen: Soziales Jahr, Moratorium, Auslandsaufenthalt u.a.m.

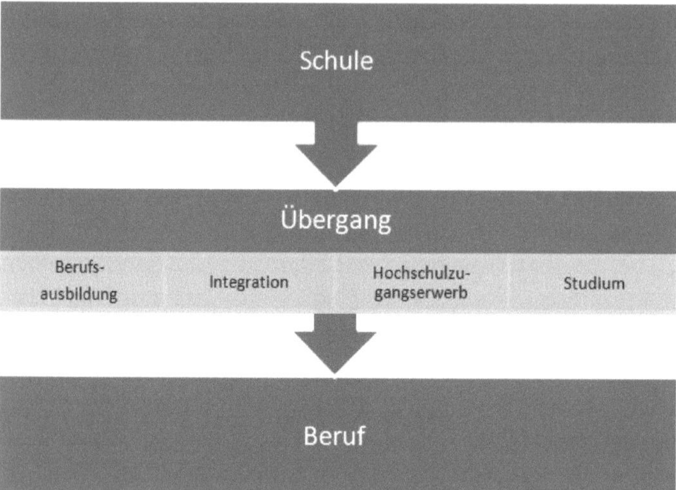

Die Ausbildungsberichterstattung etabliert damit einen weitgehend diskriminierungsfreien Übergangsbegriff; die Sektoren des Übergangs dokumentieren die in Deutschland typische Separierung der Systemfindungsprozesse mit dem Resultat von zwei relativ eigenständigen Berufsbildungssystemen (vgl. Kutscha, 2003):

- auf der einen Seite die Berufsausbildung für den Fachkräftebedarf der privaten Wirtschaft in Form der korporatistisch regulierten betrieblichen Ausbildung mit ergänzendem Teilzeitunterricht an Berufsschulen,
- auf der anderen Seite die gymnasiale Bildung mit dem Abschluss der Studierberechtigung und deren Verkoppelung mit dem Studium.

Während das Studium den Hochschulzugangserwerb voraussetzt, ist der Zugang zur Berufsbildung nicht mit einem erfolgreichen Durchlauf des Integrationsbereichs verbunden. Die Statistik geht bereits immanent davon aus, dass es einem Teil der Absolventen des Schulsystems nicht gelingt, unmittelbar in den Teilbereich der Berufsausbildung zu wechseln.

3. Deskription des Übergangs Schule und Beruf in Nordrhein-Westfalen

Zur Beantwortung der erkenntnisleitenden Fragestellung und Identifikation von Gerechtigkeitslücken verbinde ich im Folgenden die Sektorenbildung der IAEB NRW mit dem Zahlenmaterial der schulamtlichen Statistik des Landes NRW (vgl. Statistische Übersichten 2000–2012) für die öffentlichen Berufskollegs zu einer eigenständigen Statistik.

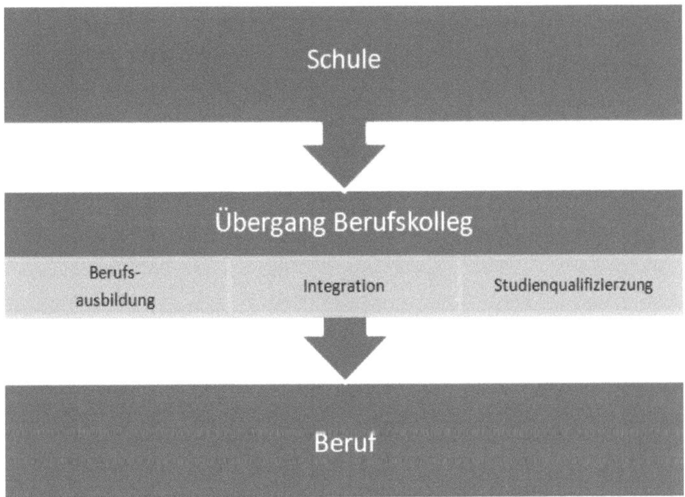

Im ersten Sektor *Berufsausbildung* sind nach der Systematik der Integrierten Ausbildungsberichtserstattung die Einmünder der anerkannten Berufsabschlüsse zusammengefasst. Dazu gehören einerseits die Ausbildungsgänge nach Bundesrecht und andererseits die schulischen Ausbildungsgänge.

Der zweite Sektor *Integration* umfasst die Einmünder in Klassen für Schüler ohne Berufsausbildungsverhältnis (KSOB), Berufsorientierungsklassen (BO), das Berufsgrundschuljahr (BG) und die ein- und zweijährige Berufsfachschule (BFS).

Der dritte Sektor *Studienqualifizierung* besteht aus Einmündern in die Bildungsgänge, die berufliche Kenntnisse und eine Studierberechtigung vermitteln, das sind zwei- bis dreijährige Bildungsgänge, die eine Zugangsberechtigung zur Fachhochschule (HBFS) oder zur Hochschule (berufliches Gymnasium) ermöglichen.

Der vierte Sektor der *Integrierten Ausbildungsberichterstattung* bleibt in der Zustandsbeschreibung deshalb unberücksichtigt, weil das Zahlenmaterial über den Verbleib der Hochschulzugangsberechtigten aus NRW nur sehr schwer zu erfassen ist. In den Einmünderzahlen für den Sektor Studium, die die Integrierte Ausbildungsberichterstattung ausweist, werden Gesamtzahlen genannt. Die notwendige Differenzierung nach „Landeskindern“ erfolgt nicht und bleibt deshalb wenig aussagefähig.

Die folgende Übersicht dokumentiert über einen Zeitraum von über zehn Jahren die Einmünder-Situation und bietet damit ein überschaubares Monitoring der drei Sektoren im Berufskolleg seit Inkrafttreten der APO-BK (= Allgemeine Prüfungsordnung Berufskolleg; vgl. Berufskolleggesetz, 1997).

Tabelle 1: Sektoren und Einmünderzahlen in das Berufskolleg (absolut in Tsd., in % der Gesamteinmünder)

	1. Sektor Berufsausbildung		2. Sektor Integration		3. Sektor Studienqualifizierung		
Jahr	absolut	%	absolut	%	absolut	%	gesamt
2000	132	62	55	25	29	13	216
2001	132	60	58	27	29	13	219
2002	123	57	62	29	30	14	215
2003	120	54	70	31	34	15	224
2004	125	54	72	31	36	15	233
2005	122	52	77	32	38	16	237
2006	128	52	79	32	38	16	245
2007	131	55	78	31	36	14	255
2008	143	57	70	28	37	15	250
2009	130	55	69	29	37	16	236
2010	135	57	66	28	37	15	238
2011	138	59	58	25	36	16	232
2012	132	60	54	24	36	16	222

4. Gerechtigkeitsprobleme im Übergang Schule und Beruf

4.1 Originäres Gerechtigkeitsproblem

Der Ausbildungsmarkt, definiert wie jeder Markt als ein Ort, an dem Angebot und Nachfrage zusammentreffen, hat abstrakte und unschätzbare konkrete Vorteile. Die wesentlichen Vorteile in Stichworten sind hervorzuheben:

- betriebswirtschaftlich rationale Entscheidung über den Ausbildungsbedarf,
- die Effektivität der Kompetenzentwicklung,
- die Markträumung,
- die Allokation,
- der sektorale Gleichlauf der Personalrekrutierung,
- die Innovations- und Wettbewerbsförderung durch Novizen- und Expertensysteme,
- die Anschlussfähigkeit und Beschäftigungskoppelung,
- die Selbstfinanzierung über die Integration des Wertschöpfungsprozesses,
- die geringe Inanspruchnahme staatlicher Ressourcen,
- die Ausbildungsvergütung, die Sozialversicherung und
- das geringe (Jugend-)Arbeitslosigkeitsrisiko.

Das sind viele und unmittelbar einsichtige Vorteile – nur leider funktioniert dieser Markt seit Jahren nicht mehr ausreichend. Dem Anspruch, alle ausbildungsfähigen Jugendlichen mit einem Ausbildungsplatz zu versorgen, wurde und wird der Ausbildungsmarkt nicht gerecht: Das Angebot an Ausbildungsplätzen ist deutlich kleiner als die Nachfrage. Die sich daraus ergebende Versorgungslücke ist beträchtlich und hinterlässt nach den jährlichen Einstellungsterminen eine Vielzahl unversorgter Jugendlicher. Selbst in den Jahren mit Phasen wirtschaftlicher Prosperität und nachlassendem demographischem Druck war die Wirtschaft nicht in der Lage, den Jugendlichen auch nur annähernd ausreichend Ausbildungsplätze zur Verfügung zu stellen, ganz zu schweigen von einem verfassungsrechtlich eigentlich vorgegebenen auswahlfähigen Ausbildungsplatzangebot. In der einzelbetrieblichen Betrachtung ist dabei den Betrieben kein Vorwurf zu machen, sie sind keine moralische Instanz, sondern folgen der Logik des Marktes und der Gewinnmaximierung.

Der Blick auf die Zahlenreihe der *dualen Berufsausbildung* von 2000 bis 2012 ernüchtert.

Tabelle 2: Einmünder in betriebliche Ausbildung und Gesamteinmünder in Tsd., in % der Gesamteinmünder

Jahr	2000	2001	2002	2003	2004	2005	2006	2007	2008	2009	2010	2011	2012
abs.	118	116	106	101	105	101	105	117	119	109	113	116	111
in %	55	53	48	45	45	43	43	46	48	46	48	50	50
ges.	216	219	215	224	233	237	245	255	250	236	238	232	222

Die Reichweite der dualen Ausbildung im Berufskolleg lag im Jahr 2000 bei damals schon nicht ausreichenden 55 %, sank in den Folgejahren bis auf 43 % und liegt im Jahr 2012 bei knapp 50 %.

Die Zahlenreihe lässt ein betriebliches Einstellungsmuster erkennen. Unbeeindruckt von politischen Ereignissen (Regierungswechsel 2005, 2010, 2012), berufsbildungspolitischen Reformbemühungen (vgl. die Novellierung des Berufsbildungsgesetzes (BBiG, 2005) und der Berufskollegsanrechnungs- und Zulassungsverordnung (BKAZVO, 2006)) und Appellen der Akteure des Ausbildungskonsenses[2] orientiert sich die Einstellung offensichtlich vorrangig an markt- und betriebswirtschaftlich geprägten Kalkülen der Personalrekrutierung. Das Angebot an Ausbildungsplätzen steigt allenfalls kurzfristig und konjunkturbedingt, bleibt im Wesentlichen trotz schwankender demographischer Nachfrage auf viel zu niedrigem Niveau konstant. Statt in Zeiten hoher Schülerzahlen über Bedarf auszubilden, haben die Betriebe ein ausgesprochenes Anspruchsdenken entwickelt und die Anforderungsstandards ihrer Marktmacht entsprechend der Nachfragesituation angepasst und erhöht. Die Wirtschaftsverbände als wichtiger Partner des seit 1996 existierenden und immer wieder

2 Das Konsensversprechen, alle jungen Menschen in NRW, die ausgebildet werden wollen, auch auszubilden, konnte nicht eingehalten werden. Dennoch hat der Konsens in zwei Punkten Fortschritte gebracht: Erstens hat er Jahr für Jahr einer breiten Öffentlichkeit die Probleme der Ausbildungsmisere aufgezeigt und damit insbesondere den Gewerkschaften Gehör für ihre Argumente verschafft. Zweitens zwingt er die Akteure zu einer verständigungsorientierten Transparenz des Ausbildungs- und Übergangsgeschehens und verhindert damit allzu einseitige Deutungshoheiten über den Zustand der Berufsbildung.

fortgeschriebenen Ausbildungskonsenses sind weit davon entfernt, einen Durchgriff auf die Erhöhung der Ausbildungsbereitschaft der Mitgliedsbetriebe zu haben. Die Wirtschaftsverbände argumentieren mit einem Reifebegriff, der undifferenziert die stigmatisiert, die ohne einen Ausbildungsplatz geblieben sind. Das deckt sich mit dem Interesse der Ausbildungsbetriebe, Auszubildende aus einem möglichst großen Pool auswählen zu können, was durchaus Zweifel an der Ausbildungsreife der Betriebe aufkommen lässt. Verbunden mit diesem quantitativen Problem sind auch Verzerrungen und Verzeichnungen: das Einstiegsalter ist deutlich gestiegen, die von den Jugendlichen geforderten Voraussetzungen und Qualifikationen ebenfalls, gestiegen ist auch der Anspruch an das, was man Berufsreife zu nennen pflegt.

Dieser Trend zur Bevorzugung höherwertiger Schulabschlüsse hält weiter an. Bei zurückgehenden Schülerzahlen und Auswahlmöglichkeiten beklagen die Betriebe den vermeintlichen Rückgang der Berufsreife. Wie reagieren Betriebe mit ihren Rekrutierungsstrategien auf die sinkenden Auswahlmöglichkeiten? Bevor sie sich der Ausbildungsfrage stellen und vermeintlich problematischen Zielgruppen zuwenden, weichen sie aus, buhlen um Abiturienten und Studienabbrecher und werben um Nachwuchs aus krisengeschüttelten Ländern wie Spanien, Portugal und Griechenland.

Neben der quantitativen Unterversorgung ist auch die qualitative Veränderung unübersehbar. Der Bologna-Prozess zeigt Auswirkungen, mittlerweile etabliert sich ein erster beruflicher Abschluss über die Bachelor-Studiengänge. Gerade die Ausbildungszahlen in den sogenannten anspruchsvollen Ausbildungsberufen sinkt von Jahr zu Jahr. Diese Ausbildung (z. B. für Bank-, Industrie- und Versicherungskaufleute) wird in Groß- und mittelständischen Betrieben verstärkt gekoppelt mit einem dualen Studium oder ganz akademisiert.

Darüber hinaus lässt die Effizienz der dualen Berufsausbildung zu wünschen übrig: die Zahl der Abbrecher und die Zahl der Absolventen ohne Abschluss ist viel zu hoch und stellt Fragen nach der Qualität der betrieblichen Berufsausbildung.

4.2 Derivative Gerechtigkeitsprobleme

4.2.1 Regulationsprobleme

Das Markt- und Rekrutierungsverhalten im privat finanzierten betrieblichen Ausbildungsbereich führt nach wie vor zu Regulationsproblemen im öffentlich finanzierten Bereich des Berufskollegs. Das Berufskolleg trägt aber nicht nur die Folgen der Regulation, es gibt keine angemessene Antwort auf die Krise. Im Gegenteil – das Berufskolleg in seiner heutigen Konstruktion und mit seinem heutigen Selbstverständnis befördert eine weitere segmentierende Aufspaltung in zwei Märkte: in den ersten und betrieblichen Markt der Berufsausbildung und in den zweiten und staatlichen Markt der Schulberufsausbildung und Ausbildungsvorbereitung. Die Asymmetrie und Dysfunktionalität der beiden Ausbildungsmärkte im Übergang Schule und Beruf kommt den Staat teuer zu stehen.

Der bundesrepublikanische Gesellschaftsvertrag, wonach die Wirtschaft für die betriebliche Ausbildung, der Staat für die Schüler der Sekundarstufe II zuständig ist, ist in eine Schieflage geraten. Auf Grund fehlender Ausbildungsplätze sind Jugendliche gezwungen, nach der Sekundarstufe I zunächst die Bildungsgänge der Sekundarstufe II zu besuchen. So sorgt die Wirtschaft mit einer zu geringen Marktquote für die Entstehung und Verfestigung eines „zweiten Marktes“ und damit für eine Erhöhung der Staatsquote; die Wirtschaft führt selbst einen Verlust ihrer früher dominanten Position herbei. Mit ihrem, den Rückzug aus der Ausbildung verstärkenden Handeln ebnet sie einer Verstaatlichung der Berufsausbildung den Weg.

Auch der zweite Markt, der dreigeteilt ist in Schulausbildung, Integration und Vermittlung einer Hochschulzugangsberechtigung, hat Vor- und Nachteile. Die Vorteile des zweiten Marktes sollten nicht klein geredet und unterschätzt werden: alle Jugendlichen, zumindest alle berufsschulpflichtigen Jugendlichen werden versorgt, niemand – auf dem Papier wenigstens – wird abgewiesen. Auch können die Bildungsgänge des Berufskollegs als Moratorium und zur Neu- und Umorientierung genutzt werden. Dem zweiten Markt ist es zu verdanken, dass die Jugendarbeitslosigkeit im Vergleich zu anderen europäischen Ländern niedrig ist. Natürlich hat der zweite Markt auch gravierende Nachteile: er ist ein derivativer, ein abgeleiteter Ersatzmarkt, vor allem aber ist er ein indirekter, beschäftigungsferner Markt, ohne Anspruch auf Ausbildungsvergütung, ohne Sozialversicherung, ohne Übernahme- und Weiterbildungsansprüche. Erst wenn der erste Markt nichts mehr hergibt, wählt der Jugendliche aus dem Angebot des zweiten Marktes. Die unberücksichtigten Nachfrager bzw. unversorgten Marktverlierer, insbesondere die aus der Sekundarstufe I und dort vor allem die Absolventen der Hauptschulen, aber auch der Realschulen, überlaufen die Bildungsgänge der Berufskollegs und suchen ihre Chance auf einen Platz in der folgenden Einstellungskampagne zu verbessern. Noch schwieriger wird es für die Absolventen der Bildungsgänge des Berufskollegs, denen es nicht gelingt, einen Ausbildungsplatz zu erhalten.

Der sogenannte zweite Markt ist in seinem Angebot so übersichtlich wie unübersichtlich; übersichtlich, weil in Fortsetzung des gegliederten Schulwesens nach Abschlüssen und Zugangsberechtigungen sortiert und homogenisiert wird; unübersichtlich, weil für den Teil der Jugendlichen, die eine Ausbildung am nötigsten hätten, je nach Region und Zuständigkeit nur Maßnahmenbündel vorgehalten wird, welche allerdings so komplex sind, dass selbst Experten von einem Dschungel sprechen und glauben, nur mit dem Instrument des Übergangsmanagements Transparenz herstellen zu können.

Eindeutige Verlierer des Wettbewerbs sind die leistungsschwächeren Jugendlichen. Aber selbst Realschüler und Schüler der Höheren Berufsfachschulen haben Schwierigkeiten, die erste Schwelle zu überwinden und mit einer angemessenen Ausbildung einen Platz an der Sonne zu ergattern. Hauptschüler sind in der Regel chancenlos, ihnen bleiben die Schattenplätze im Dschungel der Maßnahmen.

Dieses verstopfte System der Berufskollegs verursacht ein Feedback, eine Rückkoppelung mit Signalwirkung in die allgemeinbildenden Schulen hinein. Mit dem

Eintritt in die Hauptschule und auch in die Realschule weiß der Jugendliche bereits, dass er auf dem Ausbildungsmarkt kaum Chancen haben wird und weitere Jahre in ausbildungsberufsvorbereitenden Bildungsgängen verbringen muss, um überhaupt eine realistische Chance auf dem ersten Ausbildungsmarkt zu bekommen. So gesehen und bewertet, wird aus der Sekundarstufe I für viele Schüler ein Moratorium, gekennzeichnet durch Unterforderung und Infantilisierung. Ein Vergleich der Bildungs- und Lerngeschwindigkeit eines Gymnasiasten, der in verordneter Atemlosigkeit seinem Ziel entgegen paukt, und der eines Realschülers oder auch Hauptschülers zeigt: die einen rasen den Fleischtöpfen entgegen, die anderen leisten sich den ungewollten Luxus des langen Lernens, verschwenden dabei unendlich viel Lebenszeit und Energie und nur wenige erreichen bescheidene Ziele, andere werden mit dem Etikett der Berufsunreife versehen, die meisten „altern" ohne Berufsabschluss schlicht aus dem System. Ohne Berufsabschluss jedoch haben Ungelernte geringe Aussichten auf dem Arbeitsmarkt.

Dem zweiten Markt stellen sich viele Fragen. Auf welche Angebote können die Marktverlierer zurückgreifen? Wie kommen die Angebote zustande? Sind sie Ausdruck rationaler arbeitsmarktpolitisch begründeter Entscheidungen in den Regionen und Schulen? Oder drücken sie nur die vorhandenen organisatorischen Möglichkeiten und fachlichen Leidenschaften der Schulen aus? Oder sind sie arbeitsmarkt- bzw. bedarfsorientiert und konsensual abgesichert entstanden? Die weitgehend selbstständig agierenden Schulen kennen keine Steuerungsmechanismen, jede Schule macht weitgehend, was sie will.

Oder machen die Schüler am Ende der Sekundarstufe I was sie wollen? Entscheiden sie rational? Betrachtet man das Ergebnis ihrer Entscheidung und Abstimmung, dann ist eine große Wanderbewegung in die kaufmännisch-verwaltenden Bildungsangebote erkennbar. Obwohl prognostizierter Facharbeiter- und Ingenieursmangel bereits Wirklichkeit ist, erlebt das Berufskolleg von der Grundbildung bis zum Beruflichen Gymnasium eine beispiellose „Verhandelsschulisierung". Während die mit Vorschusslorbeeren eingerichteten HöTec-Bildungsgänge mehr und mehr zum Ladenhüter werden, geraten früher hoch gepriesene Markenprodukte zu kaum verwertbaren Massenartikeln.

Nach Durchlauf der Qualifizierungsmaßnahmen, die in vielen Fällen den Charakter einer Warteschleife haben, hat sich die Situation auf dem ersten Markt nicht verändert. Der in der zweiten oder dritten Runde immer noch nicht Berücksichtigte wird zum Altbewerber und fällt irgendwann auf Grund seines Alters und seiner Bildungsbiographie aus dem System heraus, er wird nach seinem Fehlstart weitergereicht und dann selbst perspektivlos zu einer dauerhaften Belastung der Sozialsysteme. Besonders kritisch ist der Zustand zu bewerten, dass jährlich etwa 30.000 Jugendliche ohne Berufsausbildungsverhältnis das Berufskolleg als Wartesaal zur Arbeitslosigkeit bevölkern und in der Regel ohne Perspektive verlassen.

4.2.2 Schulberufsausbildung

Tabelle 3: Einmünder in die Berufsausbildung (BA), davon Einmünder in die duale Ausbildung und Schulausbildung (SA), Gesamteinmünder in Tsd., in % der Gesamteinmünder

Jahr	2000	2001	2002	2003	2004	2005	2006	2007	2008	2009	2010	2011	2012
BA	132	132	123	120	125	122	128	141	143	130	135	138	132
dual	118	116	106	101	105	101	105	117	119	109	113	116	111
SA	14	16	17	19	20	21	23	24	24	21	22	22	21
in %	7	7	8	9	9	9	9	9	9	9	9	9	9
ges.	216	219	215	224	233	237	245	255	250	236	238	232	222

Der erste Sektor umfasst Ausbildungen mit anerkannten Berufsabschlüssen. Neben der dualen Ausbildung in Betrieb und Schule zählen hierzu Berufsfachschulen mit Abschlüssen nach Landesrecht (z.B. Servicefachkraft, Kinderpfleger, Assistenten). Der Anteil der Schulberufsausbildung im Berufskolleg an der gesamten Berufsausbildung (BA) lag zwischen 10 und 17%. Während die duale Berufsausbildung trotz steigender Demographie weitgehend stagnierte, folgten die Ausbildungsplätze in der Schulberufsausbildung (SA) der demographischen Entwicklung. Die Entwicklung zeigt die bedeutsame Funktion der Schulberufsausbildung. Ohne Schulberufsausbildung würde die Bilanz der Berufsausbildung im ersten Sektor wesentlich ungünstiger ausfallen. Natürlich ist diese Form der Ausbildung mit staatlicher Vollkostenfinanzierung deutlich teurer als die Form der dualen Ausbildung, allerdings verknüpft sie die Ausbildung mit dem Erwerb eines allgemeinbildenden Abschlusses (FOR, FHR, AHR). Die Hoffnungen des Ordnungsgebers, mit der Möglichkeit einer Verknüpfung von Landesrechtsausbildung und Zulassungen zur Kammerprüfung diese Ausbildungsform aufzuwerten, haben sich weitgehend nicht erfüllt. Dem Projektbericht iABE plus NRW (iABE.NW, 2011, S. 6) ist zu entnehmen, dass die Abschlussquote von 75% mit der Abschlussquote der dualen Ausbildung vergleichbar ist. Gesicherte Aussagen darüber, ob den Absolventen ein nahtloser Übergang in die Erwerbstätigkeit gelingt, lassen sich nicht machen. Aus dem Projektbericht ist zu entnehmen, dass etwa 2% der Einmünder in eine duale Berufsausbildung über einen Berufsabschluss nach Landesrecht verfügen. Nur jeder zehnte Absolvent der Schulberufsausbildung nimmt demnach eine duale Berufsausbildung auf.

Die Verknüpfung von dualer Berufsausbildung nach Bundesrecht und schulischer Ausbildungsgänge nach Landesrecht in der IABE ist nicht ohne Brisanz. Sollte die Integrierte Ausbildungsberichtserstattung mit dieser Verbindung das Schulberufssystem gleichrangig mit dem betrieblichen Ausbildungssystem sehen, steht sie damit im Widerspruch zu den Wirtschaftsverbänden, die gerade das Schulberufssystem immer wieder in Frage stellen und allenfalls als Schwammfunktion für leistungsschwächere Schüler/innen akzeptieren. Noch einmal zugespitzt: zur Hochrechnung der Leistungsfähigkeit des Berufsausbildungssystems wird die schulische Ausbildung einbezogen, in der argumentativen Praxis der Wirtschaftsverbände und der Regionaldirektionen marginalisiert.

4.2.3 Integration

Tabelle 4: Einmünder in den Integrationsbereich, insgesamt in Tsd., in % von Gesamteinmünder, davon Klassen für Schüler ohne Berufsausbildungsverhältnis (KSOB), Berufsorientierung (BO), Berufsgundschuljahr (BG), Berufsfachschule (BF), Gesamteinmünder in Tsd.

Jahr	2000	2001	2002	2003	2004	2005	2006	2007	2008	2009	2010	2011	2012
Integ	55	58	62	70	72	77	79	78	70	69	66	58	54
In %	25	27	29	31	31	32	32	31	28	29	28	25	24
KSOB	24	26	28	30	31	34	36	36	32	31	30	25	23
BO	5	6	6	7	6	6	6	6	5	5	5	4	4
BG	12	11	12	15	16	17	17	17	18	19	18	17	16
BF	14	15	16	18	19	20	20	19	15	14	13	12	11
ges.	216	219	215	224	233	237	245	255	250	236	238	232	222

Ein Viertel bis zu einem Drittel der jährlichen Einmünder im Berufskolleg startet nicht mit einer Berufsausbildung, sondern besucht zunächst den Integrationsbereich. Durchaus positiv anzumerken ist: Der Bereich der Ausbildungsvorbereitung des zweiten Sektors kommt mit der hoffnungsfrohen Firmierung ‚Integration' daher, was schon von der Begrifflichkeit freundlicher und zielführender klingt als der stigmatisierende und unreflektierte Begriff des Übergangssystems, den etwa der Bericht Bildung in Deutschland (vgl. Bildung in Deutschland, 2012) fortschreibt, wohlwissend, dass weder von einem System noch von einer Systematik, sondern eher von einem intransparenten Konglomerat aus Maßnahmen, Bildungsgängen, Projekten und Förderlinien die Rede sein kann.

Etwa 80% der Einmünder in diesen Sektor kommen aus den allgemeinbildenden Schulen, vorrangig aus Hauptschule, Gesamtschule, Förderschule, aber auch aus Realschulen; 10% kommen aus dem Integrationsbereich selbst und durchlaufen diesen erneut. Auffallend ist mit etwa 17% der hohe Anteil der ausländischen Einmünder, im Sektor Berufsabschluss betrug der Anteil der ausländischen Einmünder dagegen nur knapp 8% (iABE.NW, 2011, S. 6 u. 17).

Der Verbleib der Absolventen des Integrationsbereichs lässt sich nicht abgesichert erfassen. Wenn etwa 14% der Einmünder in eine duale Berufsausbildung aus dem Sektor ‚Integration' kommen, beträgt die zurückgerechnete Integrationsquote weniger als 30% (iABE.NW, 2011, S. 6 u. 17). Das vorrangige Ziel der Integration in eine Berufsausbildung wird damit nur ungenügend realisiert. Mit dem Absolvieren der Bildungsgänge, ob erfolgreich oder nicht (iABE.NW, 2011, S. 17), erfüllen die Jugendlichen die Berufsschulpflicht. Wer keinen Ausbildungsplatz findet, strebt erneut in die Bildungsgänge des Berufskollegs, häufig aber diffundieren sie in das Sozialsystem.

Im Bildungsgang der Berufsfachschule befinden sich knapp 5.000 Jugendliche, die bereits über eine Fachoberschulreife verfügen und eigentlich auf Grund ihrer Eingangsqualifikation einen Bildungsgang im Sektor Studienqualifizierung besuchen könnten. Dieses „Bewährungsjahr" ist für viele dieser Jugendlichen nichts anderes als eine Form des institutionellen Sitzenbleibens bzw. Ausgrenzens.

Der Rückgang der Zahlen im Integrationsbereich ist nicht auf eine zunehmende Integration zurückzuführen, sondern fast ausschließlich verbunden mit zurückgehenden Schülerzahlen. Zu behaupten, es herrsche ein Mangel an Auszubildenden, ist mit Blick auf die Zahlen im Integrationsbereich leicht zu widerlegen. Trotz aller Integrationsbemühungen bleiben auch weiterhin junge Menschen ohne Berufsabschluss, in der Altersgruppe der 20- bis 29-Jährigen sind das bundesweit über 1,4 Millionen, auf NRW herunter gerechnet, bleiben etwa 30.000 Jugendliche pro Altersjahrgang ohne Berufsausbildung (Übergänge mit System (2012), S. 9).

4.2.4 Studienqualifizierung (Hochschulzugangsberechtigung)

Tabelle 5: Einmünder in den Sektor Studienqualifizierung, in % der Gesamteinmünder, Fachhochschulreife (FHR), Allgemeine Hochschulreife (AHR), Gesamteinmünder, in Tsd.

Jahr	2000	2001	2002	2003	2004	2005	2006	2007	2008	2009	2010	2011	2012
HZB	29	29	30	34	36	38	38	36	37	37	37	36	36
In %	13	13	14	15	15	16	16	14	15	16	15	16	16
FHR	23	23	24	27	29	31	31	29	29	29	29	28	28
AHR	6	6	6	7	7	7	7	7	8	8	8	8	8
ges.	216	219	215	224	233	237	245	255	250	236	238	232	222

Zur Entdramatisierung der aufgeblähten Integrations- und Ausbildungsvorbereitung ist eine entlastende Herausrechnung vorgenommen worden. Die in Frage kommenden Bildungsgänge vermitteln berufliche Kenntnisse mit allgemeinbildenden Abschlüssen. Die Hauptmotivation der Einmünder in diese Bildungsgänge ist in der Regel die Vorbereitung auf eine duale Ausbildung, nur eine Minderheit sucht diese Bildungsgänge auf, um im Anschluss daran eine Hochschule zu besuchen. Der Anteil derjenigen, die unmittelbar nach erfolgreichem Durchgang ein Studium aufnehmen, ist gering und im Vergleich zur schon niedrigen Studierquote der Absolventen der allgemeinbildenden Schulen vernachlässigenswert. Die Effizienz der Bildungsgänge insgesamt ist problematisch niedrig. Die Abschlussquote der FHR-Bildungsgänge ist mit etwas über 60% niedrig, die der AHR-Bildungsgänge mit über 80% deutlich besser. Der Ausländeranteil liegt im AHR-Bereich bei 6%, im FHR-Bereich deutlich höher bei 11%. Der Verbleib der Absolventen ist nicht sicher nachzuvollziehen. Die Schüler, die diese Bildungsgänge verlassen, tauchen als Nachfrager nach dualer Ausbildung auf, eine Minderheit strebt den unmittelbaren Besuch der Fachhochschule oder Hochschule an. Etwa 12% der Einmünder in eine duale Berufsausbildung kommen aus dem Sektor Hochschulzugangsberechtigung, zurückgerechnet sind das etwa 37% der Einmünder in den Sektor Hochschulzugangsberechtigung (iABE.NW, 2011, S. 31).

5. Perspektiven

Welche Konsequenzen sind aus der Analyse zu ziehen? Welche Perspektiven können aus gewerkschaftlicher Sicht aufgezeigt werden? Üblicherweise lautet der Ansatz: Fokussierung und Konzentration auf die Zielgruppe, die die größten Schwierigkeiten beim Übergang hat. Die Idee klingt reizvoll. Doch die Konzentration birgt Risiken und verdeckt öffnende Perspektiven. Deshalb muss bei der Reform des Übergangs zwischen Schule und Beruf doppelstrategisch vorgegangen werden. Im Folgenden wird zunächst ausgeführt, wie mit einer vorrangigen Bildungsoffensive im Schulsystem der Übergang zwischen Schule und Beruf entlastet und die Chancen der Zielgruppe in der Integration verbessert werden kann.

5.1 Schule

Eine Alternative zu der seit Jahren praktizierten Dequalifizierungsstrategie ist eine, auch im internationalen Vergleich, notwendige Bildungsoffensive. Erst wenn deutlich mehr Schüler/innen zusätzlich die allgemeinbildenden Schulen nach der Sekundarstufe II Richtung Fachhochschule und Universität verlassen, haben diejenigen, die eine berufliche Erstausbildung suchen und benötigen, eine reale Chance auf einen auswahlfähigen Ausbildungsplatz. In alle Bildungsgänge der Sekundarstufe I gehört deshalb eine realistische Beratung, verbunden mit dem deutlichen Hinweis, dass es auch in Zukunft auf keinen Fall ausreichend Ausbildungsplätze geben wird. Leider verführt bisher das unzureichende Ausbildungsplatzangebot viele Schüler/innen schon in der Sekundarstufe I zu einem Moratorium der Bildungsanstrengungen und endet dann in der Folge mit einer Spreizung der Qualität der Abschlüsse und einer fachlichen Überforderung in den dann folgenden Bildungsgängen der Berufskollegs.

Die zentrale Botschaft lautet: Schüler/innen sollten versuchen, in der allgemeinbildenden Sekundarstufe II den höchstmöglichen Bildungsabschluss zu erreichen. Wünschenswert wäre nicht nur ein höchstmöglicher Bildungsabschluss, sondern auch eine deutlich höhere Studierquote. Derzeit nehmen etwa 30.000 Jugendliche mit Hochschulzugangsberechtigung eine betriebliche Berufsausbildung auf und durchlaufen damit die Sekundarstufe II erneut. Zwar bietet auch das Berufskolleg konkurrierende Bildungsgänge, die zu einer Hochschulreife führen. Diese sollten wegen ihrer fehlenden Marktorientierung eher kompensatorisch angeboten und genutzt werden, weil sie einerseits zu zweifelhaften beruflichen Vorentscheidungen und einer fragwürdigen Lenkung von Schülerströmen und andererseits auch zu einer im Vergleich zu den allgemeinbildenden Angeboten deutlich geringeren Studierquote führen.

Qualitativ anspruchsvolle Ausbildungsmöglichkeiten sind in der Zukunft vor allem in den Fachhochschulen und Universitäten zu finden. Die hochschulische Ausbildung mit einem ersten berufsqualifizierenden Abschluss ersetzt künftig weitgehend die ehemals anspruchsvollen Ausbildungsberufe der dualen Ausbildung.

Die bisherige, aber auch die unter dem Label „Neues Übergangssystem" (vgl. Neues Übergangssystem Schule – Beruf NRW, 2012) geplante ausbildungsorientierte

Beratung in den allgemeinbildenden Schulen muss von einer stärker studienorientierten Beratung begleitet und ergänzt werden. Nur eine konsequente Erhöhung der Bildungsbeteiligung und übergreifende Bildungsorientierung verhindern eine Dequalifizierung, nur eine konsequente Ausbildungsorientierung und damit Wahrung der Kernaufgabe der Berufskollegs verhindert, dass junge Menschen ohne jeden Berufsabschluss zurückbleiben.

Die Betonung der Studienorientierung berührt eine immer wieder diskutierte Streitfrage: Brauchen wir mehr Abiturienten, brauchen wir mehr Studenten, brauchen wir mehr Akademiker?[3] Die Zukunftsherausforderungen in den Zentralbereichen Mobilität, Energie, Kommunikation und Gesundheit sind ohne Wissenschaft und Forschung nicht zu meistern. Nordrhein-Westfalen braucht nicht weniger, sondern mehr Studienberechtige und Hochschulabsolventen. Die Landesregierung hat die Wohlfahrtsgewinne einer erhöhten Bildungsbeteiligung schon in einer Auftragsstudie ausrechnen lassen (vgl. Steiner, 2011). Voraussetzung für diesen Paradigmenwechsel wären eine deutliche Erhöhung der Bildungsinvestitionen in allen Bildungsbereichen und eine moderne Schulstruktur, die eine frühzeitige Studienorientierung und Herausbildung von höherwertigen Abschlüssen nicht systematisch behindert oder verschleppt, sondern nachhaltig befördert.

5.2 Betrieb

Welche Konsequenzen sind im Übergang zwischen Schule und Beruf selbst zu ziehen? Nicht überraschend plädieren Gewerkschaften pflichtgemäß und überzeugt gegen eine weitere Erosion und für eine Revitalisierung der dualen Ausbildung. Trotz gesunkener Reichweite ist die duale Ausbildung immer noch der größte und mit Abstand wichtigste Teilbereich des Übergangs Schule und Beruf.

Gute Ansätze zur Modernisierung der Berufsausbildung gibt es, beispielsweise die

- konsequente Berücksichtigung der BKAZVO, d. h. Anrechnung der Vorqualifikationen mit Einführung einer Berichts- und Dokumentationspflicht von Kammern und Berufskollegs,
- Einbindung der Ausbildung in die Wertschöpfung,
- Arbeits- und Geschäftsprozessorientierung,
- Modernisierung der Ausbildungsordnungen,
- Überwindung der Atomisierung der Ausbildungsberufe,
- Beschränkung auf Kernberufe und Spezialisierung und
- Maßnahmen und Aktivitäten, die zu einer nachhaltigen Verbesserung der Ausbildungsqualität führen, um die Zahl der Abbrecher und der Absolventen ohne Abschluss zu verringern.

Auch der schulische Teil der Ausbildung bedarf einer Renovierung, beispielsweise

3 Die Position der Koalition in NRW ist eindeutig: „Alle, die studieren wollen und können, sollen dazu die Möglichkeit haben. Die derzeitige Übergangsquote an die Hochschulen ist zu niedrig, um den Fachkräftebedarf zu decken“ (Koalitionsvertrag, 2012).

- der Verbesserung des schulischen Teils der dualen Ausbildung durch flächendeckende Zusatzqualifikationen (FHR-Erwerb),
- der Etablierung eines Modellversuchs zum integrierten Erwerb der Hochschulreife,
- von Stütz- und Förderangeboten zur Senkung der Abbrecherquoten und
- Kooperationen sowie Credits-Vereinbarungen mit den Fach- und Hochschulen.[4]

Diese Ansätze allein aber werden nicht ausreichen, die quantitativen Ausbildungsprobleme zu beseitigen. Unabhängig von der Frage, ob sich die Ausbildungsbeteiligung der Betriebe weiter ausbauen ließe, ist es weniger empfehlenswert, mit allen Mitteln die Zahl der betrieblichen Ausbildungsplätze zu erhöhen – weder durch Zwang, noch durch Quengeln, noch durch steuerliche und finanzielle Anreize, noch durch die Herabsetzung von Ausbildungsstandards. Es macht nur begrenzt Sinn, das Ausbildungsangebot künstlich zu erhöhen. Die potentiellen fiskalisch-finanziellen Mitnahmeeffekte und die fehlende Marktgängigkeit verlegen die Probleme nur von der ersten auf die zweite Schwelle.

Eine Zuspitzung auf dem Ausbildungsmarkt ist 2013 zu erwarten. Bedingt durch die Effekte des doppelten Abiturjahrgangs ist mit einem deutlichen Nachfragezuwachs zu rechnen. Zusätzliche 60.000 Jugendliche mit Hochschulzugangsberechtigung streben Studien- und Ausbildungsplätze an. Da bisher erfahrungsgemäß etwa 15% der Abgänger mit Hochschulzugangsberechtigung aus den allgemeinbildenden Schulen eine duale Ausbildung anstreben (iABE.NW, 2011, S. 6), dürfte der Nachfragedruck in der kommenden Einstellungskampagne noch einmal deutlich zunehmen und zu Verdrängungseffekten und zeitversetzten Bugwellen unversorgter Altbewerber führen.

Die Landesregierung erhofft sich eine deutliche Zunahme von Ausbildungs- und Praktikumsplätzen, die regierungstragenden Parteien haben sich im Koalitionsvertrag[5] darauf geeinigt, das Instrument der regionalen Ausbildungsplatzfinanzierung einzusetzen.

5.3 Schulberufe

Die Schulberufe haben in den vergangenen Jahren für Ergänzungen und entlastende Alternativen gesorgt. Wer jetzt auf dem Hintergrund eines kleiner werdenden Aus-

4 Die Vehemenz des Auftritts der Wirtschaftsseite in der Frage der Anerkennung steht in einen unübersehbaren Kontrast zur Anerkennung beruflicher Vorqualifikationen bei der Ausbildung. Bekanntlich ignorieren die Betriebe die zertifizierten Anrechnungstatbestände, eine Anrechnung findet flächendeckend nicht statt.

5 Im Koalitionsvertrag heißt es: „Wir werden die Einführung einer regionalen Umlagefinanzierung prüfen, falls die Zahl der von den Unternehmen bereitgestellten Praktikums- und Ausbildungsplätze nicht reicht.“ Die Zahlen der vorgestellten Ausbildungsberichterstattung dokumentieren schon heute die Dringlichkeit des Prüfauftrages. Koalitionsvertrag 2012–2017, NRWSPD – Bündnis 90/Die Grünen NRW.

wahlpools mit ambivalenten Botschaften Widerstände aufbaut und sich dafür einsetzt, diese Angebote zurückzufahren, muss dafür Sorge tragen, dass im gleichen Umfang das betriebliche Ausbildungsplatzangebot auch deutlich erhöht wird.

Beim Zulassungsgeschäft benötigen die Berufskollegs Unterstützung. Angesichts der Tatsache, dass auch in Zukunft auf Schulberufe nicht verzichtet werden kann, ist es diskussionswürdig, eine Qualitätssicherung einzuführen. Die Zuständigkeit zur Schaffung vollschulischer Ausbildungsgänge liegt zurzeit bei den Ländern. Im Sinne einer länderübergreifenden und zeitlich gebundenen Akkreditierung sollten laufende und vor allem geplante Schulberufsausbildungsgänge auf ihre Arbeitsmarktgängigkeit und Verwertbarkeit untersucht und entsprechend zertifiziert werden.

5.4 Integration

Die Landesregierung beabsichtigt mit ihrem „Neuen Übergangssystem“ (Neues Übergangssystem Schule – Beruf NRW (2012) und einer Schulgesetzänderung den bisherigen Aufbau des Sektors Integration neu zu gestalten. Geplant ist eine Abschaffung der Bildungsgänge Berufsorientierung und Klassen für Schüler ohne Ausbildungsverhältnisse und die Einführung einer neuen „Berufsvorbereitungsschule“. Die Bildungsgänge Berufsgrundschuljahr und die Berufsfachschule werden ebenfalls abgeschafft und in einer neuen gestuften Schulform Berufsfachschule zusammengeführt. Mit der Auftragsexpertise „Zur Situation und Perspektiven der Ausbildungsvorbereitung von Jugendlichen mit besonderem Förderbedarf“ (Baethge, 2013) lässt sich dieser deutliche Zusammenschnitt nicht begründen. Schon aus dem Titel der Expertise ist zu entnehmen, dass sich diese nur mit einer ausgewählten Zielgruppe beschäftigt. Diese Zielgruppe ist in der Berufsorientierung und zum Teil in Klassen für Schüler ohne Berufsausbildungsverhältnisse zu finden. Die Expertise macht keine Aussagen zur geplanten gestuften Berufsfachschule, ist in ihrer Reichweite deutlich begrenzt. Aus der Studie ist die Skepsis über die curriculare und organisatorische Ausrichtung erkennbar. Die bisher mögliche und angestrebte Bildungsbeteiligung durch die Vermittlung eines Hauptschulabschlusses ist über eine geplante dualisierte Vermittlung von Qualifizierungsbausteinen kaum erreichbar. Dreh- und Angelpunkt ist die quantitative und qualitative Sicherstellung von Praktikumsplätzen. Zweifelhaft ist auch, ob die enggefassten Bausteine die bisher übliche berufsfeldübergreifende Orientierung angemessen ersetzen können. Insgesamt plädiert die Expertise für eine inklusive Professionalisierung des Personals, keineswegs ist die Studie jedoch als Blaupause für die Etablierung einer neuen selektiven und inklusionsverhindernden Schulform für Leistungsschwächere zu lesen. Wegen der erkennbaren Risiken bei dieser Neuausrichtung schlagen die Autoren der Expertise eine prozessevaluierende Experimentierphase vor. Ganz im Schatten der Diskussion um die Einführung einer Berufsvorbereitungsschule steht die Perspektive der neuen gestuften Berufsfachschule. Fraglich ist auch, ob die geplanten Ausbildungsbausteine den bisher üblichen berufsfeldbezogenen Unterricht angemessen ersetzen können. Aus gewerkschaftlicher Sicht ist eine Neufassung der Bildungsgänge nicht das entscheidende Problem. Das, was mit der Neufassung angestrebt wird, lässt sich auch in bestehenden Strukturen und einer Verbesserung des Unterrichts und seiner Rahmenbedingungen verwirklichen. Wichtiger ist jedoch die Frage des Anschlusses. Jugendliche, die die Bildungsgänge der Integration erfolgreich durchlaufen, müssen einen verbindlichen Integrationsanspruch für eine folgende Berufsausbildung erhalten, vorzugsweise in Form einer betrieblichen Ausbildung, alternativ aber auch in der Form einer Träger- oder Schulberufsausbildung.

5.5 Hochschulzugangsberechtigung

Der Sektor muss in Zukunft seiner Etikettierung[6] und seinem Selbstanspruch gerecht werden. Über eine Verbesserung der Abschlussquoten hinaus ist eine deutliche Erhöhung der unmittelbaren Studierquote anzustreben. Ein institutionalisiertes Schnittstellenmanagement kann bei der Zusammenarbeit von Berufskolleg und Fachhochschulen von besonderem Wert sein. Anrechnungen, die so eindrucksvoll an der Schnittstelle Schule/Betrieb scheitern, können berechenbar und verbindlich zwischen den Akteuren vereinbart werden, wobei eine für beide Seiten gewinnbringende Situation entstehen würde. Die Bildungsgänge des Berufskollegs werden aufgewertet, Fachhochschulen mit ihren künftigen Studenten verbunden und damit Ausbildungsmarktentlastungseffekte generiert. Es reicht nicht aus, sich mit der formalen Vergabe der Fachhochschul- und Hochschulreife zu begnügen Berufskollegs müssen dafür sorgen, dass die Ansprüche aus dem Abschluss auch eingelöst werden.

Die Studienquote ließe sich durch eine curriculare Neuausrichtung erhöhen. Ohne Verschränkung der Anteile systematischen (theoretischen und wissenschaftlichen) Wissens in der Berufsbildung wird dies nicht möglich sein. Bildung im Medium des Berufs kann ohne Wissenschaftsorientierung und -propädeutik nicht auskommen. Wissenschaftsorientierung pädagogischen Handelns war ein bedeutender Fortschritt. Sie verträgt sich nicht mit einer Verklärung und Überhöhung beruflicher Praxis. Das Berufskolleggesetz spricht vom Kompetenzerwerb und orientiert sich an arbeitsmarktverwertbaren Qualifikationen, von Bildung ist keine Rede.

Zur Verbesserung der Situation der Beschulung der FHR- und AHR-Bildungsgänge ist eine schulübergreifende Unterrichtsorganisation empfehlenswert. Schulübergreifender Unterricht würde insbesondere bei der Etablierung der MINT-Disziplinen in den Berufskollegs hilfreich sein: Gemeinsamer Unterricht in den berufsübergreifenden Fächern, differenzierter Unterrichts in den berufsbezogenen Fächern bzw. Leistungskursen.

---

6 Auch das Neue Übergangssystem Schule – Beruf NRW (2012) geht von einem unmittelbaren Übergang aus den studienqualifizierenden Bildungsgängen in ein Studium aus. In der Realität strebt der größte Teil der Absolventen eine Ausbildung an, ein kleiner Teil entscheidet sich im zweiten Zugriff für ein Studium.

Literatur

Baethge, Martin/Baethge-Kinsky, Volker (2012): Zu Situation und Perspektiven der Ausbildungsvorbereitung von Jugendlichen mit besonderem Förderbedarf in NRW – Eine explorative Studie an ausgewählten Berufskollegs. Im Auftrag des MSW NRW, Göttingen/Düsseldorf.

Berufsbildungsbericht 2012 (2012): hg. vom Bundesinstitut für Berufsbildung, Bonn.

Berufsbildungsgesetz (BBiG) 2005 (www.jusline.de/Berufsbildungsgesetz_%28BBiG%29_Langversion.html).

Berufskolleggesetz 1997, Verordnung über die Ausbildung und Prüfung in den Bildungsgängen des Berufskollegs (APO-BK), Düsseldorf 1999.

Berufskollegsanrechnungs- und Zulassungsverordnung (BKAZVO) 2006 (www.bkazvo.de/files/BKAZVO_-_Handlungsanleitung_zur_Umsetzung_Oktober_2010.pdf)

Bildung in Deutschland 2012 (2012): Autorengruppe Bildungsberichterstattung, Bielefeld.

Deutscher Gewerkschaftsbund (2006): 18. Bundeskongress, Leitantrag des Bundesvorstands, Berlin.

Integrierte Ausbildungsberichterstattung Plus für NRW (iABE.NW 2011) – Projekt-Endbericht und Strukturausweise (2011): Hg. vom Institut der deutschen Wirtschaft Köln, Köln.

Koalitionsvertrag 2012–2017, NRWSPD – Bündnis 90/Die Grünen NRW, Düsseldorf 2012.

Kutscha, Günter (2003): Zum Verhältnis von allgemeiner und beruflicher Bildung im Kontext bildungstheoretischer Reformkonzepte, in: Anne Schlüter (Hg.), Aktuelles und Querliegendes zur Didaktik und Curriculumentwicklung, 2003.

Ministerium für Schule und Weiterbildung Nordrhein-Westfalen (MSW.NW): Statistische Übersichten (2000–2012), Düsseldorf (www.schulministerium.nrw.de).

Neues Übergangssystem Schule – Beruf NRW (2012): hg. vom Ministerium für Arbeit, Integration und Soziales Nordrhein-Westfalen (MAIS.NRW), Düsseldorf.

Statistisches Bundesamt (2013): Bildung und Kultur – Schnellmeldung Integrierte Ausbildungsberichterstattung: Anfänger im Ausbildungsgeschehen nach Sektoren/Konten und Ländern 2012, Wiesbaden.

Steiner, Michael/Czock, Heidrun/Wölbing, Ronny (2011): Finanzierung der sozialen Folgekosten in Nordrhein-Westfalen, Düsseldorf 2011.

Übergänge mit System (2012): Hg. von der Bertelsmann Stiftung, Gütersloh, S. 9 (www.bertelsmann-stiftung.de/cps/rde/xchg/bst/hs.xsl/prj_99090.htm).

Welche Relevanz hat der Religionsunterricht für Jugendliche ohne Ausbildungsplatz?

In Lerngruppen des Übergangssystems sind neben den fachlichen Kompetenzen vor allem die sozialen Befähigungen der Lehrkräfte wichtig. Nur so kann ein Unterricht inszeniert werden, in dem ein Raum entsteht für einen offenen Austausch, der den Jugendlichen auch Erfahrungen von Anerkennung und Wertschätzung ermöglicht. Auf die Frage, was der BRU bzw. die Lehrkraft des evangelischen BRU in diesem Zusammenhang leisten kann, beantwortet Yvonne Kaiser in dreifacher Weise im Blick auf ein soziales Wirken des BRU: Der BRU müsse (1.) die „Erfahrung von Anerkennung im Unterricht" ermöglichen, (2.) ein „Angebot der Schulseelsorge" selber sein oder wenigstens Wege dorthin aufweisen und (3.) sollten die Lehrkräfte für die Schüler/innen „als individuelle Ausbildungsbegleiter" fungieren und die Jugendlichen verlässlich als persönliche Bezugsperson begleiteten (vgl. Kaiser, 2011, 102–107). Diese genannten sozialen Funktionen weisen auf das Fach BRU in seiner besonderen Stellung hin, sofern es auf eine freie Kommunikation hin angelegt ist und diese Anlage zudem die Option beinhaltet, Sozialformen des Unterrichtens im Blick auf ein Gelingen der Gesamtkommunikation und Interaktion zu wählen und zu gestalten. Für den BRU stellt sich diesbezüglich die Aufgabe, sein anthropologisches Potential einzubringen, da im BRU eine hohe Zahl von persönlichen Äußerungen zu Gehör gebracht werden und die Religionslehrer/innen oftmals einen sehr persönlichen Kontakt zu den Jugendlichen haben, so dass sich hier eine entsprechende inhaltliche Kommunikation sowie stützende und/oder klärende Interventionen im BRU anbieten. Im BRU kann es dabei unter anderem um folgende Fragen gehen:

- Wie können im BRU Sozialformen inszeniert werden, die den Jugendlichen die Erfahrung von Anerkennung und Wertschätzung eröffnen?
- Wie kann der BRU den Schüler/inne/n des Übergangssystems die Mühe und Anstrengung als zu akzeptierende Dimension des (Erwerbs-)Lebens vermitteln und dazu motivieren, sich für die Gestaltung der eigenen Lebensbiographie anzustrengen?
- Wie kann der BRU im Blick auf die Sinnfrage und die Hilfe zur Lebensidentität stützend und begleitend wirken?
- Wie kann der BRU helfen, die Einstellung zu wecken, eigene Begabungen, Fähigkeiten und Fertigkeiten zum Erhalt und zur Gestaltung der Mitwelt und der menschlichen Gesellschaft einzusetzen (schöpfungstheologischer und verantwortungsethischer Aspekt)? Hermeneutisch gilt es an dieser Stelle zu üben, die Welt und das Leben in theologischer Sicht (Perspektivwechsel) zu sehen.
- Wie kann der BRU Orientierungen geben beim „Aufwachsen im Nebel" (Blasberg-Kuhnke)? Wie kann eine individuelle Begleitung (Schulseelsorge) gelingen, bei der sich Perspektiven eröffnen für individuelle Wege der Gestaltung je konkreter Schülerbiographien (Lebenskompetenz) als genereller Gestaltungsaufgabe des Lebens als offenem Prozess (Aspekt der Gnade und Verheißung)?

Die hier angefragten Optionen des BRU im Übergangssystem gilt es im Folgenden religionspädagogisch zu interpretieren und gesellschaftlich zu entfalten.

Literatur:

Kaiser, Yvonne (2011): Die soziale Dimension des Religionsunterrichts an Beruflichen Schulen – Begleitung von Jugendlichen in schwierigen Lebenslagen als Aufgabe von Religionslehrkräften? In: Entwicklungen und Herausforderungen im Schnittbereich von Jugendarbeit und Beruflicher Schule, hg von Dirk Oesselmann/Peter Cleiss/Thomas Schalla/Wilhelm Schwendemann, Freiburg, 95–110.

Michael Meyer-Blanck

Übergänge begleiten: Bilden und Erziehen im Berufsschul-Religionsunterricht (BRU) des Übergangssystems

Aller Anfang ist schwer – und jedem Anfang wohnt ein neuer Zauber inne. Der Weg von der Schule in den Beruf ist eine spannende und zugleich verunsichernde Lebensform. Der Berufsbezug muss schrittweise entdeckt, akzeptiert und gestaltet werden. So mancher hat Mühe, im Beruf anzukommen und hätte den unsicheren Status des Auszubildenden gern schnell hinter sich: „Lehrjahre sind keine Herrenjahre". Doch viele Jugendliche dringen noch nicht einmal bis in diese ambivalente Lage vor. Sie sind nicht von der beruflichen Praxis herausgefordert, sondern werden weiter „beschult". Noch weitaus unsicherer als der Status des Auszubildenden ist der Status des nach einer Ausbildung Suchenden. Entsprechend wünschen sich Jugendliche im Berufsvorbereitungsjahr bzw. Berufsgrundbildungsjahr nichts sehnlicher, als endlich eine vertraglich abgesicherte Lehrstelle zu bekommen und die Zeit der Ungewissheit hinter sich zu haben. Auch die im Übergangssystem Unterrichtenden freuen sich über jeden, der einen Ausbildungsplatz findet und das System verlassen kann. Das deutsche Übergangssystem ist dazu da, die schmerzlichen Begleiterscheinungen einer erschwerten Berufsfindung zu mildern.

Der BRU hat – im Verbund mit den anderen Fächern am Berufskolleg – die Aufgabe, die damit verbundenen Unsicherheiten zu erkennen, zu benennen, zu bearbeiten und auszugleichen, so dass Jugendliche leichter zu sich selbst finden und einen Platz im Erwerbsleben erobern können. Der BRU hat damit wie in jeder Schule eine bildende und eine erziehenden Funktion. Beides gehört wie in jedem Lernprozess zusammen. Betont der *bildende Aspekt* mehr das Selbstverhältnis, die Selbstakzeptanz und die innere Ausgeglichenheit des Subjekts, so legt der *erziehende Aspekt* mehr Gewicht auf die gesellschaftlichen Aufgaben, denen das Subjekt entsprechen soll und kann. Doch beide Aspekte sind gleich ursprünglich, was sich im Hinblick auf Jugendliche, die nach einer Lehrstelle suchen, leicht zeigen lässt. Wer zu sich selbst gefunden hat (also „gebildeter" ist), ist dadurch gewinnender, umgänglicher, ansprechender und damit für Arbeitsteams und Kundenkontakte leichter einzusetzen; wer es gelernt hat, die Perspektive des anderen einzunehmen (also „besser erzogen" ist), gewinnt zugleich an Selbstbewusstsein und Zufriedenheit. Gute Bildung und Erziehung unterstützen einander.

Bevor diese bildenden und erziehenden Fragestellungen unter pädagogischen und religionspädagogischen Aspekten näher beschrieben werden (2.), sind einige Grundüberlegungen zur gesellschaftlichen Funktion des Übergangssystems sinnvoll (1.).

1. Das Übergangssystem als Merkmal einer hoch entwickelten Gesellschaft

1.1 Hilfsmittel der Allokation

Was Jugendliche ohne Lehrstelle vielfach als Frustration erleben, kann auch aus der Sicht der Gesamtgesellschaft nicht als Ideal angesehen werden. Man kann sagen, dass das Übergangssystem aus arbeitsmarktpolitischer und bildungspolitischer Sicht eine Hilfskonstruktion darstellt. Etwas kritischer könnte man auch von einem Krankheitssymptom sprechen. Der Vorgang der Allokation, der beruflichen Platzfindung des Individuums, kann von den Allgemeinbildenden Schulen und dem Arbeitsmarkt allein nicht bewältigt werden. Weil der Übergang in das duale System gestört ist, tritt das Übergangssystem als künstliche Überbrückung des gestörten Kontaktes zwischen Schule und Arbeitswelt ein. Das duale System und das Übergangssystem entsprechen damit den gesteigerten Anforderungen an den Vorgang der Allokation in hochdifferenzierten Gesellschaften.

Gerade das deutsche „duale System" der Berufsausbildung und das deutsche Übergangssystem werden in den letzten Jahren der zunehmenden Jugendarbeitslosigkeit sehr gerühmt, gibt es doch in Deutschland mit nur 8% die niedrigste Rate von Jugendarbeitslosigkeit in Europa, während diese sonst teilweise mehr als 50% beträgt (so in Spanien und Griechenland); Italien ist aufgrund der guten Erfahrungen in Deutschland gerade dabei, die duale Ausbildung einzuführen und auch in Spanien besteht ein großes Interesse daran.

Das gesamte Leben ist mit Übergängen verbunden. Die Adoleszenz jedoch ist jene Zeit, in der die Übergänge im Vordergrund stehen. Der berufliche wie der soziale Alltag ist durch Übergänge gekennzeichnet.

Das war schon immer so. Das Spezifikum der Spätmoderne in westlichen Gesellschaften ist nun aber, dass sich die Übergänge nicht mehr zeitlich abgrenzen lassen. An die Stelle von zu überschreitenden Schwellen sind dauerhaft schwellenartige Lebensformen getreten, und der britische Sozialanthropologe Victor Turner (1920–1983) hat das mit der Wortprägung von „liminoiden" Übergängen in der Moderne im Gegensatz zu „liminalen" Übergängen in traditionellen Gesellschaften charakterisiert.[1]

1.2 Übergang als Dauerstatus?

Das Dilemma in der Gegenwart besteht im Bildungssystem, am Arbeitsmarkt und in der Freizeit darin, dass zwar die Optionen, aber damit auch die Möglichkeiten individueller Niederlagen zugenommen haben. Bei der Wahlfreiheit handelt es sich demnach um ein durchaus ambivalentes Phänomen, das immer früher beginnt (Mey-

1 „Das Liminoide ist eher einer Ware vergleichbar – tatsächlich ist es oft eine Ware, die man auswählt und für die man bezahlt –, während das Liminale Loyalitätsgefühle weckt und mit der Mitgliedschaft oder begehrten Mitgliedschaft in einer stark korporativen Gruppe verbunden ist" (Turner, 1989, 87).

er-Blanck, 1994). Es gibt nicht nur immer mehr Möglichkeiten, sondern umgekehrt ist auch beruflich wie privat immer größere Flexibilität erforderlich. Gleichzeitig wird eine innere Kohärenz vorausgesetzt, ohne dass diese von Erwachsenen attraktiv und modellhaft vorgelebt würde. In modernen Gesellschaften strahlen vielmehr gerade umgekehrt jugendliche, flexible, sich in vielen Hinsichten verändernde Lebensformen auf die gesamte Lebenszeit aus. Nicht die Jugendlichen wollen erwachsen werden, sondern immer mehr Erwachsene wollen – und müssen – jugendlich bleiben. Die Jugend beginnt immer früher und endet immer später.

Manche Soziologen meinen gar, dass in modernen Gesellschaften die Jugend als Zeit der Neuorientierung nie endet.[2] Setzt man für den Erwachsenenstatus eine dauerhafte berufliche Identität und eine stabile private Lebenskonstellation voraus, dann kann gesagt werden, dass die soziologische Adoleszenz nahezu unbegrenzt ist. Damit ist das Jugendalter kaum mehr ein Übergang in den abgesicherten Status des Erwachsenen, sondern der Übergang in die Zeit des ständigen Übergangs. Dabei setzt äußere Flexibilität allerdings innere Stabilität voraus. Die freie Wahl von Lebensstilen benötigt ein Grundmodell, wie man sich als einzelner verhält.

Dem Individuum werden immer mehr Möglichkeiten geboten, gleichzeitig aber wird ihm immer mehr abverlangt. Spätmoderne westliche Gesellschaften folgen dem geheimen Ideal des aufgeklärten, lernwilligen und lernfähigen, des flexiblen, sich und die eigenen Lebenschancen immer wieder neu optimierenden starken Individuums. Die Kehrseite der Wahlfreiheit ist der Wettbewerb in allen Lebensgebieten. Die Logik des Marktes – als die Auswahl des jeweils situativ Besten – beschränkt sich nicht auf den Austausch von Waren und Dienstleistungen, sondern betrifft das gesamte Lebensgefühl. Alles ist möglich dem, der glaubt an seine eigenen Fähigkeiten und der so alle Freiheiten für sich nutzen kann.

Formuliert man so, dann ist deutlich, dass die schwächeren Menschen im spätmodernen soziologischen Klima immer schwerer ihren Platz finden. Das trifft zuerst auf den Arbeitsmarkt, aber nicht nur auf diesen zu. Wer Übergänge nicht selbst bewältigt, ja, wer nicht aus eigenem inneren Antrieb Übergänge sucht, der entspricht nicht dem Trend. Aus eben diesem Grund gibt es in Deutschland das Übergangssystem. Es stellt eine Übergangsstruktur für diejenigen bereit, auf die die beschriebene Übergangsfähigkeit nur im geringen Maße bzw. gar nicht zutrifft. Das Übergangssystem ist der institutionalisierte, verlangsamte Übergang für diejenigen, die den Übergang selbst nicht schaffen.

Das Bildungssystem einer Gesellschaft ist neben der individuellen Bildung dafür zuständig, die Verteilung auf die Plätze in der Gesellschaft zu ermöglichen – und dabei das Beste für die Gesellschaft insgesamt zu erreichen. Leider ist das Bildungssystem dabei nur mäßig erfolgreich. Auch in der Marktwirtschaft dominiert – gegen das liberale Credo! – die Weitergabe von besser geachteten und bezahlten Positionen einerseits und von schlechter geachteten und bezahlten Positionen andererseits.

---

2 Schon 1996 überschrieb Friedrich Schweitzer den einleitenden Abschnitt seiner „Religionspädagogik des Jugendalters“ mit der Frage „‚Jugend‘ – gibt es das noch?“ (Schweitzer, 1996, 20–25).

Der Koblenzer Soziologe Clemens Albrecht spricht im Hinblick auf unsere deutsche Gegenwart von einer „Tortengesellschaft“: „Ganz unten der verbrannte Boden der Exkludierten, darüber ein ebenfalls zu fest geratener Biskuitboden der Hartz-IV-Empfänger und prekär Beschäftigten, dann der seit den 90er-Jahren dünner werdende Belag verschiedener Crèmes, der Mittelschichten, und ganz oben die Sahnehaube der Elite. Soziale Mobilität beschränkt sich weitgehend auf die Mittelschichten“ (Albrecht, 2010, 19).

Diese Realität ist eine Art Fortsetzung früherer Ungerechtigkeit mit anderen Mitteln. Dem Bildungssystem gelingt nur sehr begrenzt, was um der Gesellschaft willen notwendig wäre. Die Vergangenheit hat sogar gezeigt, dass die Verbesserung der individuellen Förderung an einer Stelle neue Ungerechtigkeiten nicht ausschließt. Man kann das anhand des vor 45 Jahren sprichwörtlichen „Arbeitermädchens vom Lande“ illustrieren. 1965 hatte Ralf Dahrendorf die Bildung als Bürgerrecht gefordert und dabei mehrere Arten von Benachteiligung festgestellt: von Mädchen gegenüber Jungen; von Katholiken gegenüber Protestanten; von Landbewohnern gegenüber Stadtbewohnern sowie von Arbeitern gegenüber Angestellten und Beamten. Daraus ergab sich die Maxime: Zu fördern sind diese Gruppen, kurz zusammengefasst: das katholische Arbeitermädchen vom Lande (Dahrendorf, 1965, 45–64: 63). Und entsprechend ist auch viel getan und erreicht worden. Das katholische Arbeitermädchen vom Lande hat inzwischen einen Abiturdurchschnitt mit einer „1“ vor dem Komma.

Trotzdem kommt die Ungleichheit an anderen Stellen erneut zum Vorschein. Inzwischen mangelt es vor allem an Ausbildungsplätzen für Jungen mit begrenzten Fähigkeiten. Man muss hinzufügen: Je größer die Wahlmöglichkeiten sind, desto mehr steigt auch der Konkurrenzdruck bei der individuellen Statussicherung – und sei es durch die Selbstverwirklichung auf dem Wege der Gewalt. Das größte Problem sind dabei der „Anerkennungszerfall“ (Heitmeyer, 2002, 213f.) und die Unfähigkeit mit der Multioptionalität, schlichter gesagt: mit der eigenen Freiheit produktiv umzugehen. Das dürfte vor allem an der mangelnden Balance zwischen erkämpfter, selbst errungener und durch mühsame Verhandlungen gewährter Freiheit liegen. An die Stelle des Aushandelns tritt dann leicht die erzwungene Anerkennung – ohne Aushandeln. Wenn dies mit mangelnden kognitiven Fähigkeiten, also mit einer wenig entwickelten Perspektivenübernahme, gegenüber anderen zusammenkommt, droht Gewalt. Der Mangel an Kommunikation mit Erwachsenen und an Zeit des Aushandelns der neuen Freiheit mit Eltern und Autoritätspersonen zersetzt das Gefühl für das gesunde Maß von eigener Freiheit und Freiheit des Anderen. Es ist deutlich, dass die alten Gegensätze zwischen autoritärer und freier Erziehung in dieser Problemlage nicht greifen. Es kommt vielmehr auf eine zugleich anerkennende und Anerkennung fordernde Erziehung an.

2. Pädagogische und religionspädagogische Möglichkeiten

Wer mit religionspädagogischen Diskussionen vertraut ist, hört im Begriff „Übergang“ sofort die Frage nach der Religion in der Jugendzeit mit. Körperlich, seelisch, geistig, sozial und damit auch religiös handelt es sich um eine Zeit des Übergangs. Entsprechend müssen Auszubildende „verschiedenartige Übergänge bestehen lernen: Von der Schule zum Betrieb, vom Elternhaus zum selbstbestimmten Leben am Arbeitsplatz und im Privatleben vom Jugendlichen zum selbstverantwortlichen Jugendlichen in dieser Gesellschaft“ (Kompetenzbildung mit Religionsunterricht, 2000, 3).

In der Adoleszenz, der individuellen und sozialen Rollenfindung, bewältigt der Mensch aber nicht nur diese sozialen Übergänge. Er entwickelt dabei auch seinen persönlichen Stil, mit notwendigen Übergängen umzugehen: neugierig oder verunsichert, eigeninitiativ oder angepasst, selbstdiszipliniert oder autoritätsgeleitet. Übergänge sind Herausforderungen, in denen der Mensch sein Orientierungs- und Deutungssystem neu justieren muss und der Stil, eigenständig mit Übergängen umzugehen, prägt sich aus. Schon bei der Ausprägung dieses Stils passt man sich niemals nur an. Man bringt vielmehr seine eigenen Deutungskategorien immer schon mit. Andererseits bleiben die eigenen Deutungskategorien niemals unverändert, denn so könnte man keine neue Situation verstehen und bestehen. Gerade in dieser doppelten Weise aber sind Übergänge prägend. In ihnen verflüssigen sich die eigenen Lebensdeutungen und formieren sich neu.

2.1 „Du kannst das!“ Förderung von Übergangs-Kompetenz im Übergangssystem

Besonders schön ist weder der Ausdruck „Übergangssystem“ noch der Begriff „Übergangskompetenz“. Aber beide haben eine spezifische Erklärungskraft. Sie bringen zusammen, was zusammen gehört: Jugendliche in der beruflichen Orientierungsphase und Bildung im Allgemeinen. Das deutsche „Übergangssystem“ für Jugendliche zwischen Schulzeit und Berufstätigkeit ist dafür kritisiert worden, reale Arbeitslosigkeit zu verdecken, und viele der darin befindlichen Jugendlichen selbst äußern den Wunsch, in ein ordentliches Ausbildungsverhältnis zu kommen. Das Übergangssystem, das manchen von Maßnahme zu Maßnahme und von einer Form von Beschulung zur nächsten führt, ist unter Jugendlichen nicht besonders gut angesehen. Das zeigen die von Andreas Obermann durchgeführten bibor-Gruppendiskussionen sehr deutlich: Man möchte gern den eigenen Zukunftsweg klar vor sich sehen und den Übergangsstatus nicht auf Dauer behalten.

Andererseits zeigen die hohen Zahlen der Jugendarbeitslosigkeit in Südeuropa, besonders in Spanien, Griechenland und Italien, wie wertvoll der verlängerte Übergang in Deutschland ist. Denn die Alternative dazu ist eben nicht nur das Ausbildungsverhältnis. Die schlechtere Alternative ist eine frühzeitige negative Rollenfindung als arbeitslos, „unemployed“, gesellschaftlich nicht verwendungsfähig. Das Mindeste, was das Übergangssystem ermöglicht, ist es, diese Selbstzuschreibung so lange wie möglich zu verhindern. Ein „Unentschieden“ ist alle Mal besser als eine Niederlage. Das Übergangssystem bedeutet eben keine Niederlage, sondern ist soziologisch gesehen nicht mehr als die verlängerte berufliche Rollenfindung, wie sie der Verlängerung der Adoleszenz in modernen Gesellschaften entspricht. Auch die akademische Berufssozialisation dauert in vielen Fällen heutzutage deutlich länger als noch vor 50 Jahren. Der verlängerte Übergang sollte nicht einfach mit einem Negativ-Image versehen werden. Positiv gesehen handelt es sich um einen Flexibilitätsraum, in dem Jugendliche sich so entwickeln dürfen, dass sie doch noch den Weg zu eigenen Erfolgen finden können. Gewiss sind Übergänge generell anstrengend und erst recht können verlängerte Übergänge für alle Beteiligten mühsam sein. Aber die mit dem Übergangssystem gegebenen berufspädagogischen Möglichkeiten sollten genutzt und nicht unnötig schlechtgeredet werden.

Führt man die bisherigen Gedankenlinien zusammen, dann kann gesagt werden, dass die Religion ihre eigene Übergangskompetenz ins Übergangssystem einbringen sollte. Dies bedeutet einen zugleich bildenden, am Subjekt orientierten, und einen erziehenden, an den gesellschaftlichen Aufgaben orientierten Zugang, der wiederum allgemeinpädagogische und religionspädagogische Aspekte hat. Insgesamt lassen sich damit folgende zugleich bildende wie erziehende Aufgaben formulieren, die in den nächsten Abschnitten zu erläutern sind: Der Unterricht im Übergangssystem (einschließlich des BRU) sollte *erstens* daran arbeiten, die Flexibilität und die Perspektivenübernahme von Jugendlichen zu fördern. Dadurch können sie sich leichter in berufliche Situationen hineinfinden und bekommen so mehr und bessere Chancen. Darum sollte *zweitens* die Einsicht in den Sinn und die Möglichkeiten des Übergangssystems gefördert werden. Es hilft wenig, die Situation zu beklagen oder andere dafür verantwortlich zu machen. Der Ausweg führt über die eigene Bildung und Qualifikation. Die Akzeptanz der eigenen Situation birgt wie in vielen psychischen Krisenlagen den Keim zur Veränderung in sich. Aus der Einsicht in die Schwierigkeit der eigenen Situation und aus dem eigenen Willen zur Veränderung kann *drittens* der Weg zu neuem Selbstbewusstsein führen. Die schlichte Formel „Du kannst das!" hat sich im Projekt des *bibor* als eine für das berufspädagogische Handeln hilfreiche Maxime erwiesen.[3] Daraus kann schließlich *viertens* Solidarität mit dem anderen, auch mit dem Schwächeren erwachsen und Veränderungen von Kommunikationsformen und von Umständen ermöglichen. Ein wichtiger Schritt für alle vier Ziele kann es sein, die eigene Situation und die eigenen Erfahrungen zu verstehen und formulieren zu lernen. Dabei können biblische und andere kulturelle Texte und Ausdrucksformen als Sprachhilfen dienen (ich komme darauf unter 2.3 zurück).

Der christliche Glaube thematisiert dies unter dem Zusammenhang von Selbstliebe und Nächstenliebe. Wer die Perspektive des anderen einnimmt, lernt die gegebene Situation anzunehmen und zu verändern und Verbesserungsmöglichkeiten nicht nur bei anderen, sondern auch bei sich selbst zu suchen. Wer sich grundlegend als akzeptiert erlebt und glaubt, kann auch Unsicherheiten besser aushalten. Diesen Zusammenhang gilt es bildend und erziehend – unter der Überschrift „Du kannst das!" – zu erschließen.

3 Dazu vgl. den Beitrag von Andreas Obermann in diesem Band.

2.2 Erziehung

Der erziehende Aspekt des schulischen Handelns wurde einleitend als die gesellschaftlich übertragene Aufgabe beschrieben, Subjekten zu helfen, sich an den allgemeinen Aufgaben des öffentlichen und beruflichen Lebens zu orientieren. Jede Form von Bildung hat auch eine erziehende Wirkung, weil der durch entsprechende Impulse und Inhalte gebildete Mensch ein anderer Mensch geworden ist, der in der Gesellschaft andere und schwierigere Aufgaben erfüllen kann. Umgekehrt hat jede an den jeweiligen Möglichkeiten des Subjekts orientierte Erziehung auch einen bildenden Charakter, weil sie dem Subjekt hilft, sich über sich selbst klarer zu werden. Wie dem aber auch sei: Bildung betont den individuellen, Erziehung den gesellschaftlichen Aspekt von Lernprozessen. Die Begriffe changieren und können auch wechselseitig für das Ganze des pädagogischen Handelns stehen. So kann etwa Schleiermacher emphatisch von der Bildung des Subjekts als einer Lebensaufgabe des Menschen, aber auch von der Erziehung als Leitkategorie des pädagogischen Geschäfts sprechen. Wenn pädagogisch das rechte Maß gefunden wird, dann passt die individuelle Selbstverwirklichung mit den gesellschaftlichen Erfordernissen zusammen. So formulierte es Friedrich Schleiermacher 1820, also zu Beginn des Industriezeitalters, über den heranwachsenden Jugendlichen: „Der Erzieher soll aus ihm so etwas machen, dass alle Gemeinschaften sagen können, die Dienste, die er ihnen leistet, könne ihnen kein anderer leisten – dann ist der Mensch vollkommen persönlich gebildet“ (Schleiermacher, 2008/1820/21, 80).

Auf das duale System von beruflicher Bildung und Erziehung lässt sich das leicht anwenden: Wenn der Kellner nichts lieber tut als Gästen einen angenehmen Abend zu gestalten; wenn die Erzieherin glücklich darüber ist, dass Orientierung und Verstehen zunehmen; wenn die Friseurin sich dafür begeistert, andere schön zu machen; und wenn der Rechtsanwaltsgehilfe weiß, dass er sich nicht nur um des Geldes willen mit dem Recht beschäftigt, sondern wenn er sich freut am Richtigen – dann sind diese für sich selbst und für die Gemeinschaft gebildet. Zu Hause sein in seinem eigenen Leben und gerade damit gewollt und anerkannt zu sein, das ist das Ziel der Bildung. Gesellschaftlich ist ein gesundes Maß erreicht, wenn möglichst viele Menschen in diesen Zustand kommen. Ungerecht ist Bildung, wenn Menschen keinen Platz erreichen, an dem ihre Kräfte geschätzt und gebraucht werden. Die Berufspädagogik, also das Berufskolleg einschließlich des BRU, haben die Aufgabe, die Möglichkeiten der Lernenden wahrzunehmen, bewusst zu machen und zu fördern. Was ergibt sich daraus für Jugendliche im Übergangssystem?

Man wird in diesem Zusammenhang auch kritisch zu konstatieren haben, dass die erziehende Wirkung des schulischen Übergangssystems begrenzt, ja manchmal geradezu kontraproduktiv ist. Verantwortliche aus dem Handwerk bringen dies auf die schlichte Formel: Nur der Betrieb erzieht, die Schule kann das nicht leisten. Man wird das nicht bestreiten können. Jede Form von Gruppenverhalten kann die eigene Verantwortlichkeit nur in begrenztem Maße fördern. Auf den Helfer auf der Baustelle kommt es mehr an als auf den einzelnen Schüler in einer großen Klasse. Gruppenverhalten läßt sich zwar durch Sanktionen steuern, aber dabei bleibt die individuelle Verantwortung allzu leicht auf der Strecke. Die Erziehung durch militärischen Drill – in exakt demselben Lebensalter wie das Übergangssystem – ist dafür der Beleg. Wenn dagegen von der Pünktlichkeit bei der gemeinsamen Fahrt zur Baustelle der gemeinsame Feierabend und die Abrechnung von Arbeitsstunden abhängen, dann ist die soziale Funktion der – leider bisweilen abfällig „Sekundärtugenden" genannten – Verhaltensweisen sofort einsichtig. Je kleiner eine Gruppe und je überschaubarer die Konsequenzen sind, desto stärker kann sich die erziehende Wirkung entfalten. Die real erlebbare Wichtigkeit der eigenen Person stärkt die Verantwortlichkeit, während Gruppendrill regressiv wirkt.

Die erziehende Wirkung von Unterricht wird man also schon aufgrund der Größe des Systems Berufskolleg nicht überschätzen dürfen. Von der Durchsetzung disziplinarischer Standards um ihrer selbst willen hat sich die Schule in den letzten Jahrzehnten zu Recht verabschiedet. Andererseits sollte die Schule – durchaus in Analogie zu der erziehenden Wirkung des Handwerksbetriebs – nach Gelegenheiten für die Entwicklung und Bewährung von persönlicher Verantwortung Ausschau halten. Die Entscheidungsstrukturen und die Gestaltung des Schullebens sind hier ebenso wichtig wie die Transparenz des Unterrichtsgeschehens selbst. Selbstverständigungen des Kollegiums sowie gemeinsame überschaubare Gremien wie in der „just-community-school"[4] bieten praktische Modelle, die freilich adaptiert und nicht einfach adoptiert sein wollen.[5] Auf jeden Fall gilt die moralpädagogische Grundeinsicht, dass das ethische Lernen durch real gelebte gemeinsame Werte einflussreicher ist als eine reine Theorie betrieblicher, schulischer und gesellschaftlicher Verantwortlichkeit.

2.3 Bildung und Glaube

Im BRU, zumal im BRU evangelischer Prägung, hat nun allerdings der bildende Aspekt des BRU den Vorrang vor dem erziehenden (moralpädagogischen) Aspekt. Zunächst könnte man zwar geneigt sein mit dem Pionier der empirischen Forschung in der Religionspädagogik Günther Dehn (1882–1970) festzustellen, „dass für den Proletarier die Frage nach Gott dasselbe Interesse habe, wie die Frage, ob auf dem Mars Menschen wohnten" (Dehn, 1923, 72f.).[6] An der ersten Stelle steht für die Ju-

4 Oser/Althof, 1992, 337–458.

5 So bringt es das Wortspiel des Begründers der „just-community-school"-Idee, Lawrence Kohlberg, auf den Punkt (Oser/Althof, 1992, 374).

6 Das kleine Buch von 75 engbedruckten Seiten Umfang erlebte in den Jahren 1923 und 1924 drei Auflagen. Es ist ein frühes Beispiel quantitativer Religionsforschung an der Berufsschule. Zusammen mit dem Psychologen Ernst Lau besuchte Dehn 60 Berufsschulklassen (in „Berliner Fortbildungsschulen") und sprach dort mit etwa 1.200 Schüler/inne/n; hinzu kamen 2.400 freie Aufsätze aus 75 Klassen nach der freien „Stichwortmethode". Themen der freien Aufsätze waren u.a.: „Gott, Hilfe, Tod", „Gott, Andacht, Natur", „Gott, Freiheit, Vaterland" und „Meine Gedanken über Gott und Religion", so dass insgesamt 3.600 Berufsschuljugendliche zu Wort kamen (Dehn, 1923, 5f.). Die besondere Herausforderung für den christlichen Glauben wird an einem Ergebnis deutlich, das dann seit der SHELL-Jugendstudie von 1985 zum Allgemeingut

gendlichen die Suche nach einer Berufsperspektive. Erst in nachgeordneter Hinsicht geht es Schüler/inne/n im Übergangssystem um die Deutung ihres Lebens, während sie zuerst an ihrem persönlichen Auskommen und an ihrer Zukunft interessiert sind.

Doch gerade die damit gegebene Unsicherheit eines „Lebens im Übergang" kann der BRU thematisieren. Behandelt der BRU neben dem materialen Berufsbezug (als Kaufmann, Friseurin, Erzieherin etc.) den kategorialen Berufsbezug, also die Beruflichkeit als solche, dann kann man sagen: Im Übergangssystem geht es um die noch unsichere Beruflichkeit – um den Einstieg, den Übergang zum Berufsübergang. Das ungute Empfinden des „Es geht noch nicht richtig los, wann endlich werde ich wirklich gebraucht?" bestimmt die Jugendlichen. Gerade die damit verbundenen zwiespältigen Empfindungen kann der BRU aufnehmen und zeichenhaft verdichtet durchspielen.

Bei der Suche nach biblischen Texten, die diesen Zusammenhang deuten können, wird man also nicht so sehr nach den großen Aufbrüchen und Übergängen suchen, wie diese vom Exodus (2. Mose 1–14) und den alt- und neutestamentlichen Berufungen repräsentiert werden (1. Mose 12,1–3; 1. Sam 3,1–11; Jes 6,1–3; Jer 1,4–12; Mk 1,16–18; Lk 5,1–11; Apg 9,1–18). Auch diese Texte haben eine existenzerschließende Kraft, besonders im Schulgottesdienst. Aber noch geeigneter für den RU im Übergangssystem sind wohl solche Texte, wo es einen „Übergang mit Hindernissen" gibt und eine damit verbundene Unsicherheit über die Zukunft. Menschen in Wartestellung begegnen in den (allzu) bekannten Gleichnissen von den Arbeitern im Weinberg (Mt 20,1–16) und vom Verlorenen Sohn (Lk 15,11–32), aber auch in der Geschichte von der Heilung am Teich Bethesda (Joh 5,1–14). Die mit dem Satz „Es hat uns niemand eingestellt" (Mt 20,7) verbundenen Erfahrungen sind ein Thema auf der wörtlichen wie auf der übertragenen Ebene. Der BRU sollte sich nicht scheuen, auch diese biblische Sichtweise mit den Erfahrungen der Jugendliche zu deuten. Gerade die Bekanntheit dieser Texte aus Religions- und Konfirmandenunterricht kann zu einem verfremdenden Verständnis im neuen Kontext führen. Ein Sprechtheater „Biblisches Arbeitsamt" oder „Nicht eingestellt – schon in der Bibel" kann erarbeitet und evtl. auch bei einer schulischen Gelegenheit präsentiert werden. Die schulische, aber auch die gewerkschaftliche und politische Öffentlichkeit am Ort lässt es nicht unbeeindruckt, wenn Jugendliche für ihre eigene schwierige Situation Ausdrucksformen finden. Das Bildungsziel besteht darin deutlich zu machen, dass biblische Texte nicht zur Affirmation dienen und keine zeitlosen Lebensregeln enthalten, sondern zeichenhaft elementare Lebenserfahrungen erschließen können.

Der RU im Übergangssystem wird aber nicht nur auf biblische Texte zurückgreifen. Sieht man sich in Literatur und Popularkultur um, dann sind Übergänge, Veränderung, Neuanfang und Aufbruch allgegenwärtig: „[...] furchtlos gehen die Söhne der Alpen über den Abgrund weg auf leichtgebaueten Brücken", heißt es in der 1. Stro-

der religionspädagogischen Jugendforschung wurde: „Die Christologie ist nirgendwo eigentlich begriffen. [...] Jesus wird überhaupt nur ganz selten erwähnt" (Dehn, 1923, 31) – Dehns politisches Fazit lautet so: „Je bürgerlicher eben ein Beruf ist, um so wohlwollender verhalten seine Angehörigen sich der Religion gegenüber, je proletarischer er ist oder sich fühlt, umso mehr rückt man von allem Religiösen ab" (39).

phe von Hölderlins „Patmos“; „Man muss weggehen können und doch sein wie ein Baum“, dichtete Hilde Domin, und „Ich brauch’ Tapetenwechsel, sprach die Birke, und macht sich in der Dämmerung auf den Weg“, sang Hildegard Knef in den sechziger Jahren. Zur Ausbildung der menschlichen Übergangsfähigkeit gehören zwar kein explizit religiöses Selbst- und Weltverhältnis und kein Glaube einer bestimmten Religionsgemeinschaft, aber dazu gehört sehr wohl das Bewusstsein der menschlichen Übergangs-Kompetenz. Menschen sind sinnbildende Wesen. Auszubildende, die Kunden und später auch Untergebene lediglich als *homo oeconomicus* ansehen, können das Unternehmen teuer zu stehen kommen.

Das Spezifikum der Religion ist es in diesem Zusammenhang, den Menschen als ein deutendes Übergangswesen eigens zum Thema zu machen. Das Mittelalter nannte den Menschen ein vernunftbegabtes Lebewesen, ein *animal rationale,* und der Philosoph Ernst Cassirer sprach zu Beginn des 20. Jahrhunderts, angesichts der sich vervielfältigenden kulturellen Produktion, vom Menschen als einem *animal symbolicum.* Man kann aber auch sagen, dass der Mensch ein Übergangswesen ist, ein transgredierendes (oder gar ein „transzendierendes“) Wesen. Man kann diese Begriffe zunächst von religiösen Konnotationen im engeren Sinne unabhängig betrachten: Der Mensch ist damit beschäftigt, über die Versorgung seiner unmittelbar lebenswichtigen Bedürfnisse hinaus ein Verhältnis zu sich selbst und seiner Umgebung herzustellen, und sich eine Theorie dazu zu bilden. In diesem Sinne hat der Soziologe Thomas Luckmann neben den „großen“ von den „kleinen“ und „mittleren“ Transzendenzen gesprochen und James Fowler beschreibt die Suche nach Sinn als lebenslange Aufgabe. Nicht jeder Mensch ist religiös und nicht jeder hat Religion, aber jeder ist mit dem beschäftigt, was die Religionen zum Thema machen: die Welt von dem her zu verstehen, was man nicht messen, operationalisieren und berechnen kann. Im 19. Jahrhundert hätte man schlicht gesagt, dass der Mensch ein geistiges Wesen ist, aber diese Beschreibung entbehrt nach dem Ende des philosophischen Idealismus in gewisser Weise der *theoretical correctness*. Wie dem auch sei: Der Mensch begnügt sich nicht mit dem Erklären der Dinge seiner Welt, sondern er geht vom Erklären über zum Verstehen. Wir sind verstehende, hermeneutische, den eigenen Weg ergründende Lebewesen: „Die Natur erklären wir, das Seelenleben verstehen wir.“[7]

Menschen sind Deutungs- und Übergangswesen. Reale Übergänge und geistige Übergänge sind nicht identisch, bedingen aber einander. Deutungen begleiten und ermöglichen reale Übergänge und werden dabei selbst zu Realitäten.[8] Dieser Zusam-

---

7 Dilthey, 1894/1924, 144. Das berühmte Zitat geht mit der Beschreibung des Gesamtzusammenhanges der seelischen Kräfte so weiter: „Denn in der inneren Erfahrung sind auch die Vorgänge des Erwirkens, die Verbindung der Funktionen als einzelner Glieder des Seelenlebens zu einem Ganzen gegeben.“

8 Das bekannteste Beispiel für diesen Zusammenhang von Deutung und Realität ist der in 1. Mose 12,1–3 geschilderte Aufbruch Abrahams. Nach der Perikopenordnung der Evangelischen Kirche in Deutschland gehört dieser Text (am 5. Sonntag nach Trinitatis) zusammen mit dem Fischzug des Petrus in Lukas 5,1–11. Beide Male handelt es sich um tief einschneidende Übergänge in völlig veränderte Lebensumstände, und beide Texte können damit auch Lebensübergänge von Jugendlichen biblisch vertiefen, etwa im Gottesdienst zur Schulentlassung.

menhang kann im BRU thematisch werden und so Verstehens- und Handlungsmöglichkeiten erweitern. Gerade die unangenehme Suche nach einem Platz im Berufsleben, der retardierte Übergang, der sich gegen den Willen der Jugendlichen länger hinzieht, verdient es, selbst zum Thema zu werden, so dass ihm der Charakter des unergründlichen Schicksals genommen wird. Auch in diesem Fall geht es, wenn auch in spezieller und eher mittelbarer Weise um den kategorialen Berufsbezug. Jugendlichen im BRU soll geholfen werden, die Übergangszeit sinnvoll zu gestalten, indem sie ihre Situation besser verstehen und zugleich Wege finden, diese irgendwann hinter sich zu lassen. Der BRU ist also auch in diesem Arbeitsfeld des Berufskollegs weder rein sachorientiert und lebensfern, noch ist er rein subjektorientiert und sozialisationsbegleitend (oder gar therapeutisch). Der BRU ist vielmehr an den Subjekten im Hinblick auf ihre Beruflichkeit orientiert, also in diesem speziellen Fall: an der Übergangsphase zum Übergang in den Beruf.

Die deutsche berufliche Bildung wird mit Recht dafür gelobt, dass sie den differenzierten Übergangsphasen heutiger Auszubildender besonders gut entspricht.[9] Der BRU hat in diesem Zusammenhang die Aufgabe, die beruflichen Übergänge besser verstehbar, akzeptabel und zugleich überwindbar zu machen. Wenn er sich an dieser Form an spezifischer Beruflichkeit orientiert, dann bekommen sowohl der religiöse Sachbezug als auch der sozialisationsbezogene Subjektbezug ihren angemessenen Stellenwert.

Literatur

Albrecht, Clemens (2010): Gerechtigkeit durch Bildung? In: Schule und Kirche Heft 1/2010, hg. von der Ev. Kirche im Rheinland, Düsseldorf 2010, 17–22.

Dahrendorf, Ralf (1965): Bildung ist Bürgerrecht. Plädoyer für eine aktive Bildungspolitik, Hamburg.

Dehn, Günther (1923): Die religiöse Gedankenwelt der Proletarierjugend. In Selbstzeugnissen dargestellt, Berlin.

Dilthey, Wilhelm (1924): Ideen über eine beschreibende und zergliedernde Psychologie, In: Gesammelte Schriften, Bd. 5: Die geistige Welt. Einleitung in die Philosophie des Lebens, Stuttgart/Göttingen 1924, 139–240 [1894].

Fowler, James W. (1981): Stages of Faith. The Psychology of Human Development and the Quest for Meaning, San Francisco (deutsch: Stufen des Glaubens. Die Psychologie der menschlichen Entwicklung und die Suche nach Sinn, Gütersloh 2000).

Heitmeyer, Wilhelm (2002): Soziale Desintegration, in: Jugendliche in Japan und Deutschland, hg. von Susanne Kreitz-Sandberg, Opladen, 209–226.

Kompetenzbildung mit Religionsunterricht (2000): Gemeinsame Erklärung der (Erz-) Bistümer und der evangelischen Landeskirchen in Nordrhein-Westfalen, des Deutschen Gewerkschaftsbundes Landesbezirk NRW, der Landesvereinigung der Arbeitgeberverbände

9 Die Praxis, Jugendliche ohne Ausbildung und Weiterqualifikation zu beschäftigen, hatte schon 1923 ihre großen Schattenseiten: „[…] der intelligente Ungelernte, der der Not gehorchend einen eigentlichen Beruf nicht ergreifen konnte, seufzt je und dann unter dem Stumpfsinn seiner eintönigen Beschäftigung“ (Dehn, 1923, 8).

NRW, der Vereinigung der Industrie- und Handelskammern in NRW, des Westdeutschen Handwerkskammertags und des Nordrhein-Westfälischen Handwerkstages, hg. von dem Büro der Evangelischen Landeskirchen Düsseldorf und dem Katholischen Büro NRW, Düsseldorf [3]2000 [1998].

Meyer-Blanck, Michael (1994): Last der Freiheit. Konfirmanden zwischen Individualität und Beheimatung. In: Lutherische Monatshefte 1994, Heft 12, 12–16.

Meyer-Blanck, Michael (2010): Bildungsgerechtigkeit: Gesellschaftliche Herausforderungen und theologische Einsichten, in: „Bildung schafft Anschluss – Evangelische Wege zur Bildungsgerechtigkeit". Dokumentation des Schwerpunktthemas „Bildung" während der Landessynode der Evangelisch-Lutherischen Landeskirche Hannovers, Hannover 2010, 9–15.

Oser, Fritz/Althof, Wolfgang (1992): Moralische Selbstbestimmung. Modelle der Entwicklung und Erziehung im Wertebereich, Stuttgart.

Schleiermacher, Friedrich (2008): Pädagogik. Die Theorie der Erziehung von 1820/21 in einer Nachschrift, hg. von Christine Ehrhardt und Wolfgang Virmond, Berlin/New York.

Schweitzer, Friedrich (1996): Die Suche nach eigenem Glauben. Einführung in die Religionspädagogik des Jugendalters, Gütersloh.

Turner, Victor (1989): Vom Ritual zum Theater. Der Ernst menschlichen Spiels, Frankfurt/Main (engl. 1982).

Andreas Obermann

„Laboro, ergo sum" – eine Berufsgerechtigkeit als sozial- und bildungspolitisches Kriterium für eine umfassende Bildungsgerechtigkeit

Einleitung

In der gesellschaftlichen Öffentlichkeit ist ‚Bildung' eines der großen Themen, die seit Jahren weit über den engen Bereich der Fachwelt hinaus interessieren und für Schlagzeilen sorgen. Bildung ist ein für die Zukunft Deutschlands entscheidendes Megathema unserer Zeit. Es gibt kaum eine Diskussionsveranstaltung zur Bildung, in der nicht auch die Bedeutung der Bildung betont wird: Deutschland ist als ressourcenarmes Land auf eine gute Bildung angewiesen und wird in Zukunft noch mehr darauf angewiesen sein. Deshalb muss das bundesdeutsche Bildungssystem eine große Chancengleichheit bieten, damit alle Bürgerinnen und Bürger ein möglichst optimales Bildungsergebnis erreichen können – Bildung als Schlüssel für die Optimierung der Wirtschaftskraft der Gesellschaft. Obgleich Bildung als gesamtgesellschaftliches Anliegen auch auf Art. 26, Abs. 1 der Allgemeinen Erklärung der Menschenrechte (1948) – „Jedermann hat das Recht auf Bildung" – basiert, gibt es in Deutschland immer noch junge Menschen ohne Schulabschluss. Diese Schlagworte skizzieren die Bandbreite des Diskurses um Bildung in qualitativer wie auch quantitativer Hinsicht: Bildung muss angesichts ihrer zukünftigen Relevanz nach PISA und Co nicht nur qualitativ besser werden, sondern im Blick auf lebenslange Lernprozesse auch breiter aufgestellt und als gesellschaftliche Option für alle verankert werden. Gelingen kann das nur, wenn Bildung ohne Barrieren und Hindernisse für alle zugänglich ist und fruchtbar werden kann. Von daher soll in den folgenden Überlegungen zunächst die Frage der Bildungsgerechtigkeit in gesellschaftlicher, protestantischer wie auch beruflicher Sicht dargestellt werden (1). Im Blick auf die berufliche Bildung sollen daraufhin ungerechte Strukturen erörtert werden (2). Hieraus folgen Erörterungen über den neu einzuführenden Begriff der „Berufsgerechtigkeit" als Kategorie einer umfassenden Bildungsgerechtigkeit (3).[1]

1 Die skizzierte Fragstellung und die folgenden Ausführungen zu einer Berufsgerechtigkeit als notwendiger Facette einer Bildungsgerechtigkeit sind erste Vorüberlegungen für ein geplantes bibor-Projekt „Gerechtigkeit und Beruf" als Fortsetzung des bibor-Projekts zum Übergangssystem.

1. Was ist bildungsgerecht in der beruflichen Bildung – eine Annäherung

1.1 Die Diskussion um eine Bildungsgerechtigkeit in der Öffentlichkeit

Bildung steht so hoch im Kurs, weil Bildung für den Wirtschaftsstandort Deutschland im Rahmen der Initiative „Lissabon 2020“ essentiell wichtig ist, nach der Europa insgesamt zum weltweit stärksten Wirtschaftsraum werden soll, der auf Bildung basiert (http://ec.europa.eu/education/focus/focus479_de.htm). Der Bezug dieser Perspektive in ihrer individuellen, sozialpolitischen und gesellschaftlichen Dimension zum Problem der Bildungsgerechtigkeit wird z.B. aufgenommen in den Aufruf „Niemand darf verloren gehen!“ (Kirchenamt der EKD, 2010), der als Motto eines evangelischen „Plädoyers für mehr Bildungsgerechtigkeit“ („Niemand darf verloren gehen!“ 2010) diente. Dieser Aufruf spiegelt einen Meinungstrend in der Diskussion wieder: Ein höherer – und damit implizit besserer – Bildungsabschluss eröffnet die Mitwirkung des Einzelnen zur Steigerung des Bruttoinlandsprodukts (BIP) sowie der – mit dem BIP fälschlicherweise gemessenen[2] – Lebensqualität der Gesellschaft insgesamt. Ein guter Bildungsabschluss sichere auch dem Einzelnen ein Leben in finanzieller Selbstständigkeit und bewahre ihn vor einem Leben in Abhängigkeit von sozialen Sicherungssystemen. Die positive Wirkung von Bildung ist unumstritten und gehört zum ‚mainstream‘ dessen, was in der Bundesrepublik als politisch korrekt gilt: Die Steigerung von Bildung, Lebensqualität und dem Bruttoinlandsprodukt gehören zusammen. Dennoch ist das individuelle soziale Fortkommen nicht alleine und unbedingt mit Bildung verbunden. Ein Grundproblem im deutschen Bildungssystem liegt nämlich in der frühen Selektion und den Kriterien, die für den Gang auf eine weiterführende Schule entscheidend sind, nämlich die sozialen Hintergründe der Familien und die Bildungsabschlüsse der Eltern.

Die Diskussion um die Bildungsgerechtigkeit in der Öffentlichkeit ist primär geprägt durch den Blick auf das allgemeinbildende Schulsystem und der dort sich vollziehenden frühen Selektion im Kindesalter – nach der gemeinsamen Grundschule – in die drei Zweige der weiterführenden Schultypen in Deutschland: Hauptschule, Realschule und Gymnasium. Angesichts dieses weitgehend immer noch bestehenden dreigliedrigen Schulsystems stellt sich die Frage, wie durchlässig dieses Schulsystem ist, d.h. wie einfach ein Wechsel der Schulform für ein Kind nach unten wie nach oben ist. Da das deutsche Schulsystems im Blick auf einen Wechsel der Schulform jedoch nachgewiesenermaßen wenig durchlässig ist, entscheidet sich mit der Wahl der

2 Zu erinnern ist an dieser Stelle, dass das Bruttosozialprodukt schon lange als geeigneter Gradmesser für einen gesellschaftlichen Reichtum in Frage gestellt wird (vgl. hierzu programmatisch Paech, 2012, 8f.). Christine Ax 2009, betont, dass eine Gesellschaft „immer nur so reich“ ist, „wie das Können, die Erfahrung und das Wissen, das sie (in echter Zuwendung) an die nächste Generation weiter gibt“ (27).

Schulform im Grundschulalter schon die weitere individuelle Lernlaufbahn und damit auch die Berufslaufbahn eines Kindes.

So weist z.B. Gerhard Wegner hin auf den „Mythos gerechte Teilhabe“ (Wegner, 2010) im Blick auf bildungsschwächere Schüler/innen, sofern deren Aufstiege erwiesenermaßen nicht allein durch Bildungsmaßnahmen bedingt sind, sondern wesentlich durch finanzielle und soziale Faktoren. Nach Hans-Ulrich Wehler wird der Zusammenhang „zwischen Bildungsniveau und Berufsqualität, zwischen Berufsklasse und Einkommensklasse immer enger statt lockerer“ (Wehler, 2013, 104). Die für die Ungerechtigkeit „entscheidenden Größen sind von dem institutionellen Regelwerk ziemlich unabhängig: das sind Leistungsbereitschaft und Leistungsfähigkeit. Sie werden ganz und gar durch den Sozialisationsprozess und den Einfluss des Familienverbandes vermittelt“ (Wehler, 2013, 109).

Die öffentlich arrangierten und organisierten Bildungsprozesse im Rahmen des bundesdeutschen Bildungssystems bilden somit die ungleichen sozialen Herkünfte der Kinder als Startvoraussetzung ab und verstärken diese zugleich. Damit rückt deutlich der Zusammenhang von der sozialen und wirtschaftlichen Entwicklung des einzelnen Menschen (Bürgers) zu seiner Bildung in den Fokus des Interesses: Unter dem Gesichtspunkt einer (Verteilungs-)Gerechtigkeit wird entsprechend der Ausgleich gesucht, dass alle Kinder angesichts unterschiedlicher – vor allem sozialer – Startvoraussetzungen zu gleichen Bildungsabschlüssen kommen können.[3] Demnach ist es wesentlich für eine Bildungsgerechtigkeit in Deutschland, dass herkunftsbedingte Benachteiligungen durch einen sozialen Ausgleich einerseits und durch pädagogische Förderungen von Kindern und Jugendlichen in ihren je eigenen Potentialen andererseits kompensiert werden. So kann je die individuelle Voraussetzung von Kindern die Basis sein zur Befähigung zu einer besseren persönlichen Weiterentwicklung auf Grund von Bildungsprozessen, damit die Kinder in einem offenen Schulsystem ihren je höchsten Abschluss erreichen können. Gelingen können diese bildungspolitischen Anstrengungen, wenn Bildung als ein Recht verstanden wird – als eine der „tragenden Grundlagen der Kultur der Aufklärung, die den westlichen Kulturkreis geprägt haben und zu deren kostbarsten Früchten die Menschenrechte gehören“ (Bedford-Strohm, 2010, 20). Von der Perspektive von Bildung als Recht des Menschen gilt es nun aus protestantischer Sicht zu fragen, was Gerechtigkeit in der Bildungswelt bedeutet.

1.2 Bildungsgerechtigkeit in protestantischer Perspektive

Schöpfungstheologisch hat jeder Mensch ungeteilt das Recht, lernen zu können. Schon der priesterliche Schöpfungsbericht erzählt im Kontext der „ersten Menschen“ von den beiden Söhnen und ihren Berufen: Kain der Ackerbauer und Abel der Schafhirte (Gen 4,2). Ein erster Blick eröffnet eine fast ‚moderne‘ Perspektive: Obgleich die Brüder vermeintlich gleiche äußere Lernbedingungen und Bildungsvoraussetzun-

---

3 Zur Frage einer am Ideal orientierten Gerechtigkeitsvorstellung und einer diesbezüglichen kritischen Diskussion vgl. grundlegend „Die Idee der Gerechtigkeit“ (Sen, 2012).

gen mitbringen, erlernen sie doch unterschiedliche Berufe. Wegen den nichtstandardisierten Lernprozessen lernen nicht nur alle anders, sondern sie erlangen jeder auf der Basis seiner individuellen Begabungen auch unterschiedliche Abschlüsse.[4] Ein zweiter Blick in die Geschichte lässt diese thematisch noch näher an die Gegenwart rücken, sofern die in der Erzählung aufscheinenden Gründe für die Berufswahl der beiden Brüder Anklänge zieldifferenzierten und berufsgerechten Lernens erkennen lassen: Kain, dessen Namensbedeutung exegetisch unklar ist, wird von seiner Mutter in einem Wortspiel als Mann vorgestellt: „Kaniti – erworben habe ich mit Ihm einen Mann“ (Gen 4,2 nach der Übersetzung von Martin Buber). Der im Hebräischen verwandte Wortstamm für den Namen Kain wie auch das folgende Verb (קנה: I ‚erwerben‘; II ‚erschaffen‘, ‚hervorbringen‘) – וַתֹּאמֶר קָנִיתִי אִישׁ אֶת־יְהוָה (Gen 4,1b) – nimmt die Schöpfungsdimension auf: „Die stolze Behauptung der Frau (Eva), mit der Geburt des Kain einen „Mann geschaffen“ zu haben, ist nicht Ausdruck eines Jubels oder Lobrufes, sondern, worauf der Schöpfungsterminus „geschaffen“ (hebräisch *qnh*) verweist, Anzeichen für ein erwachendes Bewusstsein des Menschen von den Möglichkeiten der eigenen schöpferischen Potenz, weshalb der Verfasser den Schöpfungsterminus *qnh* im Namen des erstgeborenen Sohnes Kain (*qjn*) nachklingen lässt“ (Brandscheidt, 2010 z.St.). Gegenüber Abel jedenfalls, dessen Name „Lufthauch“ bedeutet und der im übertragenen Sinne von dem Verb הבל („leer“ und „nichtig“ sein/machen) her ein ‚Nichts‘ ist, wird Kain als „starker“ Mann mit „schöpferischer Potenz“ zu sehen sein. Dieser jedenfalls nimmt die schwere Ackerarbeit auf, während der nichtige Abel nur die leichte Arbeit des Schafehütens übernimmt. Mit dem Blick auf heute könnten wir sagen: Zieldifferenziert lernt der starke Kain den Beruf, in dem er schöpferisch seine Kraft und Stärke einsetzen kann, während Abel, anspruchsloser ausgebildet, für das Vieh zuständig ist. Beide finden so den für sie angemessenen – sowie damit ihren Fähigkeiten (Begabungen) gerecht werdenden – berufsgerechten Ort in ihrer Berufstätigkeit – und damit in der Gemeinschaft, der sie je spezifisch dienen.

Der Verlauf der Geschichte mit dem ersten Brudermord lässt schon von Anfang anklingen, dass Berufe je ein eigenes Image mit sich bringen und damit über einen gesellschaftlichen Status mit entscheiden. In der Priesterschrift wäre dies die Anerkennung, die Gott dem Abel durch das Schauen auf dessen Opfer zukommen lässt (Gen 4,3f.). Hier entstehen Spannungen und innerfamiliäre Verwerfungen. Das Zerwürfnis der Brüder resultiert theologisch aus dem hier erstmals anklingenden Wesenszug Gottes, den bei den Menschen geringer Geachteten höher anzusehen als den Privilegierten. Allerdings hat der ‚nichtige‘ Abel Gott ein Erstlingsopfer dargebracht und damit Gott Anteil an seinem ganzen Besitz gegeben, während das von Kain nicht gesagt ist (vgl. Brandscheidt, 20110, z.St.). So schaut Gott zwar auf Abels Opfer, aber allein mit Kain redet er. Dennoch kann der starke Kain es nicht verkraften, dass sein ihm unterlegener Bruder Anerkennung in seiner geringeren Arbeit findet und es kommt zum ersten Brudermord.

4 Den Impuls, den priesterlichen Schöpfungsmythos bildungstheoretisch zu lesen, verdanke ich Volker Ladenthin mündlich anlässlich einer akademischen Feier am 14. Juni 2013 in Bonn.

Kain und Abel lernen differenziert und sie finden von daher unterschiedliche Berufsorte in der Gemeinschaft: Standardisierte Lern- und Bildungsprozesse könnten diese Gerechtigkeit nicht gewähren und garantieren. Ein weitgehend auf kognitives Wissen basiertes Schulsystem mit einem entsprechend geprägten Bildungsbegriff setzt einseitig bestimmte Begabungen voraus und kann von daher prinzipiell nicht gerecht sein (vgl. Markschiess, 2010, 5). Die in den zieldifferenzierten Lernprozessen von Kain und Abel anklingende Gerechtigkeit zeigt ihre Relevanz und Wirkung erst am Ende, als beide in einen ihnen angemessenen Beruf einmünden. Die biblische Erzählung stellt uns die Bildung als Allgemeingut vor Augen, das allen Menschen zu Gute kommen soll. Das frühe Kulturschaffen antiker Gesellschaften im Modus des Berufes gehört als Inhalt des Lernens zur anthropologischen Grundbestimmung des Menschen seit Anbeginn.[5] Gerecht ist diese ‚Bildungsvorstellung' nicht nur, weil alle Menschen das Recht und die Pflicht zum Lernen haben, sondern auch, weil Bildungsprozesse individuell und zieldifferenziert angedacht sind.

Die christlich motivierte universale Weite von Bildung führt Christoph Markschies auf den biblischen „Fundamentalsatz über die Bildungsgerechtigkeit“ (Markschies, 2010, 1) aus 1 Tim 2,4 zurück: „Gott will, dass allen Menschen geholfen werde und sie zur Erkenntnis der Wahrheit kommen.“ Alle Menschen sollen die Wahrheit erkennen – dieser Vorgang ist aus heutiger Sicht ohne eine auch kognitive Aneignung nicht zu denken. Die Wendung aus 1 Tim 2,4 – „Erkenntnis und Wahrheit“ – zielt jedoch aus exegetischer Sicht nicht auf ein anzueignendes Wissen, sondern auf den Glauben (vgl. auch 1 Tim 4,3), der durch die „durch das Lebenszeugnis der Gemeinde bekräftigte Predigt“ (Roloff, 1988, 120) hervorgerufen wird. So fehlt nun aus exegetischer Sicht in 1 Tim 2,4 gerade der Bildungsaspekt. Das im Timotheusbrief intendierte zum-Glauben-Kommen wird zwar dort dezidiert im Modus des Erlernens (vgl. 2 Tim 3,7) in negativer Hinsicht zur Sprache gebracht, sofern die Frauen durch all ihr Lernen nicht zur „Erkenntnis und Wahrheit“ kommen können. Heute kann dieses zum-Glauben-Kommen in religiösen Bildungsprozessen allerdings nicht als Ziel dienen, da der Glaube weder lehrbar noch lernbar ist. Von daher ist der oben zitierte „Fundamentalsatz über die Bildungsgerechtigkeit“ im Kontext heutiger Bildungstheorien nur bedingt hilfreich und plausibel. Unter Beachtung dieses Vorbehalts überzeugt dann wiederum Markschies' weitere Darlegung: Von einem christologischen Wahrheitsverständnis herkommend ist das Erkennen dieser Wahrheit als ein Bildungsprozess zu verstehen, der konstitutiv eine Bildungerechtigkeit impliziert. Jesus Christus als das Bild Gottes und als personifizierter Logos Gottes (und damit als Wahrheit) ist im christlichen Sinn der grundlegende Fokus von Bildungsprozessen.

5 „Die Berufe Ackerbauer und Hirt, welche die beiden Brüder ausüben, entsprechen wohl kulturgeschichtlich den beiden Grundberufen der Menschheit, sind aber in einem urgeschichtlichen Kontext typologisch auszuwerten und wollen den nachfolgenden Konflikt begreiflich machen. Für Kain, den Ackerbauer, ist die Konzentration auf den Lebensraum, dessen Kraft er sich dienstbar machen will, entscheidend; das Hirtesein Abels hingegen bildet im Kontext von Gen 2 ein Ideal ab: das einer „Wanderexistenz“ des Menschen, der geformt und mit seiner ganzen Existenz der Führung Gottes zugeordnet und auf sie hin in seiner Daseinsgestaltung unterwegs ist (Gen 2,7)“ (Brandscheidt, 2010, z.St.).

Vor dem Hintergrund der allen Menschen geltenden, unbedingten Zuwendung Gottes in Christus wird dieser für alle Menschen zum Bildungsziel, sofern alle Menschen zu dieser Logoserkenntnis kommen sollen: „Man kann daher das Christentum als eine Bildungsbewegung beschreiben, bei der alle, nach menschlicher Weise bilden (und von Gottes Bildungshandeln natürlich, wie wir sagten, kategorial geschieden sind), diesem Maßstab der universalen Zuwendung Gottes folgen und sich für alle einsetzen, sich also, indem sie als Christen leben, immer schon für Bildungsgerechtigkeit einsetzen“ (Markschies, 2010, 5).

Aspekte einer Bildungsgerechtigkeit können wir auch in der Jesustradition selbst wahrnehmen, sofern die Lehre und das Lernen untrennbar mit dem Wirken Jesu verbunden sind. Das der biblischen Tradition inhärente didaktische Anliegen ist seit den durch Ingo Baldermann angestoßenen Diskursen um eine Bibeldidaktik allgemein bekannt: Eine Vielzahl biblischer Redeformen – wie z.B. die schon früh mündlich tradierten Gleichnisse oder die Wunderzyklen – geben hiervon Zeugnis. Die Bibel als an alle Menschen gerichtete Tradition (vgl. zum Anliegen Acta 1,8) zielt konstitutiv auf das Lehren und Lernen aller Menschen. Neben diesen didaktischen Ansätzen der neutestamentlichen Tradition an sich gibt es auch Hinweise aus der Jesustradition selbst. In seinem Prozess vor Pilatus findet dieser kein ahndungswürdiges Vergehen Jesu, woraufhin die Hohenpriester und das Volk sagten: „Er [Jesus] wiegelt das Volk auf und verbreitet seine Lehre im ganzen jüdischen Land von Galiläa bis hierher“ (Lk 23, 5): Jesu Lehre gilt dem ganzen Land und allem Volk! Dieses „volkskirchliche“ Bildungsanliegen für alle gerät Jesus zum Vorwurf, da seine Worte der Lehre Widerstand provozieren. Vorstellbar ist dies, sofern seine Lehre als Kommunikation konkreter Inhalte zu sehen ist. In lukanischer Perspektive werden hier wiederum seine theologisch geprägten Lehrreden in Gleichnissen zu hören sein (z.B. Lk 15 und 16), seine Lehre in Zeichen und Wundern (z.B. Lk 5,12–16) und schließlich auch die unbedingte Option für die Armen (Lk 6,20b; 12,16–20). Das eigene Leben in der konkreten Nachfolge Jesu wahrzunehmen und entsprechend lernend zu gestalten ist das didaktische Anliegen der jesuanischen Tradition von Anbeginn an für alle ihre Adressaten.

Die skizzierte schöpfungstheologische und jesuanische Tradition lassen folgende Schlussbetrachtungen zur Bildungsgerechtigkeit zu: Vom christlichen Menschenbild her ist kulturelles Lernen von Anbeginn an eine anthropologische Grundkategorie des Menschseins und ist als Recht und Verpflichtung zugleich zu sehen. Grundlegend steht für die Bibel außer Frage, dass jeder Mensch etwas lernen soll. Qualitativ wird dabei schon in der ersten biblischen Geschichte deutlich, dass ein allein auf Wissen basiertes Lernen keine solche Gleichheit (Gerechtigkeit) schafft, als ob durch standardisierte Lernprozesse für alle gleich alles gleich erreichbar werden könnte. Je individuell veranlagte Begabungen können und sollen durch einseitige Bildungsprozesse nicht nivelliert werden. Speziell die jesuanische Tradition wirft einen Blick auf konkret inhaltliche Lernprozesse, die zur Erlangung einer wahrhaftigen Lebensführung allen Menschen – dem ganzen Volk grenzüberschreitend – gewährt wird. Eine Chancengleichheit kann nicht heißen, dass durch frei und offen zugängliche

Wissensbestände alle Menschen gleich wissend und befähigt werden, da ihre jeweiligen Grundbegabungen unterschiedlich sind und bleiben werden. Hiervon ausgehend kann Bildungsgerechtigkeit auch erst einmal heißen, die Anzahl der Kriterien für das, was Bildung ausmacht, zu erweitern: Wenn nicht die zu vermittelnden kognitiven Fähigkeiten (Wissensbestände nach dem Modell des Nürnberger Trichters) allein entscheidend sind für das Urteil „gebildet" oder „ungebildet", dann können Menschen mit einem geringeren kognitiven Leistungsvermögen auf Grund ihrer transkognitiven – z.B. musischen, handwerklichen oder emotionalen – Fähigkeiten als gebildet gelten. Gerade angesichts multipler Anforderungen am modernen Arbeitsplatz – wie sie z.B. im Kriterienkatalog zur Ausbildungsreife festgehalten sind – ist es eine Engführung, Bildung nur am Wissen und dem ersten Kompetenzbereich des DQR festzumachen. Vielmehr gilt es, die auch im DQR genannten transkognitiven Aspekte in allen Stufen des Schulsystems – im wahrsten Sinne des Wortes – auszubilden und als Kriterium für eine umfassende Bildung ernst zu nehmen. Warum sollten kaum messbare – und bislang nicht gemessene – Berufsfähigkeiten, wie z.B. die empathische Altenpflegerin mit „Herzensbildung", der engagierte Friseur mit dem individuellen Blick für den Schönheitstyp seiner Kunden oder die verantwortungsvolle Bankberaterin, die die Not ihrer Kundin im Rahmen ihres Ermessungsspielraums (vgl. hierzu Ax, 2009, 48)[6] höher schätzt als ihre maximale Provision, weniger bildungsrelevant sein als kognitiv testbare Fähigkeiten? Für die (berufsorientierte) Religionspädagogik sind es nun gerade diese ästhetischen und anthropologisch-theologischen Bestimmungen, die eine Verbindung aufzeigen zwischen „Beruf und Bildungsgerechtigkeit" und damit unser Thema konkretisieren.

2. Dimensionen einer Bildungsungerechtigkeit in der beruflichen Bildung

2.1 Ist es nicht ungerecht, keine Arbeit zu haben?

Die Berufsschule steht als Schule der Sekundarstufe II zum einen am Ende des selektierenden Schulwesens parallel zu den anderen Schulformen der Sek II, vornehmlich den Gymnasien und Gesamtschulen, und zum anderen zugleich parallel zu den Hochschulen als weiteren (Berufs)Ausbildungssystemen. Die Schüler der Berufsschulen haben alle schon einen langen Weg der gesteuerten schulischen Zuordnung hinter sich, bevor sie in eine berufliche Ausbildung einmünden oder dort einen Bildungsgang aus

6 Vgl. hierzu Frank Bsirske: „Geht es bei der Bewertung und vor allem bei der Honorierung von Wissen immer gerecht zu? Wird zum Beispiel das Wissen von Frauen in gleicher Weise anerkannt und entlohnt wie das von Männern? Wie steht es um die Empathie einer Pflegekraft im Krankenhaus, um deren Fähigkeit, sich in die Gefühle und Nöte anderer Menschen einzufühlen? Wie um die Phantasie einer Erzieherin, den Erfahrungsschatz eines Sachbearbeiters auf dem Sozialamt, die kommunikative Kompetenz eines Briefzustellers, die Intuition eines Technikers oder auch die emotionale Intelligenz eines Betriebsrats?" (Frank Bsirske auf einer Rede auf dem Kongress „Wissen ist was wert" am 11.2.2003 in Bremen).

dem stark ausdifferenzierten Angebot annehmen. Anders als beim Einstieg in die Primarschule und auch noch beim Übergang in eine der weiterführenden Schulen ist der Übergang in die Berufsschule in doppelter Hinsicht speziell: Im dualen Bereich bietet die Berufsschule ein streng spezifiziertes Angebot für die Jugendlichen, die einen Ausbildungsplatz auf dem Markt gefunden haben. Für diese Jugendlichen gibt es keine Wahl, sondern nur einen je passenden Bildungsgang zum erworbenen Ausbildungsberuf. Im berufsschulischen Vollzeitbereich jedoch können sich die Jugendlichen je nach ihrem Abschluss ein Bildungsangebot wählen, durch das sie ihre Chancen auf dem Arbeitsmarkt vermeintlich am besten steigern können durch Abschlüsse vom Hauptschulabschluss bis hin zum Abitur. Im Berufsschulsystem wird diese spannungsreiche Weite besonders deutlich durch Jugendliche des Übergangssystems im Gegenüber zu Auszubildenden, sofern beide Gruppen im selben Schulgebäude, Wand an Wand, eine grundlegende Ungerechtigkeit verkörpern. Die einen Jugendlichen haben einen Ausbildungsplatz, die anderen haben keinen, weil es für sie letztlich keinen Ausbildungsplatz gab. Innerhalb einer Gesellschaft kann es nicht gerecht sein, dass angesichts der von Jugendlichen unverschuldeten Mangelerscheinung „Ausbildungsplatz" nicht alle Jugendlichen, auch eingedenk aller unterschiedlicher Qualifizierungen, einen für sie angemessenen und passenden Ausbildungsplatz bekommen. Das für alle Deutschen im Grundgesetz verankerte Recht, „Beruf, Arbeitsplatz und Ausbildungsstätte frei zu wählen" (GG Art 12,1), ist kein einklagbares Recht auf Arbeit. Der Mangel an Ausbildungsplätzen schränkt allerdings die Wahlfreiheit deutlich ein. Es ist nicht gerecht, dass absolut weniger Jugendliche als die Zahl möglicher Kandidaten – und damit weniger als nötig – einen Ausbildungsplatz nach dem BBiG erhalten.

2.2 Ist es nicht ungerecht, dass Können noch immer gegenüber dem Wissen unterbewertet wird?

In der Neuzeit ist ein deutlicher Trend hin zu einer Höherwertung von kognitiven Arbeiten gegenüber körperlichen (handwerklichen) Arbeiten zu verzeichnen. Schon bei Cicero wurde die saubere „Kopfarbeit" dem Händewerk vorgezogen und mit einem entsprechenden gesellschaftlichen Ranking versehen (vgl. Cicero 44, I 150–151; vgl. Ax, 2009, bes. 36ff.). Die „Intellektualität" in der altisraelitischen Gesellschaft des Neuen Testaments (Pharisäer, Schriftgelehrte und Hohepriester) hat auch eine höhere gesellschaftliche Stellung inne als der Zimmermann oder gar der Tagelöhner. Und als das Industriezeitalter die Agrargesellschaft ablöste, waren es die neuen – und im Denken des Aufschwungs damit „automatisch" besseren, weil neueren – Berufe, die neben einem guten Verdienst zugleich ein gutes Ansehen bescherten. Die Ablösung der Industriegesellschaft durch die Wissensgesellschaft bringt ein analoges Deutungsmuster mit sich: Neue IT-Berufe und Bürojobs sind öffentlich attraktiver und begehrter als herkömmliche Handwerksberufe, wofür der Fachkräftemangel in vermeintlich unattraktiven Berufen ein beredtes Zeugnis ist. Mit Beginn der Aufklärung hat diese Tendenz mit dem Descart'schen Spruch „cogito, ergo sum" ihr prägendes und sogleich beflügelndes Motto erhalten: Das reflexive Denken sichert allein die Erkenntnis des eigenen Bewusstseins (bzw. Selbstbewusstseins). Dieser das neuzeitliche Selbstverständnis mit prägende Ausspruch bildet immer noch das Zentrum und die motivierende Kraftquelle, eine auf Wissen fokussierte Gesellschaft zu fordern und entsprechend zu fördern. So zeigt sich diese Tendenz beispielsweise durch den Streit um die Zuordnung bestimmter Bildungsabschlüsse in die Niveauskala des DQR: So hat die KMK beschlossen, die Einteilung des Abiturs parallel zu den Berufsabschlüssen in die Niveaus des DQR auszusetzen, da das Abitur so nicht angemessen bewertet wäre.[7] Trotz aller Schwierigkeiten bei der Einteilung höchst unterschiedlicher Bildungsabschlüsse in acht Niveaustufen ist der KMK-Beschluss vom Vorwurf bewusster Überheblichkeit bei gleichzeitiger Verachtung (Degradierung) nicht frei zu sprechen. Die zu vermutenden Beweggründe sind grundsätzlich zu hinterfragen: Das größtenteils höhere gesellschaftliche Ansehen der Schreibtischarbeit gegenüber einem handwerklichen Beruf in der Werkhalle beruht auf der irrigen Annahme, dass die handwerkliche Arbeit an der Werkbank, oder wo auch immer, ohne Wissen auskommen könne. Dabei ist jedes handwerkliche Können „wissensbasiert“ (Ax, 2009, 33). Zugleich geht der Fähigkeit der praktischen Arbeit mit Werkstoffen die Kenntnis der Natur und damit ein profundes Wissen voraus (vgl. hierzu Crawford, 2011, 34f.): Besonders das handwerkliche Tun basiert auf einem Erfahrungswissen. Erst die Kombination von Erfahrung und einem gleichfalls erforderlichen Sach- und Fachwissen macht aus einem Arbeiter einen guten Handwerker. Ohne Wissen kommt das Handwerk nicht erst aus, seit auch im Handwerk immer mehr wissensbasierte (computergesteuerte) Maschinen bzw. Geräte eingesetzt werden. Wie das Handwerk ohne Wissen nicht auskommt, gibt es mittlerweile auch im Dienstleistungssektor viele automatisierte Arbeits- und Handlungsabläufe, für deren standardisierte Verrichtung weniger Fachwissen als vor allem ein großer Schatz an Erfahrungswissen nötig ist (vgl. hierzu Crawford, 2011, 64ff.). Trotz aller Unterschiede im Anforderungsbereich und im Anforderungsniveau nähern sich damit die Tätigkeitsprofile im sekundären (primären) und tertiären Arbeitsbereich einander an. Wobei zu bemerken ist: „Die Überbewertung des Wissens und die Abwertung des Könnens sind kein Zufall“ (Ax, 2009, 28), sofern Könner als individuelle Typen wegen ihres nichtstandardisiertes Können-Wissens nicht austauschbar sind und sich auch nicht einfach in ein Standardprogramm einfügen lassen.

Die vermeintlich unterschiedlichen kognitiven Ansprüche im tertiären gegenüber dem sekundären Sektor nivellieren sich auch aus neurobiologischer Sicht. Angesichts neuer neurobiologischer Einsichten ist beispielsweise zu fragen, ob nicht auch das ‚Denken‘ als messbarer und Energie verbrauchender körperlicher Vorgang zu verstehen sein sollte, der mit Arbeit angemessen zu beschreiben wäre. Ist jede Aktivität des menschlichen Gehirns grundsätzlich auch als körperliche Arbeit zu qualifizieren und damit im herkömmlichen Sinn als körperliche Arbeit zu verstehen, dann unterscheiden sich z.B. handwerkliche Tätigkeiten aus physikalisch-biologischer Sicht nicht fundamental von Denkprozessen. Die unterschiedliche Wertung und gesell-

7 Vgl. hierzu die Pressemitteilung des BIBB unter www.bibb.de/dokumente/pdf/HA_Stellungnahme_Bewertung_KMK-Beschluss.pdf.

schaftliche Gewichtung von als körperlich zu klassifizierenden Tätigkeiten entbehrt physikalisch jeder Grundlage. Zumindest ist zuzugestehen, dass sowohl geistige als auch handwerkliche Tätigkeiten als körperliche Arbeit anzusehen sind. Notwendig zum Überleben des Menschen sind jedenfalls alle menschlichen Fähigkeiten. Einseitige Bildungssystem jedoch bringen einseitige Gewichtungen mit sich: „Das Können und Wissen, das Individuen, Organisationen, Unternehmen und Regionen brauchen, um ihre Zukunft selbst in die Hand zu nehmen, schwindet“ (Ax, 2009 25)[8]. Zugleich wird beim „Mythos einer Wissensgesellschaft“ (Paech, 2012, 54) das Wissen in trügerischer Gewissheit „als Universallösung für alle gegenwärtigen Probleme“ (Paech, 2012, 55) betrachtet und die „eigentliche Wissensarbeit [...] einer stetig schrumpfenden Elite übertragen“ (Crawford, 2011, 67). Aus dieser Sicht ist jeder Anflug von Überheblichkeit der einen über die je andere Arbeit unangemessen. Eine höhere Wertschätzung von wissensbasierten Schreibtischtätigkeiten – und auch eine höhere Entlohnung als Ersatzleistung für erbrachte Leistungen – gegenüber handwerklich-körperlichen Tätigkeiten wird damit dem Phänomen „Arbeit“ von der Sache her nicht gerecht. Wo es dennoch zu einer Höherwertung von einem kognitivem gegenüber einem handwerklichem Wirken kommt, liegt ein Unrecht bzw. eine Ungerechtigkeit mit weitreichenden Folgen für alle vor.

2.3 Ist es nicht ungerecht, dass Eltern in einer strukturschwachen Region leben?

Neben den bislang skizzierten arbeitsmarktpolitischen und hermeneutisch-wertschätzenden Ungerechtigkeiten ist in der beruflichen Bildung auch eine soziologische bzw. gesellschaftspolitische Ungerechtigkeit in den Blick zu nehmen – nämlich die Ungerechtigkeit, dass im beruflichen Bereich der lebensgeschichtlich kontingente Geburtsort, und damit auch meist der Wohnort, über Bildungschancen entscheidet. Obgleich sich die Frage der Bildungsgerechtigkeit am Anfang einer Lernkarriere entscheidet, sind diese Auswirkungen am Ende in der Berufsschule noch deutlich spürbar. Besonders häufig sind die entsprechenden wahrgenommenen Symptome, die ja eigentlich Ungerechtigkeitsfaktoren sind, in den Bildungsgängen des Übergangssystems. Dieser Befund zeigt sich z. B. in der Bewerberbefragung des BIBB, in der die Faktoren der Einmündung in ein Ausbildungsverhältnis untersucht und unter besonderer Berücksichtigung des personalen und sozialen Kapitals dargestellt wurden: So würde sich die Standardwahrscheinlichkeit – hier 45% – zur Erlangung einer Ausbildungsstelle für einen 17-jährigen jungen Mann ohne Migrationshintergrund mit durchschnittlicher Benotung in den Fächern Mathematik und Deutsch drastisch um 31% verringern, wenn er bei gleicher Qualifikation älter als 21 Jahre alt wäre und eine Migrationsgeschichte hätte. Lediglich um 16% würde seine Einstiegswahrscheinlichkeit sinken, wenn er nur seine Migrationsgeschichte mit sich bringen würde. Würde er als

8 „Junge Menschen werden mit hoher Reflexions- und Kommunikationsfähigkeit ausgestattet, die sich zusehends auf die Bedienung eines Touchscreens beschränkt“ (Paech, 2012, 55).

17-Jähriger in Berlin wohnen, würde sich seine Chance um 12% verringern, während der Wohnort in Bayern seine Chancen um 15% erhöhen würde. Für eine 17-jährige weibliche Jugendliche würden die Chancen um 16% sinken, während ein besserer Schulabschluss die Chancen generell erhöhen würden.

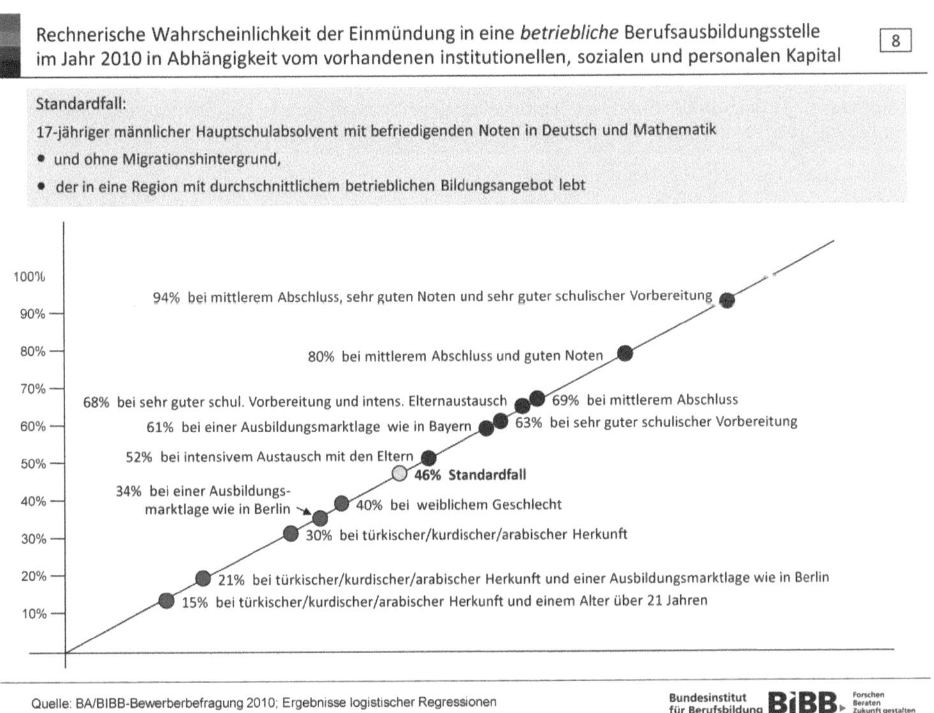

Obgleich das Niveau des Schulabschlusses den wesentlichen Einfluss auf eine Erhöhung der Chance auf einen Ausbildungsplatz ausmacht, bestimmen die oben genannten sozialen Grundbegebenheiten wie Geschlecht, Alter, Migrationsgeschichte und nationale Zugehörigkeit allesamt diese Chancen leicht in negativer Sicht. Sofern allerdings diese Faktoren allesamt zugleich arbiträr und kontingent sind, kommt durch sie auch eine Ungleichheit und damit Ungerechtigkeit ans Licht: Jugendliche können ihre Chancen auf einen Ausbildungsplatz unter den Rahmenbedingungen der „Marktinklusion"[9] nur bedingt beeinflussen. Neben den schon in der Allgemeinbil-

9 Verstanden ist unter „Marktinklusion" die Integration eines Jugendlichen in den Wirtschaftsmarkt durch einen Ausbildungsplatz. Die Kriterien für die Vergabe sind gegeben durch Abschlusszeugnisse, eine attestierte Ausbildungsreife, die am entsprechenden Kriterienkatalog gemessen wird, sowie dann den Verweis auf den Markt mit einer erfolgreich zu bestehenden Bewerbung. Die entgegenstehende „Regelinklusion" ist nicht durch Marktmechanismen bestimmt, sondern führt geradlinig von der in Abschlusszeugnissen attestierten Reife an die Hochschule mit einer faktischen Ausbildungsgarantie, sofern die Einschreibung an der Hochschule zwar nicht unbedingt zum Wunschstudium führt, jedoch sicher zu einem Studienplatz, der letztlich nichts anderes ist als ein Ausbildungsplatz (so Dr. Joachim Gerd Ulrich – BIBB – mündlich bei einem Vortrag im bibor am 12. Mai 2011) sowie jüngst in seinem Beitrag in diesem Band.

dung diskutierten Faktoren einer Bildungsungerechtigkeit kommen damit in der beruflichen Bildung weitere spezifische Faktoren hinzu, die die Startchancen nochmals stärker ungleich verteilen. Dies zeigt sich nicht nur im Blick auf betriebliche, sondern auch hinsichtlich nichtbetrieblicher Ausbildungen, bei denen die Ausbildungsplatzvergabe wegen einer größeren Nähe zur „Regelinklusion" eigentlich gerechter sein könnte. Doch auch hier bleiben die unbeeinflussbaren Faktoren bestimmend:

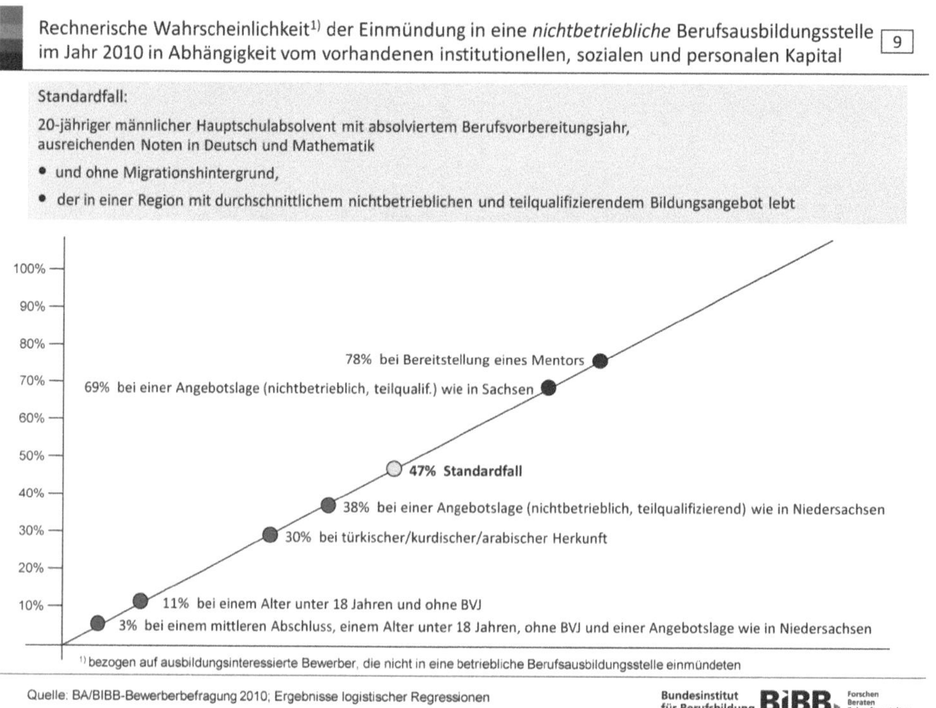

Wie schon im betrieblichen Fall sind auch hier die nationale Zugehörigkeit, das Alter und der Lebensraum der Bewerber die wesentlichen – und von den Jugendlichen kaum zu beeinflussenden – Faktoren für die Chance auf den Ausbildungsplatz. Den Jugendlichen bietet sich damit kaum eine reelle Chance, mit ihren eigenen Mitteln eine Ausbildung zu bekommen. Diese gewissermaßen fast schon schicksalhafte Bestimmung in Deutschland, wer einen Ausbildungsplatz bekommt und wer nicht, ist auf Grund der ersichtlichen Gründe alles andere als gerecht. Damit bleibt als Fazit: Trotz des ausdifferenzierten Systems der Bildungsmöglichkeiten in berufsbildenden Schulen können diese den Hauptgrund der auch hier ansichtigen Bildungsungerechtigkeit nicht kompensieren, nämlich den grundlegenden Mangel an auch niedriger qualifizierenden Ausbildungsplätzen in Deutschland. Vielmehr verschärft sich am Ende der Schullaufbahn die Situation sogar, da sich im Übergangssystem die Chancenungleichheit wegen der sozialen Ungleichheiten und wegen der Marktinklusion noch erhöht.

Die größten und vermeintlich einfachsten Einflussmöglichkeiten auf ihre Situation haben diese Jugendlichen durch die Steigerung ihrer Schulabschlüsse. Doch gerade auf diesem Gebiet liegen ja meist nicht ihre Stärken, weshalb sie die Selektion des deutschen Schulsystems ja auch bis ins Übergangssystem hinabgeführt hat. Eine effektive Hilfe aus diesem Übergangssystem in ein Ausbildungsverhältnis wäre ein gutes Mentorat (die Chancen erhöhen sich dann um über 30%), was in der Praxis schon viele berufliche Schulen realisieren: Die Berufsschule bzw. Berufskollegs (NRW) sind insofern ein Ort hoher Bildungsgerechtigkeit, sofern sie durch ihre allgemeinen und spezifisch-beruflichen Bildungsprozesse ein Ort der Begleitung für Jugendliche sind, die sich auf dem Weg befinden zu ihrem Platz in der Berufswelt. So soll es bei der Neukonzeption des Übergangssystems in NRW obligatorisch für alle Schüler/innen in der Sek I eine verbindliche Berufsvorbereitung (Beratung) geben, um alle Schüler/innen auf den Übergang zwischen Schule und Beruf vorzubereiten.[10] Zudem haben sich im so genannten „Ausbildungskonsens" die betroffenen Partner verpflichtet, „allen jungen Frauen und Männern, die ausbildungsfähig und ausbildungswillig sind, eine verbindliche Ausbildungsperspektive zu geben" (Scheffler 2013 in diesem Band), d.h. die Schulkarriere mit einem Ausbildungsplatz zu ‚krönen'. Inwieweit dieses Anliegen erfolgreich sein wird, gilt es abzuwarten. Allerdings ist schon jetzt zu fragen, inwieweit hier nicht Probleme nach hinten verschoben werden, wenn es am Ende im Ausbildungsberuf keinen Arbeitsplatz geben sollte.[11]

3. Keine Bildungsgerechtigkeit ohne Berufsgerechtigkeit – Perspektiven

3.1 Berufsgerechtigkeit – auf dass alle Jugendlichen ihrer Berufung nachgehen können

Jugendliche in strukturschwachen Gebieten haben besondere Nachteile bei der Ausbildungssuche. Und wenn dann noch Frühförderung und Finanzierung außerschulischer Bildungsaktivitäten durch das Elternhaus entfallen, also die soziale Benachteiligung zuschlägt, schwinden die Chancen dieser Jugendlichen noch mehr. Zumal gerade diese Jugendlichen meist auch nicht die Möglichkeiten haben, einen Umzug zu ihrem Ausbildungsplatz zu finanzieren (von der Zumutbarkeit ganz zu schweigen). Geholfen wäre diesen Jugendlichen vor allem durch ein lokales – d.h. wohnortnahes – Angebot von Ausbildungsplätzen, das den Begabungen und bislang geförderten Talenten dieser jugendlichen Persönlichkeiten gerecht werden würde. Vor diesem Hintergrund den bald volljährigen Jugendlichen das oft nicht selbst verschuldete Fehlen von Bildungsabschlüssen zum Vorwurf zu machen, wäre grotesk. Ihnen einen besseren Abschluss als Option für einen Ausbildungsplatz zu unterbreiten, wäre nicht anders

---

10 Vgl. dazu den entsprechenden Beitrag von Frau MD'in Dr. Beate Scheffler in diesem Band.

11 Vgl. hierzu ausführlicher unter 3.2 sowie zur Diskussion im Beitrag von Dietrich Mau in diesem Band.

als zynisch zu bewerten. Und ein engagierteres eigenes Bemühen als Bedingung für eine erfolgreiche Bewerbung zu postulieren, kann nicht anders als „Münchhausen-Tipp“ angesehen werden: demotivierend und aussichtslos. Letztlich lassen alle diese Anforderungsprofile an die Jugendlichen nur noch deutlicher die Ungerechtigkeit ans Licht treten, in der viele dieser Jugendliche gefangen sind.

Ein wesentlicher Grund für das Dilemma der Jugendlichen ist die Konkurrenzsituation mit höher qualifizierten Bewerbern um die zahlenmäßig zu wenigen Ausbildungsplätze. „Die Konkurrenz um die begehrten Wissensarbeitsplätze führte vielmehr dazu, dass immer mehr Menschen von Wissen [und Arbeit; sic. Obermann] ausgeschlossen wurden“ (Ax, 2009, 49). Bei hochqualifizierten Berufen haben Absolventen des Übergangssystems keine Chance. Von daher fehlen für jene gerade geringer qualifizierende Ausbildungsplätze – und im Anschluss entsprechende Arbeitsplätze: Diese Arbeitsplätze wurden in den letzten Jahrzehnten wegrationalisiert oder durch die Globalisierung in so genannten Billiglohnländer (oder exterritoriale – und damit rechtsfreie – Billiglohnregionen) ausgelagert. Hier liegt m.E. ein grundlegendes Problem des deutschen Arbeitsmarktes für Jugendliche, die heute im Übergangssystem verweilen: Nicht jeder Jugendliche hat die kognitive Begabung, jede mögliche Facharbeiterprüfung zu bestehen. Gerecht wäre auch, wenn er es nicht müsste. Die gegenwärtigen Bemühungen der deutschen Wirtschaft zur Behebung des Facharbeitermangels durch intensivierte Bildungsanstrengungen und Werbemaßnahmen sind allesamt zu begrüßen, um keinen zurück zu lassen. Für viele Jugendliche mag das auch eine wiederholte Chance sein, als Spätstarter erfolgreich in einen Beruf einzumünden. Doch über den Erfolgen dürfen nicht diejenigen Jugendlichen vergessen oder ausgeblendet werden, die diese Chance nicht nutzen können: Denn für manchen Jugendlichen wird selbst im Übergangssystem die Latte mitunter zu hoch gelegt, sofern wir eben nicht davon ausgehen können, dass durch weitgehend optimale Lehr- und Lernbedingungen – die es leider im Übergangssystem nicht gibt – jeder Jugendliche einen Facharbeiterabschluss schaffen können müsste. Wenn wir also davon auszugehen haben, dass standardisierte Bildungsbemühungen bei je individuellen Jugendlichen nicht zu standardisierten Abschlüssen unabhängig der persönlichen Voraussetzungen führen können – oder gar zu einem standardisierten Arbeitnehmer –, ist das Anliegen, durch hochqualifizierte Ausbildungen allen Jugendlichen einen Ausbildungsplatz verschaffen zu können, unrealistisch wie auch ungerecht. Der Maßstab hochqualifizierter Bildungsabschlüsse im beruflichen Bereich ist ungerecht denen gegenüber, die die kognitive Begabung als einem Teilsegment menschlicher Befähigungen in der gegenwärtigen Fokussierung auf eine ökonomisch rentable Wissenseffizienz des Marktes nicht mitbringen können. Was sich gerecht anhört, muss nicht immer gerecht sein: Alle Jugendlichen auf ein gleich hohes standardisiertes Niveau heben zu wollen kann eben im Blick auf die je unterschiedlichen Begabungen der Jugendlichen nicht allen Jugendlichen gerecht werden! In der öffentlichen Diskussion mag gerade diese Position als ungerecht erscheinen, da sie vielen Jugendlichen scheinbar vorweg die Chance auf einen hochwertigen Berufsabschluss abspricht. Doch gegen diese pauschale Kritik steht hier die differenzierte Sicht, dass nicht alle Menschen gleich sind und von daher auch nicht dieselben Leistungen erbringen, Erwartungen erfüllen und Abschlüsse erreichen können.

> Im Sport hätte diese ungerechte Wertung keinen Bestand: Auf dem Weg zu einem möglichen Titel würde kein Trainer – und keine Öffentlichkeit – einen weniger begabten Spieler im Blick auf eventuelle Entwicklungspotentiale hin in die Verantwortung berufen. Wer würde beispielsweise bei dem Fußballbundestrainer die Nominierung eines erfolglosen Stürmers mit dem Hinweis gut heißen, dass dieser Spieler durch geplante Sondertrainingseinheiten wegen seiner schlummernden Potentiale bis zum Turnierbeginn auf einem höheren Niveau spielen werde. Im Sport werden körperliche Grenzen als Normalität und Kennzeichen des Menschseins akzeptiert und für weitere Überlegungen und Entscheidungen anerkannt: Kein Trainer würde einen untalentierten Jugendlichen in einer leistungsbezogenen Trainingsgruppe mit dem Ziel einer Qualifikation zu Hochsprungwettbewerben fördern, sondern eine den Voraussetzungen des Jugendlichen angemessenere Sportart wählen. Muss sich angesichts dessen nicht die Bildungspolitik – gerade in Zeiten diskutierter Inklusion – die Frage gefallen lassen, inwieweit sie selbst auch Grenzen menschlicher Potentialität anerkennen muss zugunsten einer besseren Gerechtigkeit im Blick auf die Individualität der Jugendlichen? Muss das Bemühen um eine zieldifferenzierte Bildung nicht auch ins Auge fassen, dass es gerade der Wert des Individuums nahe legt, je spezifische Lernwege und Lernziele zu wählen? Wäre so nicht viel eher eine größtmögliche Entfaltung des Einzelnen innerhalb seiner Grenzen gegeben?[12]

Der hier schon eingeführte Begriff der „Berufsgerechtigkeit" thematisiert die Einsicht, dass eine ihrem Anspruch gerecht werdende Bildungsgerechtigkeit nicht alleine auf die Optimierung möglichst hoher Bildungsabschlüsse fokussiert sein kann, sondern daneben auch niederschwellige Arbeitsmöglichkeiten als Gerechtigkeitsoption für Jugendliche mit ins Auge fassen muss: Gerechtere Bedingungen für alle im Bildungssystem können nur zu mehr Gerechtigkeit führen, wenn (1.) alle Dimensionen menschlicher Fähigkeiten im Bildungssystem wahrgenommen – und integriert – werden und (2.) die Gerechtigkeit je relational hinsichtlich der Befähigungen der Jugendlichen bestimmt wird: Gerecht wird ein Bildungssystem, wenn auch kognitiv schwächere Jugendliche ihren Platz in einer ausbildungswürdigen Tätigkeit finden und darüber gesellschaftliche Anerkennung erfahren. Gerechtigkeit allein im allgemeinbildenden Schulsystem zu betrachten kann nicht gelingen! Gefragt ist hier vielmehr das pädagogische Grundanliegen einer Gesellschaft: Will die Gesellschaft kognitiv weniger begabte Jugendliche unabhängig rein wirtschaftlicher Effizienzüberlegungen in den Arbeitsmarkt integrieren?[13] Ein diesbezüglich gerechtes Bildungssystem entwickelt eine Gesellschaft dann, wenn sie auch kognitiv weniger begabte Jugendliche in „Brot und Arbeit" bekommt. Dies kann durch Bildungsbemühungen gelingen, wenn dies-

12 An dieser Stelle weist der Gedanke einer Berufsgerechtigkeit unmittelbare Bezüge und Relevanzen zur Forderung nach einer Inklusion im Bildungssystem vor dem Hintergrund der 2008 in Kraft getretenen „UN-Konvention für die Rechte von Menschen mit Behinderungen" (siehe z.B. www.hamburg.de/contentblob/2518726/data/un-konvention-menschen-mit-behinderung.pdf) auf.

13 Diese Frage modifiziert die pädagogische Grundfrage Schleiermachers, was denn die ältere Generation für die jüngere möchte (vgl. Schleiermacher, 1799, 24 o.p.).

bezügliche Anstrengungen für einige Jugendliche die Chance bietet, sich durch eine Weiterqualifizierung – z. B. in einer Maßnahme des Übergangssystems – einen Ausbildungsplatz zu „erobern". Das wird allerdings nicht für alle Jugendlichen gelingen, die zur Zeit im Übergangssystem verweilen. Für diese weniger kognitiv begabten Jugendlichen muss es andere Lösungen geben, sollen diese Jugendlichen nicht als „abgeschriebene Generation" in die Geschichtsbücher eingehen. Letztlich hilft hier nur, dass die Gesellschaft als verantwortliches Kollektiv eine ausreichende Anzahl weniger qualifizierter Arbeitsstellen – und eine entsprechende Anzahl von Ausbildungsplätzen – bereit stellt. Der Begriff der „Berufsgerechtigkeit" impliziert damit den Anspruch an eine moderne Gesellschaft, allen ihren (jungen) Bürger/inne/n eine Arbeit anzubieten, die ihnen als Person gerecht wird sowie ihrem Leistungsvermögen entspricht. Dann sind diese Jugendlichen allerdings nicht mehr als Humankapital zu beschreiben! Eine Bildungsgerechtigkeit, die diese berufliche Dimension nicht berücksichtigt und konzeptionell einbezieht, wird eben gerade keine Gerechtigkeit hervorbringen können. Die Berufsgerechtigkeit wird damit zur „zweiten Medaillenseite" der Bildungsgerechtigkeit: Bildungsgerechtigkeit ist nicht alleine vom Output und von den Bildungsstandards her zu bestimmen, sondern wesentlich auch von den Anwendungsoptionen. Auch ein Schüler, der trotz aller ernsthaften Anstrengungen und Bemühungen den beruflichen Facharbeiterstandard nicht erreichen kann, muss seine Bildungserfolge in einer adäquaten Berufstätigkeit in die Gesellschaft zum Wohl der Gemeinschaft einbringen können. Bürger/innen ohne einen aus wirtschaftlicher Sicht standardmäßigen Berufsbildungsabschluss brauchen „einfache" Berufstätigkeiten – und entsprechend orientierte Ausbildungsplätze. Aber gerade an diesen mangelt es heute nicht nur in Deutschland. Dies zu ändern kann allerdings nur gelingen, wenn nicht der wirtschaftliche Nutzen bzw. die ökonomische Effizienz das alleinige Kriterium ist, wann sich ein Ausbildungsplatz oder ein Arbeitsplatz lohnt. Erst eine allen kognitiv noch so gering begabten Bürger/inne/n gerecht werdende Berufstätigkeit kann die Basis für eine umfassende Bildungsgerechtigkeit sein, wenn nämlich der einzelne Mensch als Individuum mit je seinen Fähigkeiten willentlich in die Berufswelt einer Gesellschaft vollwertig integriert wird.

Biblisch-theologisch ist diese Forderung vor dem Hintergrund des paulinischen Leibgedankens nach 1. Kor 12,12–30 zu vertiefen: Betrachten wir eine Gesellschaft vom Bild des Leibes her, erschließt sich die Förderung und Wahrung der beruflichen Vielfalt als Grundbedingung für das Funktionieren einer sozialen Teilhabe der unterschiedlichen individuellen Talente für die Glieder einer Gemeinschaft untereinander. Das paulinische Bild des einen Leibes mit den vielen Gliedern bewahrt vor jeglicher Art von Hochmut: Jedes Glied hat seine spezifische Aufgabe im Organismus und leistet damit eine konstitutive Aufgabe für die Gemeinschaft, ohne die auch die anderen Glieder ihrer Aufgabe nicht nachkommen könnten. Dem scheinbar geringsten Glied soll die größte Ehre zukommen, weil ohne dieses der ganze Leib nicht Leib sein kann. Unmittelbar an Paulus könnten wir für die Gesellschaft formulieren: Ansehen und Zwietracht zerstören die Gemeinschaft. Wollten alle nur ein bestimmtes Glied sein, bliebe eine Gemeinschaft in Vielfalt auf der Strecke (so nach 1. Kor 12,19).

Paulus malt uns hier ein soziologisches Modell einer von einer mehrperspektivischen Gerechtigkeit getragenen Gemeinschaft vor Augen, in der alle Glieder in ihrer Unterschiedlichkeit erst die Gemeinschaft bilden und prägen. Dabei geht hier von der Unterschiedlichkeit der Glieder der Impuls aus, dass sich in der Gemeinschaft je spezifische Entfaltungsmöglichkeiten für alle Glieder finden müssen: Berufsgerechtigkeit in diesem Kontext bedeutet, dass es in der Gesellschaft als einer Dienst- und Fürsorgegemeinschaft (so nach 1. Kor 12,25b) einen Konsens gibt, dass alle Arbeiten dem Gesamtwohl der Gemeinschaft dienen, der Organismus „Gesellschaft“ erst im Kollektiv wird und allein so auch das Wohl jedes Einzelnen dauerhaft im Kollektiv garantiert werden kann. Eine berufsbezogene Perspektive von Paulus’ Bild her setzt bei den geringsten Gliedern an: Die spezifische Befähigung der weniger kognitiv begabten Glieder gibt, was theologisch wesentlich ist, den Impuls für die Art der Berufstätigkeiten, die die Gemeinschaft für sie vorhält, damit sie eine ihrer Befähigung entsprechende Tätigkeit in die Gemeinschaft einbringen können. Der Ansatzpunkt wäre hier nicht ein an wirtschaftlichen Kriterien bestimmter Output, sondern die Befähigung des Einzelnen als Maß für seinen spezifischen Input in die Gesellschaft. Von Paulus her wäre der Ansatzpunkt also bei den Jugendlichen im Übergangssystem zu wählen: Deren Befähigung gäbe in reeller Einschätzung ihrer Möglichkeiten und ihrer Grenzen die Aufgabe vor, ihnen entsprechende Arbeitsplätze (und Ausbildungsplätze) zu schaffen. Diese Bereitstellung wäre nach Paulus nicht als Almosen, sondern – vom Wohl der Gemeinschaft her – als ehrwürdiges Handeln zu sehen. Den Geringsten gerecht zu werden bedeutet, ihnen angemessene Realitäten zu schaffen, in denen sie ihr Talent für das Kollektiv einsetzen können.

3.2 Laboro, ergo sum – könnend sein können

Das Selbstbewusstsein ist heute mehrheitlich bestimmt durch die kognitive Selbstvergewisserung des „cogito, ergo sum“. Eine Erweiterung dieses Descartschen „cogito, ergo sum“ wäre durch ein die Arbeit in den Mittelpunkt rückendes Diktum wie „laboro, ergo sum“ möglich.[14] Dieses Votum kann und will Descartes und seine axiomatische Wendung weder nivellieren noch ersetzen, sondern um der Gerechtigkeit willen um eine Dimension erweitern, die ebenfalls das Denken konstitutiv in sich trägt: Durch Denken zu erwerbendes Wissen ist in gleicher Weise Arbeit wie ein durch Erfahrung erschlossenes Wissen. Von hier aus ist es eine logische Folgerung, jegliche Arbeit in ihrer Funktion für die Gesellschaft und von ihrer anthropologischen Bestimmung her gleichwertig in den Blick zu nehmen.

Eine Berufsgerechtigkeit im Sinne eines „laboro, ergo sum“ bedeutet die Gleichstellung und positive Wahrnehmung aller menschlichen Leistungen für die Gemeinschaft bzw. für die Gesellschaft. Dieses Seinsmotto eröffnet allen Menschen den Raum, die eigene Existenz von handwerklichen wie auch kognitiven Befähigungen

14 Vgl. hierzu die Überlegungen von Ax, 2009 und ihrem Bezug auf Arnold Gehlens Vorstellung des Menschen als ‚handelndes Wesen‘, 36ff.

her zu verstehen und gesellschaftlich anerkannt zu wissen. Alle unterschiedlichen Formen und Modi des Könnens und Wissens sind gleichermaßen als anthropologisches Vermögen im Rahmen einer umfassenden Befähigungskultur anzuerkennen:

Das unvoreingenommene Wahrnehmen menschlichen Vermögens aller Kategorien anthropologischer Potentialität und die Anerkennung von deren Wertschöpfung für die Gesellschaft in all ihren Facetten verdient es wahrhaft als gerecht genannt zu werden. Erst dieser weite Blick auf die menschlichen Talente holt alles menschliche Können – und so auch die damit verbundenen Menschen – in den Horizont öffentlicher Anerkennung zurück. Die weite transkognitive Perspektive eröffnet den Menschen einen Lebensraum, die sich als ‚nur' handwerkliche Könner bislang degradiert fühlen in der gesellschaftlichen und bildungspolitischen Anerkennungsskala ihres vermeintlich nicht-wissensbasierten Könnens. Damit diese Forderung jedoch mehr wert wird als das mit ihr bedruckte Papier, muss sie zwingend ihren Weg in die Konkretion finden. Hierfür gilt es (1.) das „soziale" wie das „personale Potential"[15] der Jugendlichen in den Blick zu nehmen und von diesem her (2.) konsequent die Letztoption zu schaffen, nämlich den konkreten Ort in der gesellschaftlichen Arbeitswelt, in den alle jugendlichen Bildungsbemühungen münden sollen und müssen: einen Arbeitsplatz. Die unbedingt zu begrüßende Ausbildungsgarantie[16] bekommt ihr politisches Recht und ihre gesellschaftliche Relevanz nur, wenn die Bemühungen über einen Schulabschluss oder einen Berufsabschluss hinausführen! Letztlich zeigt sich eine Chancengleichheit in Bildungskarrieren nicht in einer standardisierten Einmündung aller in standardisierte Berufsabschlüsse, sondern darin, dass alle (Kinder und Jugendliche) einen ihnen angemessenen und ihren Gaben entsprechenden Ort beruflichen Wirkens in der Gesellschaft finden. Erst diese Perspektive einer „Berufsgerechtigkeit" lenkt den Blick auf jenes Feld, auf dem sich Bildungsbemühungen entscheiden: Kein Bildungsabschluß kann allein das Ziel von bildungspolitischen und pädagogischen Bemühungen sein, sondern nur ein Etappenziel hin auf einen gesellschaftlich integrierten Arbeitsplatz.[17] Eine Bildungslaufbahn muss zu einer qualifizierten Arbeit führen und dem Ausgebildeten seinen Ort in der Gesellschaft eröffnen: Nämlich den Ort, an dem er seine persönlichen erworbenen Befähigungen in die Gesellschaft einbringen kann[18] und die lebensnotwendige Anerkennung aus der Gesellschaft bekommt. Ohne diese berufliche Perspektive bleiben alle Bemühungen zur Erhöhung einer Bil-

---

15 So die Terminologie der BA/BIBB-Bewerberbefragung 2010; Ergebnisse logistischer Regressionen.

16 Vgl. zum Recht auf Ausbildung die Beiträge von Beate Scheffler, Dietrich Mau und Ulrich Kelber in diesem Band sowie die Studie Für ein Recht auf Ausbildung (Erdsiek-Raveg, 2013) sowie als Gewerkschaftsforderung zum Beispiel die DGB-Pressemitteilung 047 aus dem Jahr 2011 (http://www.dgb.de/presse/++co++556499b2–6026–11e0–4408–00188b4dc422).

17 An dieser Stelle ist an den Anspruch zu erinnern, dass auch die geringer qualifizierten Berufstätigkeiten den gesellschaftlich-soziologischen Anforderungen eines Berufes gerecht werden müssen, sofern dieser eine angemessene Identifikationsbasis bietet und ein ‚standing' in der Gesellschaft ermöglicht (zur diesbezüglichen Funktion von Berufen und der Gefährdung existentieller Dimensionen des Berufs vgl. Obermann, 2013, z.B. 21ff. u.ö.).

18 Vgl. hierzu auch den Beitrag von Michael Meyer-Blanck in diesem Band.

dungsgerechtigkeit in der Theorie stecken. Erst eine Bildungsgerechtigkeit, die das je individuelle Wissen und Können des Einzelnen wahrnimmt und beide Dimensionen als gerecht mehrperspektivisch in sich vereint, wird ungleichen Begabungen gerecht und nivelliert ungleiche Startvoraussetzungen, indem sie alle an ihren angemessenen Arbeitsort bzw. ihr gesellschaftliches Wirkungsfeld führt.[19] Während das „cogito, ergo sum“ die kognitive Seite des Menschen herausstellt, holt das „laboro, ergo sum“ die Körperlichkeit wieder zurück ins Blickfeld des bildungspolitischen Diskurses und der Wirklichkeit gegenwärtiger Wertungshierarchien von Befähigungen, wie z.B. geschehen im DQR. Der Beruf wird als Zielkategorie von Bildung so zum Grad der Bewertung aller Bildungskarrieren und zur Chance der gesellschaftlichen Verwirklichung aller. Eine Bildungsgerechtigkeit ohne Berufsgerechtigkeit wird kaum zu realisieren sein. Die Rede von einer Berufsgerechtigkeit impliziert damit allerdings auch den Anspruch, jene Orte beruflicher Verwirklichung für alle Kinder, Jugendliche und Erwachsende bereit zu stellen. Wenn das nicht marktgesteuert möglich ist, erwächst hier der Gesellschaft eine sozialpolitische Aufgabe, die in einem reichen Land wie Deutschland eigentlich nicht an der Finanzierung scheitern sollte und darf. Die Realisierung einer so verstandenen Berufsgerechtigkeit, z.B. durch die Schaffung einer ausreichenden Zahl von geringer qualifizierten Arbeitsplätzen in alternativen Arbeitsmärkten[20], sollte angesichts der ausgeführten Optionen und Konsequenzen eine „Selbstverständlichkeit des Guten“ (so nach Paulus im Anschluss an Römer 12,2 und 13,10) sein – selbstevident und selbstplausibel als gutes Ziel religionspädagogischer und bildungspolitischer Bemühungen.

19 Zu einem nicht am (statischen) Ideal, sondern an der Vielfalt der Realitäten orientierten Gerechtigkeitsvorstellung und einer mehrperspektivisch kontextuellen Bestimmung dessen, was je als gerecht zu gelten hat, siehe insgesamt Sens (2012) Erörterung je situativer Verständigungen über die je konkrete Gerechtigkeit (vgl. z.B. 80–90 u.ö.). Gerechtigkeit ist bei Sen eine öffentliche, im Diskurs zu bestimmende Größe und damit Grundlage der Demokratie (siehe bes. das letzte Kapitel „Öffentlicher Vernunftgebrauch und Demokratie“ 347–443).

20 Vgl. hierzu die schon vor 15 Jahren publizierte Idee des Club of Rome von Giarini und Liedtke (1998), die unter der Fragestellung ‚Wie wir arbeiten werden‘ ein dreigliedriges „Mehrschichtenmodell der Arbeit“ (231; vgl. 231–246) entwickeln, wie zukünftig eine ausreichende Zahl von Arbeitsplätzen neben dem so genannten ersten Arbeitsmarkt geschaffen werden können: In einen ersten Bereich sollen alle bisherigen finanziellen Ressourcen wie z.B. die Arbeitslosenunterstützung oder Sozialhilfe einfließen zugunsten einer Beschäftigung von 20 Wochenstunden für alle über 18-Jährigen mit einem Einkommen für die grundlegenden menschlichen Bedürfnisse. Der zweite Bereich sind Tätigkeiten des freien Arbeitsmarktes, die bei einer entsprechenden Höhe eine Tätigkeit im ersten Bereich überflüssig machen kann. Der dritte Bereich umfasst unbezahlte gemeinnützige Tätigkeiten. Diese schon damals als „Grundeinkommen“ (176–181) benannte Forderung geht davon aus, dass menschenwürdige und gesellschaftlich anerkannte Betätigungsfelder durch eine Neuorientierung vorhandener Ressourcen finanziert werden können.

Literatur

Ax, Christine (2009): Die Könnensgesellschaft. Mit guter Arbeit aus der Krise, Berlin.

BA/BIBB-Bewerberbefragung 2010; Ergebnisse logistischer Regressionen (http://www.bibb.de/de/57741.htmbu).

Bedford-Strohm, Heinrich (2010): Bildung und Gerechtigkeit. In: „Niemand darf verloren gehen!" Evangelisches Plädoyer für mehr Bildungsgerechtigkeit. Lesebuch zum Schwerpunktthema der 3. Tagung der 11. Synode der Evangelischen Kirche in Deutschland (EKD) vom 7. bis 10. November 2010 in Hannover, 14–23.

Brandscheidt, Renate (2010): Kain und Abel. In: WiBiLex (http://www.bibelwissenschaft.de/wibilex/das-bibellexikon/lexikon/sachwort/anzeigen/details/kain-und-abel-3/ch/c300b-7132dbdf137433475a7d828782a/ ;erstellt: April 2010).

Cicero, Marcus Tullius (44 v. Chr.): de offiis. In: Karl Büchner: M.T. Cicero. Vom rechten Handeln, Zürich/Stuttgart: Artemis 1964 (Zweisprachige Ausgabe) Crawford, Matthew B. (2011): ich schraube, also bin ich. Vom Glück, etwas mit den eigenen Händen zu schaffen. Aus dem Englischen von Stephan Gebauer, Berlin ([2]2011).

Erdsiek-Rave, Ute/John-Ohnesorg, Marei (2013) (Hg.): Für ein Recht auf Ausbildung (Schriftenreihe des Netzwerk Bildung), Berlin.

Giarini, Orio/Liedtke, Patrick M. Liedtke (1998): Wie wir arbeiten werden. Der neue Bericht an den Club of Rome. Aus dem Englischen von Klaus Fritz/Norbert Juraschitz. Mit einem Vorwort von Ernst Ulrich von Weizsäcker, Hamburg.

Kirchenamt der EKD/Comenius-Institut Münster (Hg.) (2010): „Niemand darf verloren gehen!" Evangelisches Plädoyer für mehr Bildungsgerechtigkeit (2010). Lesebuch zum Schwerpunktthema der 3. Tagung der 11. Synode der Evangelischen Kirche in Deutschland (EKD) vom 7. bis 10. November 2010 in Hannover, Münster.

Markschies, Christoph (2010): Theologische Überlegungen zu einem evangelischen Verständnis von Bildung und Bildungsgerechtigkeit. Referat zum Schwerpunktthema der 3. Tagung der 11. Synode der Evangelischen Kirche in Deutschland 7. bis 10. November 2010 in Hannover.

Obermann, Andreas (2013): Im Beruf Leben finden. Didaktische Leitlinien für einen integrativen Berufsbildungsbegriff am Beispiel des Berufsschulreligionsunterrichts (ARP 55), Göttingen.

Paech, Niko (2012): Befreiung vom Überfluss. Auf dem Weg in die Postwachstumsökonomie, München, 2. Auflage ([1]2012).

Roloff, Jürgen (1988): Der erste Brief an Timotheus (EKK XV), Neukirchen-Vluyn.

Sen, Amartya (2012): Die Idee der Gerechtigkeit. Aus dem Englischen von Christa Krüger, München (Originalausgabe 2009: The idea of Justice).

Schleiermacher, Daniel Friedrich Ernst (1799): Über die Religion. Reden an die Gebildeten unter ihren Verächtern, hg. von Hans-Joachim Rothert (Philos. Bibl. 255), Hamburg, Nachdruck 1970.

Wegner, Gerhard (2010): Mythos Gerechte Teilhabe. Mit Bildung gegen die Armut? In: Ders., Teilhabe fördern – christliche Impulse für eine gerechte Gesellschaft, Stuttgart, 146–157.

Wehler, Hans-Ulrich (2013): Die neue Umverteilung. Soziale Ungleichheit in Deutschland, München.

Dokumentation zur bibor-online-Umfrage

Die Leitfrage der empirischen Untersuchung des bibor – „Wie kann der BRU mehr für Schülerinnen und Schüler im Übergangssystem erreichen?“ – markiert mit ihrer Fokussierung auf den schwierigen Weg Jugendlicher von der Schule ins Berufsleben eine didaktische Grundperspektive des BRU. Die Ergebnisse der Untersuchung zu dieser Leitfrage haben die Arbeitshypothese bestätigt: Der BRU – bzw. die Religion – kann für Jugendliche eine Hilfe sein bei der Orientierung in existentiellen Lebensfragen, bei der Bewertung und Beurteilung ethischer Herausforderungen, beim Umgang mit ihren Mitmenschen (auch fremden Glaubens oder fremder Weltanschauungen) und nicht zuletzt bei Fragen der Wertschätzung der eigenen Person. Das Bemühen um einen lebensorientierten und in den für Jugendlichen neuen Berufsbezügen orientierenden BRU durch die im Übergangssystem engagiert wirkenden Lehrkräfte hat sich bestätigt: Religion kann helfen, dass die Jugendlichen ihr Leben anders (und von daher auch neu) verstehen, Perspektiven für ihre Berufskarriere finden, Fähigkeiten zur Bewältigung von neuen – unerwarteten – Situationen erlernen und befähigt werden, selbstständig Sorge für das eigene Leben und die Verbesserung der beruflichen Chancen zu übernehmen!

Andreas Obermann

Der Fragebogen

Die bibor-Umfrage wurde durch eine online-Befragung im Frühjahr 2011 mit Hilfe des frei zugänglichen Programms GrafStat[1] durchgeführt. Die Dokumentation der Fragen soll die Intention der Befragung transparent machen und die folgende Darstellung der Ergebnisse durch Nennung der einzelnen Fragen (siehe V.2) nachvollziehbar machen. Den teilnehmenden Lehrkräften öffnete sich bei der Beantwortung der Frage folgendes Erscheinungsbild der bibor online-Umfrage:

Im ersten Teil des Fragebogens stehen Sie als Lehrer/Lehrerin im Übergangssystem im Mittelpunkt.

1. Für wie wichtig halten Sie es, dass es den BRU im Übergangssystem gibt?

	sehr wichtig	wichtig	zum Teil	unwichtig	ganz unwichtig
... für die Schülerinnen und Schüler	○	○	○	○	○
... für die Lehrerinnen und Lehrer	○	○	○	○	○
... für das Profil des BRU	○	○	○	○	○

2. Ich unterrichte im Übergangssystem ...

	sehr gerne	gerne	mal so - mal so	weniger gern	ungern
BRU	○	○	○	○	○
ein anderes Fach als den BRU	○	○	○	○	○

3. Beim BRU im Übergangssystem motiviert mich ...

	trifft voll	trifft zu	zum Teil	trifft nicht	trifft gar

Der Fragebogen im Wortlaut:

Liebe Kolleginnen und Kollegen,

diese Frage beschäftigt uns in einem unserer Forschungsprojekte im bibor: Was brauchen die Schüler/innen ohne Ausbildungsplatz, um ihren Platz in der Gesellschaft zu finden? Welche Kompetenzen können sie durch den BRU erlangen, um in schwieriger Zeit ihr Leben zu gestalten?

Zur Beantwortung dieser Fragen möchten wir auf Ihre Kompetenz als Unterrichtende im BRU zurückgreifen. Sie können uns unterstützen, wenn Sie uns die folgenden

1 Zu dem durch die Bundeszentrale für Politische Bildung vertriebene Programm siehe unter: www.grafstat.de.

Fragen beantworten. Ihre Antworten erreichen uns anonym. Für die Bearbeitung benötigen Sie ca. 12 Minuten.

Herzlichen Dank für Ihre Mitarbeit im Voraus.

P.S.: Das Übergangssystem bezeichnet alle Bildungsgänge, in denen Schüler/innen ohne Ausbildungsplatz und ohne Berufsabschluss beschult werden (z.B. Berufsgrundschuljahr; Berufsorientierungsjahr; Berufsfachschule oder Jungarbeiterklassen).

Im ersten Teil des Fragebogens stehen Sie als Lehrerin/Lehrer im Übergangssystem im Mittelpunkt.

1. Für wie wichtig halten Sie es, dass es den BRU im Übergangssystem gibt?

	sehr wichtig	wichtig	zum Teil	unwichtig	ganz unwichtig
... für die Schülerinnen und Schüler	○	○	○	○	○
... für die Lehrerinnen und Lehrer	○	○	○	○	○
... für das Profil des BRU	○	○	○	○	○

2. Ich unterrichte im Übergangssystem ...

	sehr gerne	gerne	mal so – mal so	weniger gern	ungern
BRU	○	○	○	○	○
ein anderes Fach als den BRU	○	○	○	○	○

3. Beim BRU im Übergangssystem motiviert mich ...

	trifft voll zu	trifft zu	zum Teil	trifft nicht zu	trifft gar nicht zu
die Arbeit mit benachteiligten Jugendlichen	○	○	○	○	○
der Unterricht voller Leben	○	○	○	○	○
die Möglichkeit der sozialen Arbeit	○	○	○	○	○
der Bezug zu den Lebenswelten der SuS	○	○	○	○	○
der Dialog mit den Jugendlichen auf Augenhöhe	○	○	○	○	○
die Nähe zu den SuS	○	○	○	○	○

4. Mich stört beim BRU im Übergangssystem, dass ...

	trifft voll zu	trifft zu	zum Teil	trifft nicht zu	trifft gar nicht zu
kein Spannungsbogen länger als 5 Minuten zu halten ist	○	○	○	○	○

(längere) Textarbeiten unmöglich sind	○	○	○	○	○
der Unterricht in zu großen Lerngruppen stattfindet	○	○	○	○	○
die Hoffnungslosigkeit der SuS belastend wirkt	○	○	○	○	○
die SuS an religiösen Themen kaum interessiert sind	○	○	○	○	○
die SuS oft unmotiviert (schulmüde) sind	○	○	○	○	○
so viele muslimische SuS teilnehmen	○	○	○	○	○
so wenige evangelische SuS teilnehmen	○	○	○	○	○

Der zweite Teil des Fragebogens beschäftigt sich nun mit dem BRU selbst.

5. Welche der folgenden Themen spielen in Ihrem Unterricht eine Rolle?

	immer	häufig	manch-mal	selten	nie
Gott					
Bibel	○	○	○	○	○
Jesus Christus	○	○	○	○	○
die evangelische Kirche	○	○	○	○	○
Kirchenjahr	○	○	○	○	○
Gottesdienst	○	○	○	○	○
Arbeit als Gottesdienst	○	○	○	○	○
Schöpfung/Evolution	○	○	○	○	○
Gerechtigkeit (theologisch)	○	○	○	○	○
christliche Konfessionen	○	○	○	○	○
Katholische Kirche	○	○	○	○	○
Vergleich evangelisch – katholisch	○	○	○	○	○
Judentum	○	○	○	○	○
Islam	○	○	○	○	○
Hinduismus	○	○	○	○	○
Buddhismus	○	○	○	○	○
Satanismus/Okkultismus	○	○	○	○	○
Zukunft/eigene Lebensplanung	○	○	○	○	○
Ehre/Respekt	○	○	○	○	○
Helden/Vorbilder/Idole	○	○	○	○	○
Gerechtigkeit (sozial; ethisch)	○	○	○	○	○
Sexualität	○	○	○	○	○
Gewalt(anwendung)	○	○	○	○	○
Süchte/Drogen	○	○	○	○	○
Holocaust	○	○	○	○	○

Strafe und Recht	○	○	○	○	○
Behindertes Leben	○	○	○	○	○
religiöse Fragen der Schüler/innen	○	○	○	○	○

6. Die Lehrpläne für das Übergangssystem haben eine Bedeutung

	immer	manchmal	nie
für die pädagogische Konzeption meines BRU	○	○	○
für die konkrete Gestaltung meines BRU	○	○	○

7. In meinem BRU setze ich folgende Medien ein:

	immer	häufig	manch-mal	selten	nie
ppt-Präsentation (o.ä.)	○	○	○	○	○
OHP-Folien	○	○	○	○	○
Internet-Recherchen	○	○	○	○	○
Dokumentarfilme	○	○	○	○	○
Kurzfilme	○	○	○	○	○
Spielfilme	○	○	○	○	○
Video-Clips (oder YouTube ...)	○	○	○	○	○
Arbeitsblätter	○	○	○	○	○
Schulbücher	○	○	○	○	○

Im dritten Teil der Fragen kommen nun die Schülerinnen und Schüler in den Blick.

8. Wie schätzen Sie die folgenden Kompetenzen/Tugenden/sozialen und materiellen Güter bei der Mehrheit Ihrer SuS ein?

	stark ausge-prägt 1	2	3	4	schwach ausge-prägt 5
Ausdauer/Konzentrationsfähigkeit	○	○	○	○	○
(Selbst-)Disziplin	○	○	○	○	○
Grundfertigkeiten in Lesen, Rechnen und Schreiben	○	○	○	○	○
Sozialkompetenz	○	○	○	○	○
eine realistische Selbsteinschätzung	○	○	○	○	○
Aufrichtigkeit	○	○	○	○	○
Höflichkeit	○	○	○	○	○
Fleiß	○	○	○	○	○
Empathie	○	○	○	○	○
Originalität	○	○	○	○	○

Lebensmut	○	○	○	○	○
materielle Güter	○	○	○	○	○
verständnisvolle Eltern (stützende Familie/Elternhaus)	○	○	○	○	○
verständnisvolle Lehrer und Lehrerinnen	○	○	○	○	○
eine solide Gesundheit	○	○	○	○	○
eine gute gesundheitliche Versorgung	○	○	○	○	○

9. Welche der folgenden Kompetenzen sollte der BRU auf jeden Fall vermitteln?

	trifft zu				trifft nicht zu
	1	2	3	4	5
allgemein religiöse Kompetenzen	○	○	○	○	○
evangelische Kompetenzen	○	○	○	○	○
interreligiöse Kompetenzen	○	○	○	○	○
die Kompetenz der Kommunikation existentieller					
Fragen	○	○	○	○	○
die Kompetenz mündiger Selbstreflexion	○	○	○	○	○
die Kompetenz der Wertschätzung des eigenen Ichs	○	○	○	○	○

10. Welche der folgenden Erfahrungen sollte der BRU durch soziale Interaktionsformen (z.B. Bibliodrama o.ä.) bevorzugt eröffnen?

	trifft zu				trifft nicht zu
	1	2	3	4	5
die Erfahrung eines zeitgemäßen Christseins	○	○	○	○	○
die Erfahrung des christlichen Glaubens als Lebenshilfe	○	○	○	○	○
die Erfahrung eines mögliches Sinns des Daseins	○	○	○	○	○
die Erfahrung der Honorierung von Lernerfolgen	○	○	○	○	○
die Erfahrung von Toleranz sich selbst und anderen gegenüber	○	○	○	○	○
die Erfahrung der Gleichberechtigung von Mann und Frau	○	○	○	○	○

11. Wie bewerten Sie unter folgenden Gesichtspunkten das Übergangssystem insgesamt?

	positiv				negativ
	1	2	3	4	5
Größe der Lerngruppen	○	○	○	○	○
Unterrichtszeit im BRU	○	○	○	○	○
individuelles (zieldifferenziertes) Lernen	○	○	○	○	○
körperliche Bewegung im Schulalltag	○	○	○	○	○
Fördermöglichkeiten schwacher SuS	○	○	○	○	○
betriebliche Praktikumserfahrungen	○	○	○	○	○
Wertschätzung guter Lehrer/innenleistungen (durch die Schulleitung)	○	○	○	○	○

12. Was läuft Ihrer Ansicht nach gut im BRU im Übergangssystem?

	trifft zu				trifft nicht zu
	1	2	3	4	5
die Teamarbeit	○	○	○	○	○
die Vielfalt der Maßnahmen im Übergangssystem, die individuelle Fördermöglichkeiten eröffnen	○	○	○	○	○
die praxisnahe Beschulung, die die Chancen auf dem Ausbildungsmarkt erhöhen	○	○	○	○	○

13. Was wünschen Sie sich für den Unterricht im Übergangssystem?

	sehr	egal	nein
Projekttage BRU statt Einzelstunden	○	○	○
ein Portfolio zu den Stärken der SuS	○	○	○
die Möglichkeit eines individuelleren Unterrichtens	○	○	○
mehr Teamteaching	○	○	○
mehr Betriebserfahrungen durch Praktika etc.	○	○	○
mehr Methodentraining	○	○	○
mehr soziales Lernen	○	○	○
BRU in Doppelstunden	○	○	○
nur die motivierten Lehrer/innen im Übergangssystem	○	○	○
eine bessere Koordination zwischen Schule und Maßnahmenträger (bzw. potentiellen Ausbildungsbetrieben)	○	○	○

Am Ende des Fragebogens bitten wir Sie noch um einige persönliche Angaben:

mein Geschlecht

- ○ weiblich
- ○ männlich

mein Alter

- ○ 25- 30 Jahre
- ○ 31–40 Jahre
- ○ 41–55 Jahre
- ○ 56–65 Jahre

meine Unterrichtsfächer neben dem BRU sind:

____

Meine Konfession ist:

____

Das Bundesland, in dem ich unterrichte, ist:

____

Die Ausrichtung der Berufsschule/des Berufskolleg, in der ich unterrichte

- ○ gewerblich-technisch
- ○ kaufmännisch
- ○ sozial-pflegerisch; hauswirtschaftlich
- ○ landwirtschaftlich
- ○ ____________________________________

Vielen Dank für Ihre Zeit und Hilfe!

Die Ergebnisse der Untersuchung werden wir möglichst zeitnah veröffentlichen und Sie auf unserer Homepage darüber informieren (www.bibor.uni-bonn.de).

Andreas Obermann

Welche Bedeutung hat der Berufsschulreligionsunterricht für Jugendliche ohne Ausbildungsplatz?

Eine Auswertung der online-Umfrage des bibor zur Bedeutung des BRU im Übergangssystem bei Lehrkräften

1. Einleitung: Intention, Anlage und Basis der Umfrage

Die bibor-Umfrage[1] liefert erstmals auf empirischer Basis grundlegende Daten zum BRU und zur Bedeutung des Religionsunterrichts in Bildungsgängen des Übergangssystems und zu seinen Bedingungen aus der Sicht der Lehrkräfte:[2] Durch Daten aus dem Übergangssystem den BRU besser empirisch beschreiben und anstehende Aufgaben angemessen konkretisieren zu können, ist die Motivation und das Anliegen der online-Umfrage des bibor. Die ersten Umfrageergebnisse und ihre hier vorgelegte Auswertung eröffnen damit die Möglichkeit, die Rolle und Funktion des BRU – zunächst allein aus Sicht der Lehrenden im BRU – näher deuten zu können.

Die Konzeption der Umfrage wie auch des Fragebogens wurde in diversen Fachgesprächen entwickelt: Der konzeptionellen und inhaltlichen Erstellung des Fragebogens gingen u.a. Interviews und Diskussionen mit BRU-Lehrkräften über Inhalte und Intentionen des BRU voraus. Die Gewichtungen der Frageblöcke und die Ausgestaltung einzelner Items wurden von sozialwissenschaftlichen und arbeitspsychologischen Fachleuten begleitet. Die Umfrage war in den Monaten April bis Juni auf der bibor Homepage (www.bibor.uni-bonn.de) online durchgeführt worden. Die Basis der Erhebung wie der Auswertung bilden insgesamt 109 Datensätze aus dem gesamten Bundesgebiet. Bundesweit erhebt die Umfrage zwar nicht den Anspruch repräsentativer Aussagen, kann jedoch von der Zahl der ausgewerteten Datensätze her aussagekräftige und empirisch-gestützte Hinweise zum BRU liefern.

Im Blick auf das bibor Stammland NRW haben sich von insgesamt 545 BRU-Lehrkräften[3] insgesamt 65 Lehrkräfte an der bibor-Umfrage beteiligt, was einem Anteil von 11,9% aller BRU-Lehrkräfte in NRW entspricht. In der Gesamtumfrage

---

1 Entwickelt, durchgeführt und ausgewertet wurde die bibor-Umfrage auf der Basis von GrafStat Version 4.243 (www.grafstat.de).

2 Eine umfassende empirische Erhebung (d.h. Schüler/innen, BRU-Lehrkräfte, Schulleitungen, Schulträger sowie die dualen Partner einschließend) zum BRU allgemein in Kooperation mit Arbeitspsychologen bleibt demnach eine anstehende Aufgabe der Zukunft, der sich das bibor im Jahr 2014 widmen wird.

3 Die Zahlen stammen aus den Amtlichen Schuldaten NRW für das Schuljahr 2010/2011.

stellen die NRW-Antworten damit annähernd 60% aller Antworten. Der analytische Vergleich aller Antworten mit den NRW-Antworten erbrachte jedoch keine nennenswerten und signifikanten Abweichungen der Einschätzungen in NRW im Vergleich zu den Gesamtergebnissen, so dass auf eine NRW-spezifische Auswertung verzichtet wird.

Die folgende, thematisch gegliederte Auswertung der online-Umfrage hat ein dreifaches Anliegen: In einer ersten Linie sollen die wesentlichen Ergebnisse der Umfrage zunächst dargestellt und gedeutet werden. Daneben sollen zweitens die Ergebnisse der Umfrage in grafischer oder tabellarischer Form präsentiert werden, damit sich die Leserin/der Leser auch eigene Eindrücke vom BRU im Übergangssystem auf Grund objektiver Daten machen und eigene Deutungen vornehmen kann. Aus der Umfrage gewonnene Perspektiven und Herausforderungen für den BRU und die berufsorientierte Religionspädagogik sollen die Darstellung abschließen.

2. Auswertung

2.1 Allgemeines zu den BRU-Lehrkräften

Wir beginnen die Darstellung der Befunde zur Lehrerschaft mit deren Herkunft aus den verschiedenen Bundesländern: Die beteiligten Lehrpersonen sind etwa zur einen Hälfte staatliche Lehrkräfte mit einem Zweitfach neben dem BRU und zur anderen Hälfte Pfarrer/innen, die nur Religion unterrichten (F 5).[4]

Die beteiligten Lehrkräfte stammen aus unterschiedlichen Bundesländern: Während 65 Lehrkräfte in NRW unterrichten[5] und 21 in Baden-Württemberg, stammen sieben Lehrkräfte aus Niedersachsen, drei aus Schleswig-Holstein, zwei aus Sachsen-Anhalt und je eine Person aus Rheinland-Pfalz, Sachsen und Thüringen.[6]

Die BRU-Lehrkräfte im Bereich der Evangelischen Kirche im Rheinland (EKiR) und der Evangelischen Kirche von Westfalen (EKvW) bilden insofern eine besondere Situation ab, sofern der Anteil der kirchlichen Lehrkräfte signifikant hoch ist. Denn insgesamt erteilen im Rheinland 545 Lehrkräfte den BRU, von denen 204 Personen im (über Gestellungsverträge geregelten) kirchlichen und 341 Personen im staatlichen Dienst stehen. In der EKvW erteilen 180 Pfarrer/innen (mit einem Stellenanteil von 151 Vollstellen) sowie 415 staatliche Lehrkräfte BRU.[7] Dabei lässt sich die reale Unterrichtsverteilung an der Personenzahl jedoch noch nicht ablesen, da die kirchlichen

4 Die einzelnen Fragen des Bogens sind im Folgenden jeweils mit „F" abgekürzt (die relativen Zahlen der Auswertung sind z.T. gerundet und ergeben von daher nicht immer rechnerisch die 100%).

5 Zur Bedeutung der NRW-Datensätze für die Gesamtumfrage vgl. auch oben in der Einleitung unter 1.

6 Bei acht Datensätzen finden sich keine Angaben zum Bundesland der Lehrkraft.

7 Die zusammengestellten Hinweise verdanke ich für die Rheinische Kirche Klaus P. Henn, Dozent am Pädagogisch-Theologischen Institut der EKiR in Bonn und für die Westfälische Kirche Herrn Landeskirchenrat Pfr. Fred Sobiech.

Lehrkräfte – meist aus Pfarrer/inne/n bestehend – mit vollem Stundendeputat Religionsunterricht erteilen, während die staatlichen Lehrkräfte nur einen Teil ihrer Stunden dem BRU widmen können. In Zahlen ausgedrückt, bedeutet das für das Rheinland: Die kirchlichen Lehrkräfte erteilen 3636 Unterrichtsstunden (fast 76%) und die staatlichen Lehrkräfte 1158 Unterrichtsstunden (gut 24 %) Religion.[8]

Aufschlussreich ist die Altersstruktur der Lehrkräfte, die auf den online-Fragebogen reagiert haben: Unabhängig vom erteilten Unterrichtsfach weist die Altersstruktur der befragten Lehrkräfte folgende Verteilung auf: 2,78% der BRU-Lehrkräfte sind zwischen 25 und 30 Jahren alt, 12% zwischen 31 und 40 Jahren, 73% zwischen 42 und 55 Jahren sowie 12% zwischen 56 und 65 Jahren:

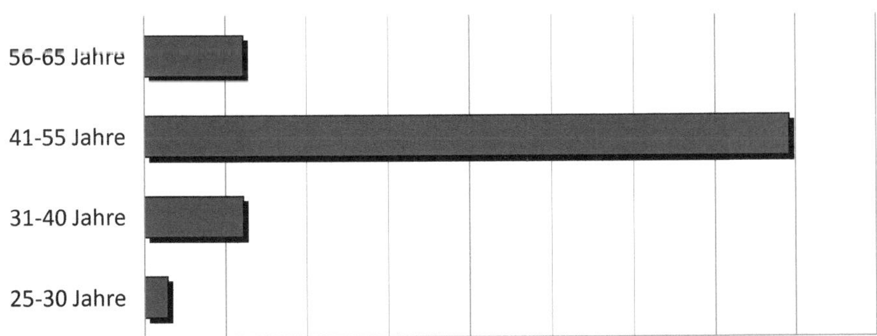

	25-30 Jahre	31-40 Jahre	41-55 Jahre	56-65 Jahre
■	2,80%	12,20%	79,20%	12,20%

Dieses Ergebnis deckt sich in wesentlichen Zügen mit der Altersstruktur der Lehrkräfte an Berufskollegs in NRW insgesamt, sofern sich bei den vom bibor befragten BRU-Lehrkräften die allgemein in NRW wahrnehmbare Überalterung der Lehrerkollegien an Berufskollegs (Berufsschulen) deutlich wiederspiegelt. Die Lehrkräfte (gesamt) im Alter zwischen 46 und 58 Jahren – die Gruppe der im 6. Lebensjahrzehnt lebenden Lehrkräfte – machen insgesamt den Großteil der Lehrerschaft aus:[9]

8 Welche Aufschlüsse sich daraus ergeben für die Art der Erteilung des Religionsunterrichts, das Selbstverständnis der BRU-Lehrkräfte oder auch die Qualität des BRU aus fachlicher und/oder religionspädagogischer Perspektive, soll eine flächendeckende Erhebung des bibor zur Situation des BRU in NRW in den Jahren 2014ff. ergeben.

9 Die Zahlen stammen aus den Amtlichen Schuldaten NRW für das Schuljahr 2010/2011.

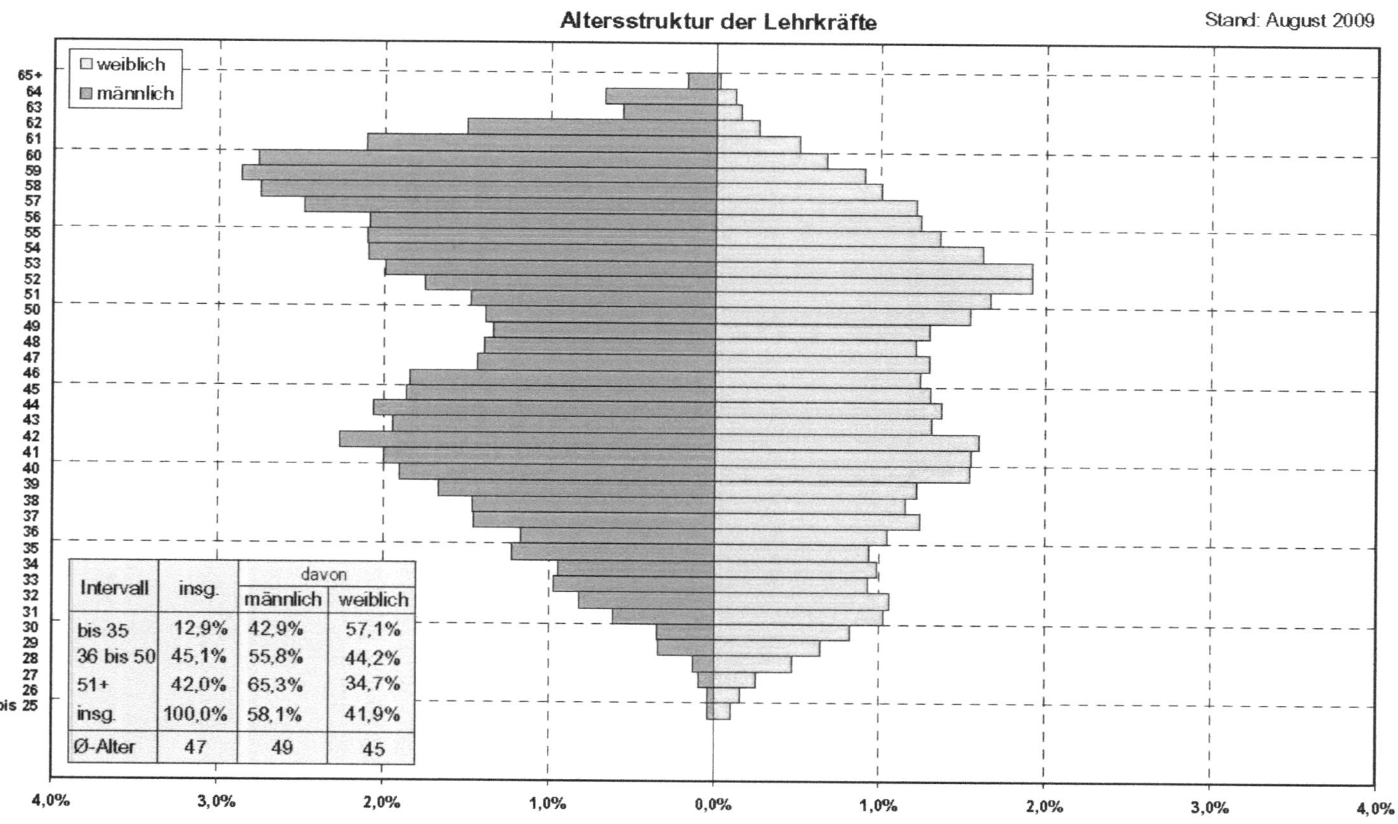

Intervall	insg.	davon männlich	davon weiblich
bis 35	12,9%	42,9%	57,1%
36 bis 50	45,1%	55,8%	44,2%
51+	42,0%	65,3%	34,7%
insg.	100,0%	58,1%	41,9%
Ø-Alter	47	49	45

Das Ministerium für Schule und Weiterbildung Nordrhein-Westfalen (MSW.NRW) beurteilt die in der obigen Grafik dargestellte Altersstruktur aller Lehrkräfte am Berufskolleg, wie folgt:[10] „Ähnlich wie in der Sekundarstufe II lassen sich zwei Generationen von Lehrkräften erkennen. Auffällig ist der sehr geringe Anteil an jüngeren Lehrkräften. Nur jede achte Lehrkraft ist höchstens 35 Jahre alt. Dies ist auf das teilweise erhöhte Alter beim Berufseintritt der Lehrkräfte zurückzuführen, die häufig vor ihrer Lehrerausbildung praktische Berufserfahrung außerhalb des Schuldienstes gewonnen haben.“[11]

Es folgt ein Blick auf die Verteilung der Datensätze auf weibliche und männliche Lehrkräfte: Von den insgesamt beantworteten 109 Fragebögen stammen 58 von weiblichen und 50 von männlichen BRU-Lehrkräften (F 107):[12]

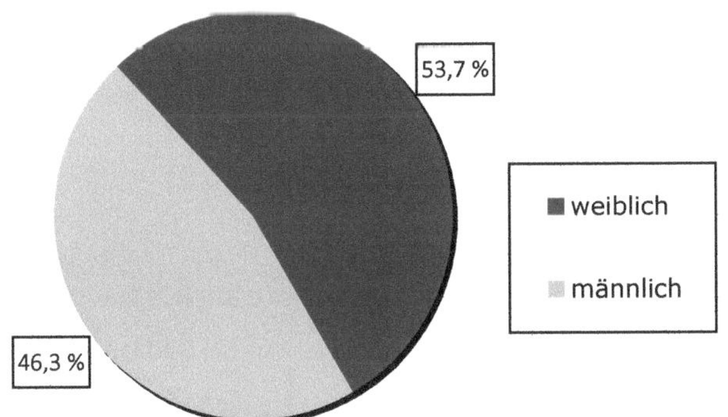

Ein unterschiedenes Bild der Altersstruktur ergibt sich bei einer geschlechtsspezifischen Sicht auf die bibor-Umfrage: Während es zumindest NRW-weit an Berufskollegs mehr männliche als weibliche Lehrkräfte gibt,[13] ist in der bibor-Umfrage der Anteil der 41–55 Jahre alten BRU-Lehrkräfte bei den weiblichen Lehrkräften um 10 Prozentpunkte höher als bei den männlichen Lehrkräften.[14]

10 Die Grafik stammt aus: Prognosen zum Lehrerarbeitsmarkt (2011), 20.

11 Vgl. hierzu die Prognosen zum Lehrerarbeitsmarkt, 2011, 20.

12 In einem Datensatz finden sich keine Angaben zum Geschlecht der betreffenden Lehrkraft.

13 In NRW ist das „Berufskolleg […] die einzige Schulform, in der derzeit mehr Lehrer als Lehrerinnen tätig sind“ (vgl. hierzu die Prognosen zum Lehrerarbeitsmarkt, 2011) – erklärbar ist dieser Befund – wie bereits bei den BRU-Lehrkräften festgehalten – durch die gewerblich-technische Ausrichtung vieler Berufskollegs in NRW, die mehrheitlich in Bildungsgängen klassischer „Männerberufe“ ausbilden, deren Lehrkörper deshalb immer noch mehrheitlich männlich ist.

14 Diese überproportionale Vertretung von weiblichen Lehrkräften – zumindest in NRW – ist bei den geschlechtsspezifischen Auswertungen der folgenden Darlegung in ihren Ergebnissen jeweils mit in die Beurteilung einzubeziehen, verschiebt jedoch auf Grund der insgesamt ausgeglichenen Anzahl der weiblichen und männlichen Personen zuzuordnenden Datensätzen insgesamt die Ergebnisse nur unwesentlich.

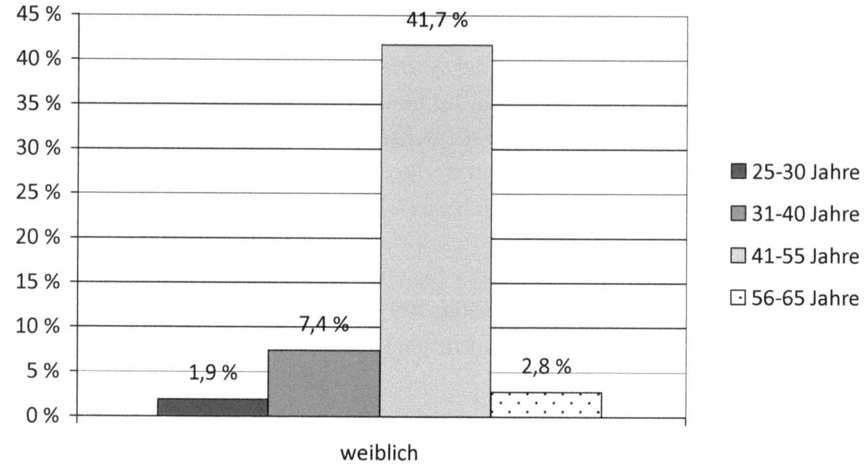

45 %
40 %
35 %
30 %
25 %
20 %
15 %
10 %
5 %
0 %
41,7 %
7,4 %
1,9 %
2,8 %
25-30 Jahre
31-40 Jahre
41-55 Jahre
56-65 Jahre
weiblich

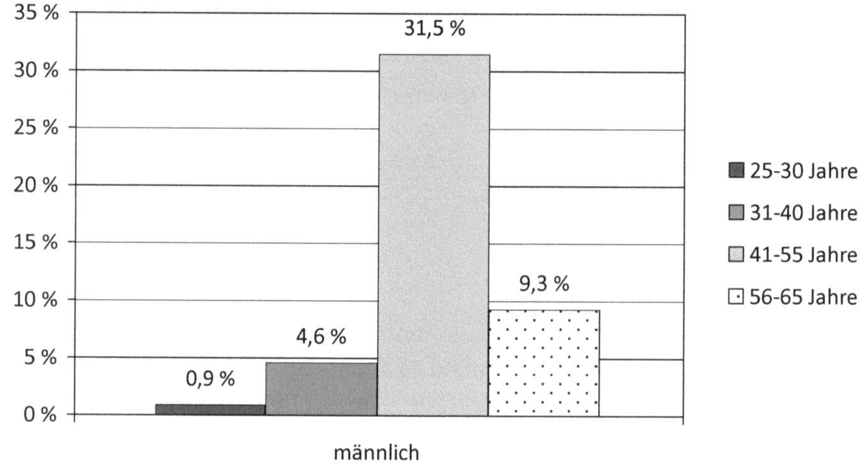

35 %
30 %
25 %
20 %
15 %
10 %
5 %
0 %
31,5 %
9,3 %
4,6 %
0,9 %
25-30 Jahre
31-40 Jahre
41-55 Jahre
56-65 Jahre
männlich

Die fachlich-schulspezifische Ausrichtung der erhobenen Datensätze auf die einzelnen Berufskollegs bzw. Berufsschulen verteilt sich, wie folgt: 32,7% der Lehrkräfte unterrichten an einer gewerblich-technischen, 23,4% an einer kaufmännischen, 22,4% an einer sozial-pflegerischen/hauswirtschaftlichen und 21,5% an einer landwirtschaftlichen Berufsschule (F 112), womit alle gängigen fachlichen Ausrichtungen von Berufsschulen entsprechend ihres Vorkommens gleichmäßig vertreten sind. Das Ergebnis der bibor-Befragung sieht wie folgt aus:

landwirtschaftlich
hauswirtschaftlich / hauswirtschaftlich
kaufmännisch
gewerblich-technisch
0,00% 5,00% 10,00% 15,00% 20,00% 25,00% 30,00% 35,00%

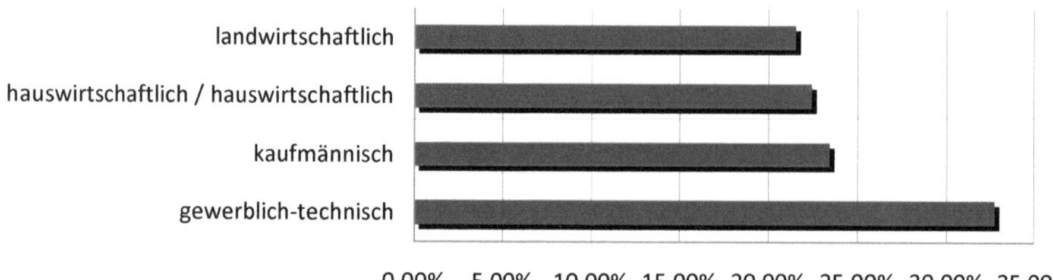

Diese gleichmäßige Verteilung ändert sich bei einer geschlechtsspezifischen Differenzierung, sofern sich hier deutlich der – auch zu erwartende – Befund hinsichtlich der Verteilung der Geschlechter der Lehrkräfte auf die schulspezifische Ausrichtung der Berufskollegs (Berufsschulen) zeigt: Während die männlichen Lehrkräfte mehrheitlich in gewerblich-technischen Berufskollegs arbeiten, unterrichten in sozialpflegerischen und hauswirtschaftlichen Berufskollegs mehrheitlich Frauen:

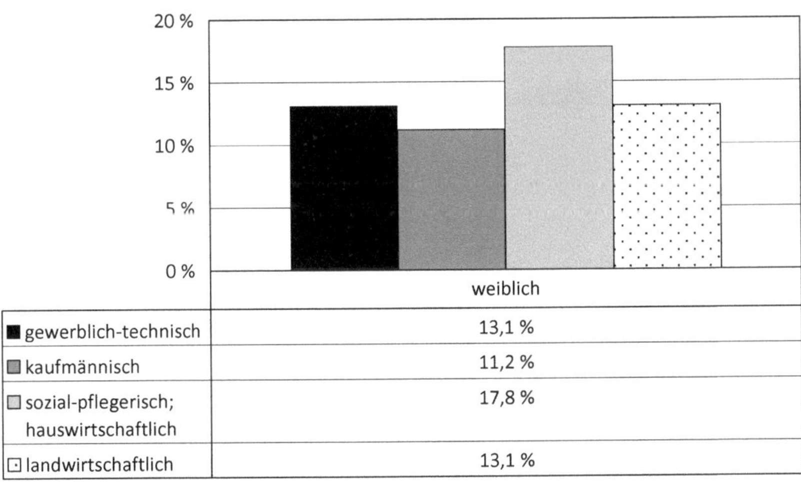

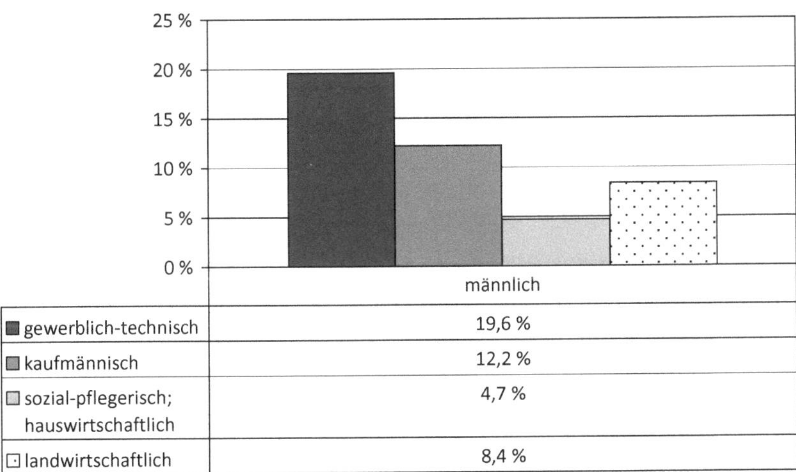

2.2 Die Einschätzungen der BRU-Lehrkräfte zum Übergangssystem

Die gerade dargestellte Lehrerschaft wurde auch befragt nach ihrer Einschätzung zur Bedeutung des BRU (F 1: „Für wie wichtig halten Sie es, dass es den BRU im Übergangssystem gibt?") für die Schüler/innen, für die Lehrenden sowie für das Profil des BRU insgesamt. Die Antwortskala, die sich fünfgliedrig von „sehr wichtig“ über „zum Teil“ bis hin zu „ganz unwichtig“ erstreckte, ergab ein eindeutiges Ergebnis: Sehr wichtig ist der BRU vor allem für die Schüler/innen (54,7%) und in zweiter Linie für das Profil des BRU sowie für sein ‚standing‘ innerhalb der Fächer (44,5%). Erst danach ist der BRU auch für die Lehrerinnen und Lehrer wichtig.

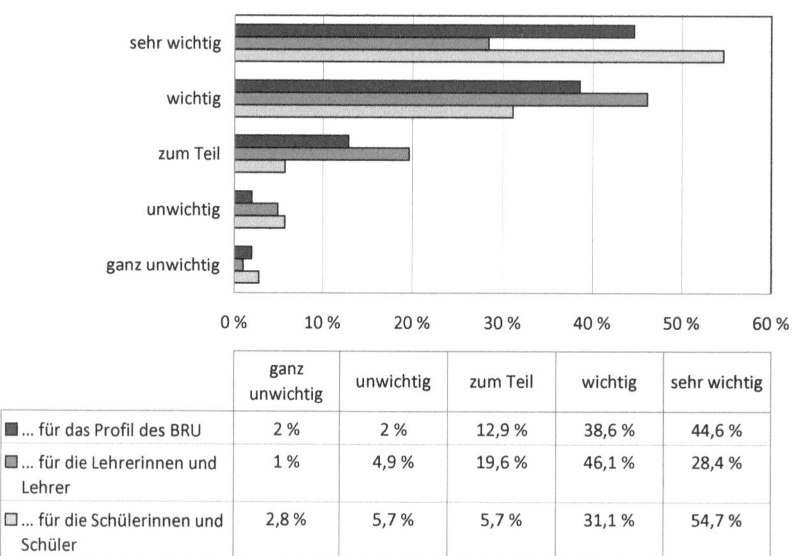

	ganz unwichtig	unwichtig	zum Teil	wichtig	sehr wichtig
■ ... für das Profil des BRU	2 %	2 %	12,9 %	38,6 %	44,6 %
■ ... für die Lehrerinnen und Lehrer	1 %	4,9 %	19,6 %	46,1 %	28,4 %
□ ... für die Schülerinnen und Schüler	2,8 %	5,7 %	5,7 %	31,1 %	54,7 %

Das abgestufte Ergebnis dieser einleitenden Frage macht verschiedene Gewichtungen im Blick auf die Ausrichtung und die Bedeutung des BRU speziell im Übergangssystem deutlich: Das Ergebnis zeigt (1.) bildungstheoretisch, dass der BRU grundlegend didaktisch ausgerichtet ist: Von der durch Lehrkräfte geäußerten Bedeutung des BRU für die Schüler/innen ist rückzuschließen, dass entsprechend die Schüler/innen im Fokus der Lehrkräfte an erster Stelle stehen – mit ihren handlungsorientierten (fachlichen, sozialen und persönlichen) Bedürfnissen und Bedarfen im Blick auf eine Verbesserung ihrer zukünftigen Chancen auf dem Arbeitsmarkt. Die didaktische Frage nach den zu lehrenden Inhalten bzw. den zu erwerbenden (bzw. zu erweiternden) Handlungskompetenzen orientiert sich primär an den zu erwerbenden beruflichen Fähigkeiten der Schüler/innen – diese sind die Hauptadressaten des berufsorientierten Religionsunterrichts im Übergangssystems.

Deutlich wird an diesem Ergebnis (2.) aber auch, dass die BRU-Lehrkräfte überdurchschnittlich deutlich von der Einschätzung geprägt sind, mit dem berufsorientierten Religionsunterricht eine sinnvolle Tätigkeit für die Schüler/innen auszuüben: Annähernd 86% erachten den BRU als sehr wichtig/wichtig für die Schüler/innen und 75% der Befragten meinen das auch für das Profil des BRU selbst. Für ein Unterrichtsfach, das sich immer wieder im Blick auf seine berufliche Relevanz behaupten muss und dessen Existenz immer wieder zur Disposition steht – z.B. bei der wiederkehrenden Debatte um die Notwendigkeit eines zweiten Berufsschultages –, sind dies deutliche Werte.[15]

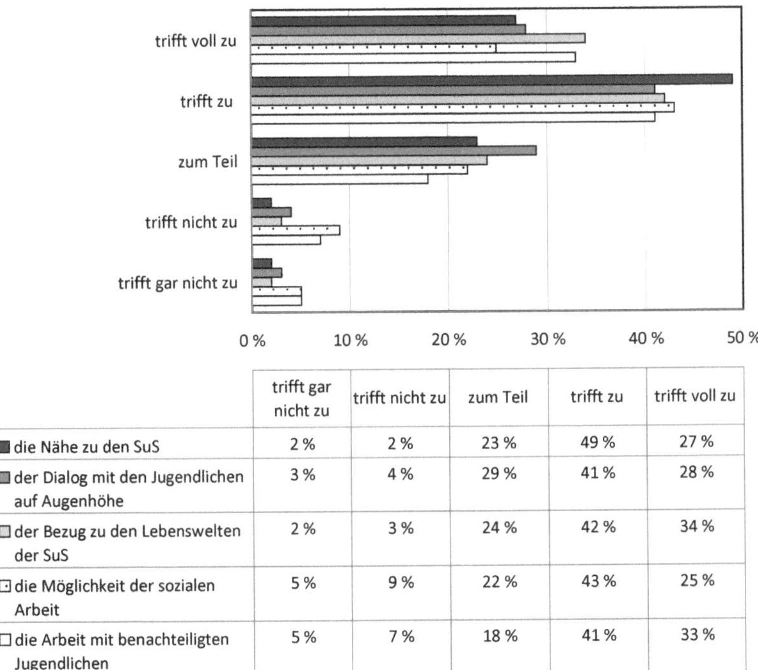

	trifft gar nicht zu	trifft nicht zu	zum Teil	trifft zu	trifft voll zu
■ die Nähe zu den SuS	2 %	2 %	23 %	49 %	27 %
■ der Dialog mit den Jugendlichen auf Augenhöhe	3 %	4 %	29 %	41 %	28 %
□ der Bezug zu den Lebenswelten der SuS	2 %	3 %	24 %	42 %	34 %
⊡ die Möglichkeit der sozialen Arbeit	5 %	9 %	22 %	43 %	25 %
□ die Arbeit mit benachteiligten Jugendlichen	5 %	7 %	18 %	41 %	33 %

Die hohe Einschätzung der Sinnhaftigkeit des eigenen Tuns drückt sich (3.) auch aus bei der Frage nach den Beweggründen der Lehrkräfte für den Religionsunterricht im Übergangssystem: Die Antworten auf die Frage an die Lehrkräfte, welche Motivationen sie jeweils mitbringen, wenn sie im Religionsunterricht im Übergangssystem eingesetzt werden (F 3), fielen vor dem Hintergrund des bisher Ausgeführten recht unspektakulär, zugleich aber auch deutlich, aus: Für 32,4% der Befragten trifft der Bezug zur Lebenswelt der Schüler/innen als Motivation „voll zu", sowie – fast gleichwertig – für 31,7% die Arbeit mit benachteiligten Jugendlichen. Die Schüler/innenorientierung ist damit mit die höchste Motivation für die BRU-Lehrkräfte. Unter der Rubrik „trifft zu" nennen 47,6% der Befragten die Nähe zur Lebenswelt der Schüler/innen als besonders wichtig. Signifikant dürfte insgesamt sein, dass alle in der Frage zur Auswahl gestellten schülerorientierten Motivationsfaktoren als zutreffend für den BRU angesehen wurden und eine hohe Zustimmung erhalten haben. Nur eine dem bisherigen Ergebnis gegenläufige Negativwertung erreicht eine Wertung über der 10%-Marke: Gerade einmal 13,5% der Befragten negieren („trifft nicht zu"; „trifft gar nicht zu"), dass der Bezug zur Sozialarbeit und nur 11,5%, dass der Bezug zur Arbeit mit benachteiligten Jugendlichen für sie eine Motivation zum BRU im Übergangssystem sei. Insgesamt drückt das Gesamtergebnis der bibor-Umfrage eine hohe

15 Wie sich die Zahlen darstellen würden bei Herausforderungen für den BRU im dualen System – auch als gesicherte Kontrollgröße – ist die Aufgabe weiterer empirischer Untersuchungen.

Motivation der Lehrkräfte zu einem schülerorientierten und lebensnahen Religionsunterricht aus.

Die Motivationsfaktoren für den Unterricht im Übergangssystem zeigen (4.) deutlich die besonderen berufsbezogenen – hier vor allem sozialethischen und persönlichkeitsbezogenen – Herausforderungen, die das Unterrichten generell im Übergangssystem prägen und bestimmen. Vor dem Hintergrund des hohen Profilierungsdrucks des BRU insgesamt (s.o.) zeigt sich hier (5.) auch die von den Probanden vertretene Auffassung, dass der Religionsunterricht gerade im Übergangssystem seine spezifischen Stärken einer subjektorientierten und didaktisch reflektierten Unterrichtskommunikation umsetzen und so gewichtige religionspädagogische Beiträge zu einer personalen Kompetenzerweiterung bei den Jugendlichen beisteuern kann. Im Übergangssystem kann der BRU seine pädagogische Funktion präzise realisieren, indem an dieser Stelle – auch für den BRU in der Berufsbildung allgemein – deutlich zu Tage tritt, welche Funktionen und Wirkungen der BRU generell in der beruflichen Bildung (praktisch) wie auch der Berufspädagogik (theoretisch) übernehmen und entfalten kann. Die obige Grafik weist schließlich (6.) die BRU-Lehrkräfte im Übergangssystem als eine hoch motivierte Gruppe aus, die mit Engagement für die Schüler/innen in ihrem Unterricht eintritt und sich für die Profilierung des BRU als ein in die Berufsbildung integriertes Unterrichtsfach engagiert.

Dies entspricht dann auch (7.) dem Wunsch der Befragten, dass speziell der BRU im Übergangssystem die engagiertesten Lehrkräfte brauche (F 105) – wobei anzunehmen ist, dass sich die Probanden selbst auch als motiviert und engagiert einschätzen und wahrnehmen. Die Antworten auf die Frage nach dem Einsatz von speziell für das Übergangssystem motivierten Lehrkräften sehen, wie folgt, aus:

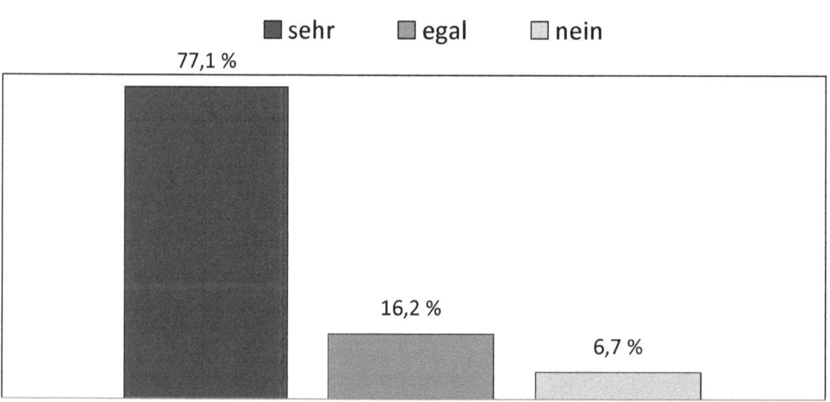

2.3 Die Schüler/innen des Übergangssystems

Wir kommen nun indirekt[16] zu den Jugendlichen in den Beurteilungen, wie sich die Schüler/innen in den Augen ihrer Lehrkräfte darstellen. Ein erster Blick soll dabei gelenkt werden auf die Lerngruppen im Übergangssystem und wie die BRU-Lehrkräfte die dortige Unterrichtsatmosphäre empfinden. Entsprechend wurden die BRU-Lehrkräfte nach dem Störpotential befragt, das sie im BRU wahrnehmen: Auf der einen Seite war gefragt nach „äußeren“ – strukturellen – Anlässen (Faktoren), die das Unterrichten im Übergangssystem erschweren können. Hier war unter anderem gefragt nach der Größe sowie der religiösen Zusammensetzung der Lerngruppen im Religionsunterricht. Das Ergebnis im Blick auf strukturelle und schulorganisatorische Störpotentiale sieht dabei, wie folgt, aus:

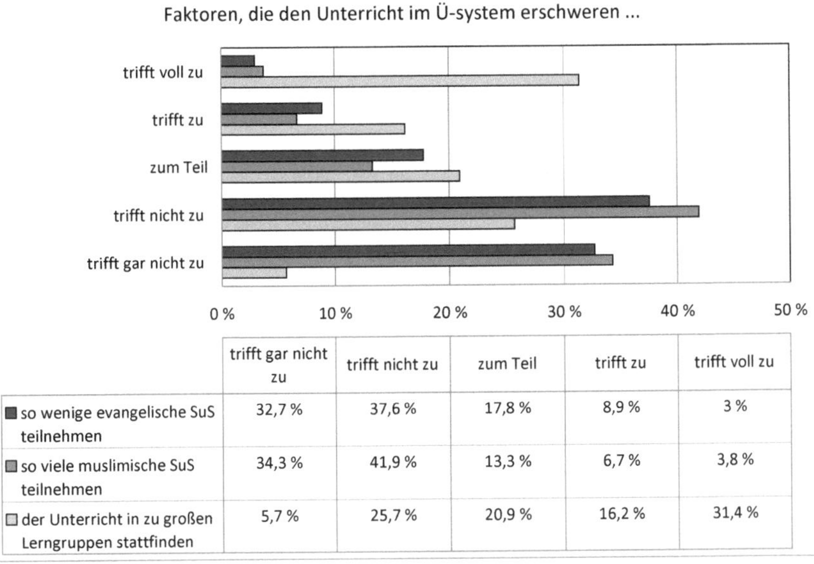

	trifft gar nicht zu	trifft nicht zu	zum Teil	trifft zu	trifft voll zu
■ so wenige evangelische SuS teilnehmen	32,7 %	37,6 %	17,8 %	8,9 %	3 %
■ so viele muslimische SuS teilnehmen	34,3 %	41,9 %	13,3 %	6,7 %	3,8 %
□ der Unterricht in zu großen Lerngruppen stattfinden	5,7 %	25,7 %	20,9 %	16,2 %	31,4 %

Hinsichtlich struktureller Störpotentiale werden vor allem die zu großen Lerngruppen im Übergangssystem genannt (47,6% der Befragten stimmen mit „trifft voll zu“ und „trifft zu“), die einen individuellen Unterricht oft nicht zulassen (F 14).[17] Überhaupt nicht störend werden hingegen die multireligiösen Zusammensetzungen der Lerngruppen wahrgenommen (F 18.19): Dass zuweilen – auch abhängig von der geographischen Lage eines Berufskollegs – kaum noch evangelische Schüler/innen die Mehrheit der Lerngruppen bilden bzw. umgekehrt die Zahl muslimischer Schüler/

16 Vom Forschungsdesign können die Aussagen über Schüler/innen nur indirekt getätigt werden.

17 Eine leichte Abhilfe könnte hier der Ansatz eines höheren Schlüssels der Lehrer-Schüler-Korrelation sein – und Schüler/innen von mehr Lehrkräften betreut würden Diese Variante einer besseren (Grund-)Förderung der Schüler/innen im Übergangssystem würde hohe Investitionen (Personalkosten) bedeuten und könnte zugleich ein Gradmesser sein, inwiefern politische Verlautbarungen zur Förderung Jugendlicher mit Benachteiligungen ernst gemeint sind und auch Geld kosten dürfen.

innen zum prozentualen Vorkommen in NRW im Übergangssystem signifikant höher ist (vgl. hierzu Obermann, 2006), schreckt nicht von einer aktiven Beteiligung am BRU ab. Die religiöse Heterogenität ist vielmehr Normalität im Übergangssystem (und in Berufsschulen allgemein) und wird auch als solche wahrgenommen. Andererseits dürfte diese Heterogenität auch den besonderen Reiz der religiösen Kommunikation in diesen Lerngruppen ausmachen auf Grund der darin implizierten didaktischen Möglichkeiten und Herausforderungen.

Neben diesen äußeren (strukturellen) Störaspekten galt es zu erfragen, welche den Unterricht negativ beeinflussenden Faktoren die Lehrkräfte bei ihren Schüler/inne/n selbst wahrnehmen. Hier wurde nach den persönlichen Dispositionen gefragt, die die Schüler/innen in den Unterricht mitbringen: Zurückhaltend – vermutlich auf Grund des hohen Respekts gegenüber den Schüler/inne/n[18] – benennen die Lehrkräfte die Aspekte, die das Unterrichten im Übergangssystem als mühsam erscheinen lassen (F 12.13.15.16.17). Hier sind es vor allem motivationale Aspekte einerseits sowie die Kunst des Arbeitens („Lernen lernen") andererseits, die auch den BRU erschweren. Diesbezüglich seien drei interessante Aspekte besonders hervorgehoben: Es trifft (1.) nicht zu, dass Schüler/innen des Übergangssystem an religiösen Fragen kein Interesse hätten. Fast 42% der Lehrkräfte erkennen demnach dezidiert ein Interesse der Schüler/innen an Religion bzw. an religiösen Fragen.[19] Weiterhin sind hier 40% der Lehrkräfte sehr offen und negieren zumindest das religiöse Interesse der Jugendlichen nicht. Resümierend darf (2.) die Schlussfolgerung gezogen werden, dass die allgemeine Motivation zum Lernen und die zuvor erworbenen Fähigkeiten und Befähigungen der Schüler/innen zum Lernen insgesamt als steigerungsfähig erachtet werden: Indirekt genannt werden hier vor allem eine fehlende Konzentrationsfähigkeit, was symptomatisch durch fehlende Spannungsbögen und auch durch die Schwierigkeit bei der Arbeit mit längeren Texten konstatiert wird. Latent artikuliert wird dabei das in der öffentlichen Diskussion sonst oft zu hörende allgemeine Urteil, dass viele Jugendliche heute eben nicht „ausbildungsreif" seien. Lebensgeschichtlich alarmierend ist dagegen (3.) der Befund, nach dem 53,7% der Lehrkräfte ihre Schüler/innen als schulmüde einstufen (16% „trifft voll zu"; 37,3% „trifft zu"). Unterstützt wird diese Einschätzung noch dadurch, dass keine Lehrkraft – ein für die Befragung insgesamt sehr seltenes Ergebnis – der Meinung ist, dass die Schulmüdigkeit überhaupt kein Problem sei. Insgesamt wird damit deutlich: Obgleich, wie oben gezeigt, der BRU von den Lehrkräften als eine in der aktuellen Schulsituation sinnvolle Begegnung

18 Der hohe Respekt der Lehrkräfte ist rückzuschließen aus Antworten auf Frage 3: So waren alle Motivationsfaktoren für die Lehrkräfte besonders hoch, die eine gute Beziehung zu den Schüler/inne/n und eine Wertschätzung ihrer Lebensumstände beinhaltet haben.

19 Diese Einschätzung deckt sich mit ersten Ergebnissen der bibor-Untersuchung zum didaktischen Potential einer religiösen Pluralität in Lerngruppen des dualen Systems (siehe www.bibor.uni-bonn.de unter Projekte): In Lerngruppen des ersten Lehrjahres äußerten in Gruppendiskussionen viele Schüler/innen ein grundsätzliches Interesse an religiösen Fragen allgemein und (nun) an der Berufsschule ein dezidiertes Interesse an den religiösen Überzeugungen und Grundsätzen der in der Lerngruppe vertretenen unterschiedlichen Religionen.

bzw. ein sinnvoller Unterricht angesehen wird,[20] ist für Jugendliche ohne Ausbildungsplatz der – als „normale" Beschulung empfundene – Unterricht in den Bildungsgängen des Übergangssystems kein lebensgeschichtlich angemessener Weg zur besseren Bewältigung des Übergangs in den Beruf: Was die Jugendlichen eigentlich benötigen, ist ein für sie je angemessener Ausbildungsplatz, der ihnen ein Lernen im realen beruflichen Kontext ermöglichte, ihnen zugleich Optionen eines altersgemäßen informellen Lernens eröffnete und ihnen damit zu einem altersgemäßen – sie wollen keine Schüler/innen mehr sein – und anerkannten Status in der Gesellschaft verhelfen würde. Diese spannungsvolle und scheinbar widersprüchliche Haltung zum BRU im Übergangssystem und auch zum Übergangssystem an sich – sinnvoller Unterricht und lebensbiographisch falscher Lernort zugleich – zeigt das strukturelle Dilemma des Übergangssystems und seiner Fächer und Lehrkräfte auf: Angesichts der Ohnmacht, die arbeitsmarktpolitischen Rahmenbedingungen zugunsten einer lebensgeschichtlich angemessenen Förderung der Jugendlichen nachhaltig (auch im Blick auf nachkommende Jugendliche in diese Dilemmasituation) ändern zu können, wird eine unter den Realbedingungen optimierte Beschulung im Übergangssystem für den einzelnen Jugendlichen als eine gute und sinnvolle Option angesehen inmitten einer als sysiphusal erlebten Gesamtsituation.

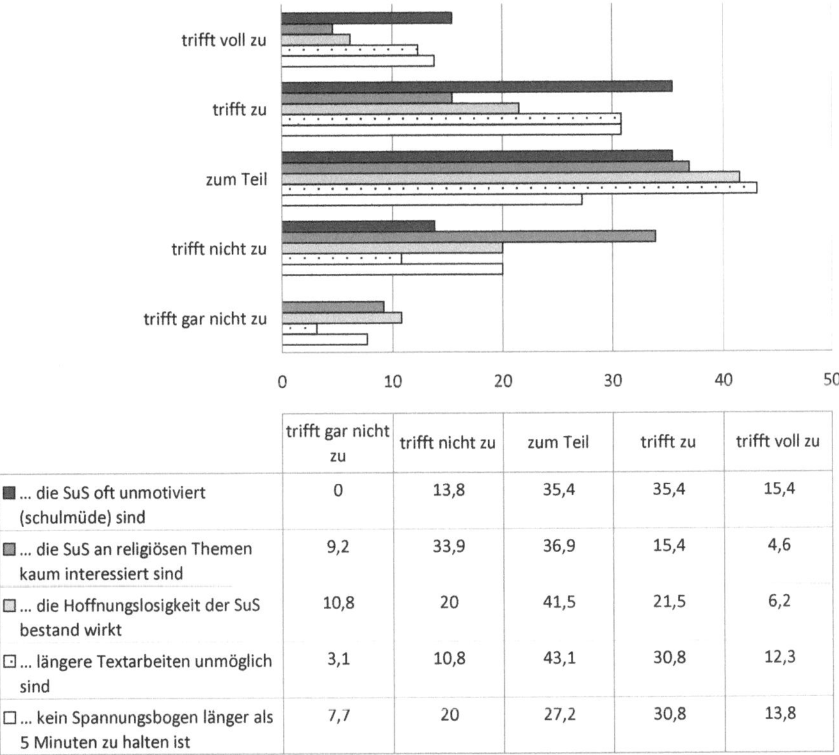

	trifft gar nicht zu	trifft nicht zu	zum Teil	trifft zu	trifft voll zu
■ ... die SuS oft unmotiviert (schulmüde) sind	0	13,8	35,4	35,4	15,4
■ ... die SuS an religiösen Themen kaum interessiert sind	9,2	33,9	36,9	15,4	4,6
□ ... die Hoffnungslosigkeit der SuS bestand wirkt	10,8	20	41,5	21,5	6,2
□ ... längere Textarbeiten unmöglich sind	3,1	10,8	43,1	30,8	12,3
□ ... kein Spannungsbogen länger als 5 Minuten zu halten ist	7,7	20	27,2	30,8	13,8

20 Zum Optimierungswunsch des Unterrichts im Übergangssystem von Seiten der Lehrkräfte siehe am Ende das Fazit.

Entsprechend der Frageintention der gesamten Datenerhebung zum BRU interessiert weiterhin die Frage, wie der BRU den Schüler/inne/n zu jenen Kompetenzerweiterungen verhelfen kann, die ihnen beim Start ins Berufsleben helfen können. Hierfür nötig ist zunächst eine Bedarfsanalyse, welche Lernprozesse die Schüler/innen brauchen bzw. welche Kompetenzerweiterungen sie benötigen. An dieser Stelle können BRU-Lehrkräfte kompetent weiterhelfen. Vor dem Hintergrund dieses Forschungsinteresses lautete die generelle Frage, welche Kompetenzbedarfe die Lehrer/innen für ihre Schüler/innen, mit denen sie intensiv Woche für Woche zusammen arbeiten, hinsichtlich einer erfolgreichen Bewältigung des Übergangs von der Schule in den Beruf sehen.

Das Urteil der fehlenden – so genannten – Ausbildungsreife resultiert meist aus der Erfahrung der Lehrkräfte und betrieblichen Ausbilder, dass es Jugendlichen oft an allgemeinen wie auch fachspezifischen Kompetenzen mangelt, um einer beruflichen Handlungsfähigkeit[21] entsprechen zu können. Neben den erwerbbaren Kompetenzen (z.B. Fachkompetenzen) werden hier aber auch immer wieder Fähigkeiten genannt, die nicht kognitiv zu erwerben sind, sondern einen Teil der Persönlichkeitsreife ausmachen (wie z.B. Fleiß oder Disziplin). Bei den entsprechenden Fragen (F 59; 64; 65; 66; 67; 68; 69) zeigten die Antworten eine deutliche Übereinstimmung in der Einschätzung, welche Fähigkeiten den Schüler/inne/n besonders fehlen: Ausdauer, Selbstdisziplin und Fleiß.

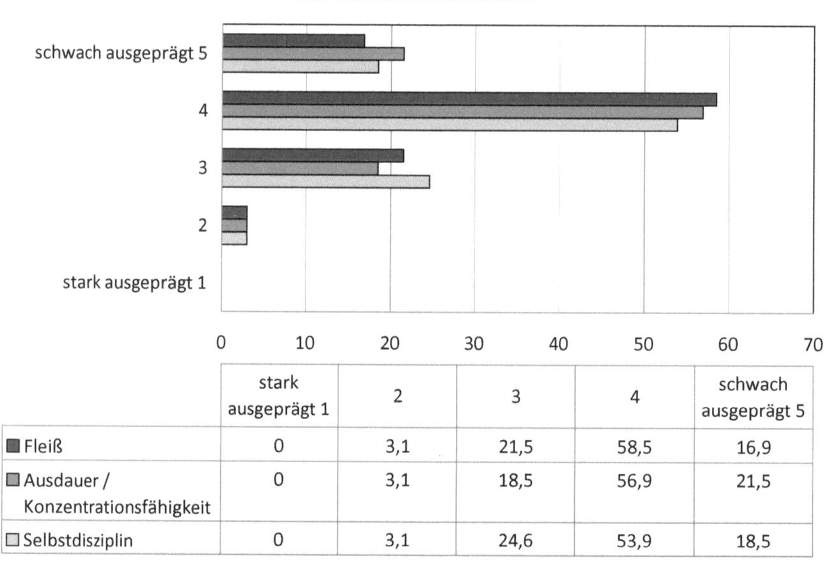

	stark ausgeprägt 1	2	3	4	schwach ausgeprägt 5
Fleiß	0	3,1	21,5	58,5	16,9
Ausdauer / Konzentrationsfähigkeit	0	3,1	18,5	56,9	21,5
Selbstdisziplin	0	3,1	24,6	53,9	18,5

Die BRU-Lehrkräfte sehen aber auch deutliche Stärken und ausgebildete positive Fähigkeiten und Eigenschaften der Schüler/innen des Übergangssystems: Stark ausgeprägt sind in den Augen der Lehrkräfte z.B. die Aufrichtigkeit und die Originalität

21 Zu diesem Begriff vgl. grundlegend § 1 (2) des Berufsbildungsgesetzes (BBiG).

der Schüler/innen sowie auch deren Höflichkeit und ihr Lebensmut.[22] Diese erwähnenswerten Eigenschaften und Tugenden scheinen für die einzelnen Schüler/innen und ihre Lerngruppen besonders prägend zu sein.

Die Wahrnehmung (Diagnose) dieser Persönlichkeitsmerkmale weist m.E. auf eine doppelte Qualität des BRU hin: Zum einen eröffnet der Religionsunterricht den Raum zur aufrichtigen Begegnung und kreativen (originellen) Entfaltung der eigenen Persönlichkeit. Im BRU können die Jugendlichen aufrecht – d.h. ohne Leistungsdruck, ohne vermeintlichen Opportunitätszwang und ohne Verstellung eigener Meinungen – kommunizieren (lernen bzw. üben) und sich entsprechend kreativ entfalten. Das heißt: Der BRU gewährt Freiräume einer qualitativen Authentizität. Zum anderen weist dieses Augenmerk der Lehrkräfte hin auf ihre differenzierte Beobachtungsgabe der Schüler/innen und ihre grundsätzliche Wertschätzung der Jugendlichen:

SuS bringen in den Unterricht mit ...

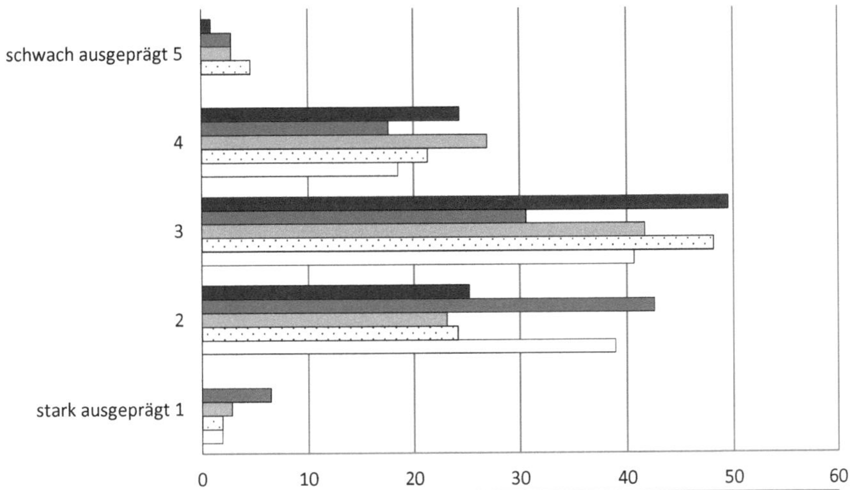

	stark ausgeprägt 1	2	3	4	schwach ausgeprägt 5
Lebensmut	0	25,2	49,5	24,3	0,9
Originalität	6,5	42,6	30,6	17,6	2,8
Empathie	2,8	23,1	41,7	26,9	2,8
Höflichkeit	1,9	24,1	48,1	21,3	4,6
Aufrichtigkeit	1,9	38,9	40,7	18,5	0

Den von den Lehrkräften wahrgenommenen und soeben dargestellten Defiziten entspricht – gewissermaßen als gegenläufige Wahrnehmung – die Feststellung jener

22 Weniger ausgeprägt scheint in den Augen der Lehrkräfte die Fähigkeit zur Empathie ausgebildet zu sein. Ein Grund hierfür könnte sein, dass die Schüler/innen untereinander und in ihren Peergroups eher empathisch wirken als in der Kunstsituation des Unterrichts, auch wenn gerade der BRU hier gegenzusteuern scheint.

beruflichen Handlungsfähigkeiten, deren die Schüler/innen hinsichtlich eines zukünftig erfolgreicheren Starts ins Berufsleben am nötigsten bedürfen. Dabei standen folgende Kompetenzen im Fragebogen zur Auswahl: allgemeine religiöse Kompetenzen; evangelische Kompetenzen; interreligiöse Kompetenzen; die Kompetenz der Kommunikation existentieller Fragen; die Kompetenz mündiger Selbstreflektion; die Kompetenz der Wertschätzung des eigenen Ichs (F 75–80).

Auf die Frage, welche Kompetenzen der BRU auf jeden Fall vermitteln sollte,[23] kristallisierten sich fünf Kompetenzen als besonders wichtig für Jugendliche heraus („trifft voll zu“ und „trifft zu“ werden je genannt: Wertschätzung des eigenen Ichs 92,6%; mündige Selbstreflektion 92,6%; Kommunikation existentieller Fragen 87,2%; interreligiöse Kompetenzen 78,8% und religiöse Kompetenzen 73,4%). Diese Fähigkeiten zielen entweder auf die Fähigkeit einer positiven Selbstwahrnehmung und Wertschätzung der eigenen Person, auf kommunikative Fähigkeiten hinsichtlich existentieller und gesellschaftlicher Dimensionen im Leben der Schüler/innen und zuletzt auch auf die Kommunikation der religiösen Dimension des Lebens: Mündigkeit und Wertschätzung einerseits sowie die Fähigkeit der Begegnung mit Andersgläubigen durch eine authentische Dialogfähigkeit auf Augenhöhe andererseits scheinen heute aus Sicht der BRU-Lehrkräfte besonders wichtig und gefragt zu sein.

Der BRU sollte folgende Kompetenzen vermitteln ...

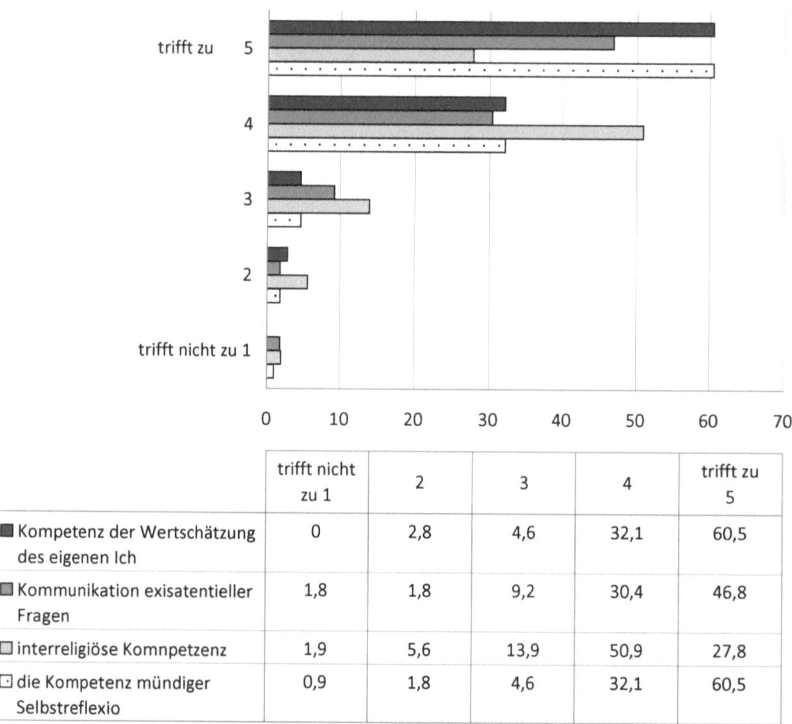

	trifft nicht zu 1	2	3	4	trifft zu 5
Kompetenz der Wertschätzung des eigenen Ich	0	2,8	4,6	32,1	60,5
Kommunikation exisatentieller Fragen	1,8	1,8	9,2	30,4	46,8
interreligiöse Komnpetzenz	1,9	5,6	13,9	50,9	27,8
die Kompetenz mündiger Selbstreflexio	0,9	1,8	4,6	32,1	60,5

23 Anbei sei das Gesamtergebnis dieser wesentlichen Passage der Befragung vorweg dargestellt.

Einen differenzierteren Blick auf die Gewichtung der Konfessionalität des BRU durch die Lehrkräfte eröffnet die Bewertung von konfessionellen und religiösen Kompetenzen:[24] Eine insgesamt hohe Relevanz für die Schüler/innen erreichen in den Augen der Lehrkräfte noch die allgemein religiösen Kompetenzen – allerdings nicht mit der gleichen erstrangigen Priorität wie die drei meistgenannten Kompetenzen (als absolut vordringliches Ziel des BRU erachten nur 36% der Lehrkräfte eine Kompetenzerweiterung im allgemeinen religiösen Bereich). Die konfessionell geprägte evangelische Kompetenz nennen hingegen gerade einmal 7,5% der Befragten.[25] Die allgemeinen religiösen Fähigkeiten wurden somit als notwendiger erachtet als eine konfessionelle Orientierung. Vor allem favorisiert wurde eine interreligiöse Kompetenz – wobei sich die hier meist intendierte kommunikative Fähigkeit nur entwickeln kann, wenn auch (inter-)religiöse Inhalte im BRU kommuniziert werden und es zur Erweiterung des religiösen Wissens kommt. Damit bleibt zu resümieren: Die religiöse Relevanz des BRU[26] wird nicht in konfessioneller Perspektive wahrgenommen, sondern vermehrt in dessen interreligiöser Ausrichtung.

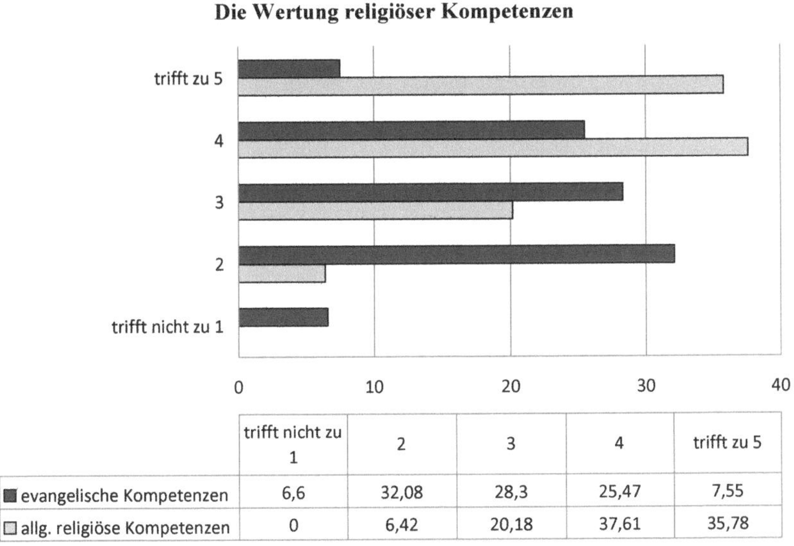

	trifft nicht zu 1	2	3	4	trifft zu 5
■ evangelische Kompetenzen	6,6	32,08	28,3	25,47	7,55
□ allg. religiöse Kompetenzen	0	6,42	20,18	37,61	35,78

24 Die Frage nach religiösen wie auch evangelischen Kompetenzen hat hier alleine eine Aufklärungsintention, sofern die Antworten Auskunft geben sollen über die konfessionelle Ausrichtung der Lehrer/innen und den konfessionellen Charakter ihres BRUs. Bildungstheoretisch ist die Rede von religiösen (und erst Recht evangelischen) Kompetenzen mehr als fraglich, sofern es im Grunde keine religiösen Fachkompetenzen gibt, sondern allenfalls Kompetenzen, die in religiösen Zusammenhängen eine Relevanz haben.

25 Auch unter der Wertung „trifft zu“ nennen nur 25,5% der Befragten die evangelische Kompetenz als Ziel des BRU, während – zum Vergleich – über 60% die Wertschätzung des eigenen Ichs als prioritäres Ziel des BRU nennen.

26 Vgl. hierzu auch den schon oben erwähnen Befund, dass die Schüler/innen religiösen Fragen aufgeschlossen sind.

Damit ist allerdings ein Wesensmerkmal des BRU tangiert, das für den BRU nicht nur im Blick auf seine rechtliche Stellung konstitutiv ist – nämlich seine schwach repräsentierte fachspezifische Ausrichtung bzw. sein wenig genuiner Lehr- und Lerninhalt in der konfessionellen Ausrichtung nach GG 7,3. Die schwach bezeugte konfessionelle Zuspitzung und Prägung des BRU nimmt diesem seine Relevanz und Begründung als Religionsunterricht. Signifikant wird hier ein Problem, das zugleich eine wesentliche Aufgabe der berufsorientierten Religionspädagogik in der Zukunft anzeigt: Der empirisch gestützten Analyse dieses Problems einerseits und der Ausarbeitung didaktischer Leitlinien und unterrichtspraktischer Vorschläge[27] zu dessen Behebung andererseits werden in der Zukunft – und für die Zukunft des BRU – eine hohe Priorität zukommen.[28]

Ein Grund für dieses schlechte „Abschneiden“ der Vermittlung von traditionell (konfessionell) religiösen Fähigkeiten – und damit auch Inhalten – im BRU kann auch darin liegen, dass der Begriff der „Kompetenz“ an sich zum einen unklar und zum anderen auch nur schwer zu bestimmen ist, was denn – domänenspezifisch – religiöse Kompetenzen eigentlich sind und wie sie genau zu deklarieren und zu messen sind: Entsprechen genuin existentiell-religiöse Fähigkeiten und religiöse Vollzugsriten den Fähigkeiten, die in der Bildungsdebatte mit Kompetenzen bezeichnet werden? Vor dem Hintergrund dieser Unklarheit haben die befragten BRU-Lehrkräfte wahrscheinlich die allgemeinen und religiösen Kompetenzen weniger deutlich angekreuzt. Hingegen stehen allgemeine Fähigkeiten, die auf religiöse Kontexte und Vollzüge übertragen werden können – wie z.B. die Fähigkeit der Kommunikation im Fall der interreligiösen Kompetenzen –, bei den befragten BRU-Lehrkräften signifikant höher im Kurs.[29]

2.4 Der BRU im Übergangssystem: Ziele und Anlage

2.4.1 Inhaltliche Ziele des Berufsschulreligionsunterrichts

Im Folgenden soll noch ein Blick geworfen werden auf diejenigen Antwortkomplexe der Befragung, die Aufschlüsse zulassen über das Design des Religionsunterrichts an Berufskollegs bzw. an beruflichen Schulen sowie die inhaltliche Ausrichtung und curriculare Zielformulierung des BRU. Ein Indiz für die faktische Orientierung an den offiziellen Rahmenbedingungen des BRU bei der inhaltlichen Gestaltung des BRU sind die Lehrpläne und deren Realisierung im Unterricht bzw. die tatsächlich im Unterricht behandelten Themen. Zunächst gilt es den Blick auf die Lehrpläne und deren schulpraktische Relevanz zu werfen: Für die generelle Konzeption des BRU wie auch

27 Diese Aufgabe ist dann vor allem für die religionspädagogischen Institute der evangelischen Landeskirchen und der DKB eine wesentliche und dringliche Aufgabe für die Zukunft des BRU.

28 Vgl. hierzu unten unter 3 sowie Obermann 2011.

29 Zur wenig spezifischen Ausbildung einer dezidiert konfessionellen Einstellung Jugendlicher an Berufsschulen vgl. auch Feige/Gennerich (2010), z.B. 91 u.ö. (zur spezifischen Ausprägung muslimischer Schüler/innen siehe z.B. 84 u.ö.).

seine inhaltliche Gestaltung spielen Lehrpläne gerade einmal für gut 10% der Lehrkräfte eine Rolle. Dagegen erklären annähernd 30% der Lehrenden, dass Lehrpläne nie eine Rolle spielen, während die Mehrheit von ca. 60% die goldene Mitte wählte als ein Votum gemäß der ‚political correctness‘ – denn offiziell sind die Lehrpläne bindend und konstitutiv. Eröffnet sich hier ein interessanter Einblick in die Wirklichkeit des BRU – dass nämlich die offizielle Vorgabe für die Konzeption des BRU durch die Schulaufsicht nur rudimentär umgesetzt wird?[30] Ein Blick auf die folgende Grafik zeigt diese Ergebnisse und verdeutlicht die zuletzt genannte Frage:

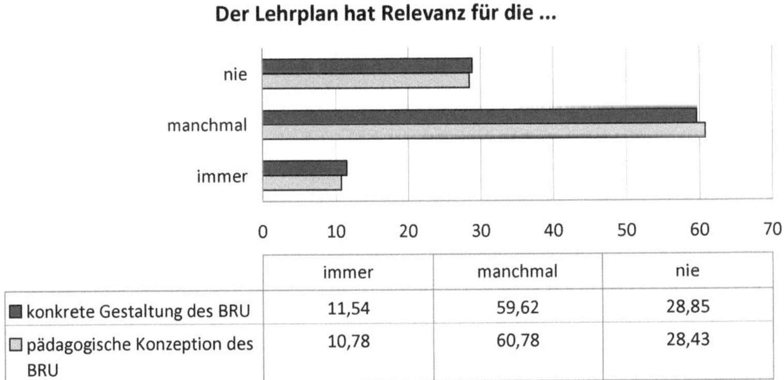

	immer	manchmal	nie
konkrete Gestaltung des BRU	11,54	59,62	28,85
pädagogische Konzeption des BRU	10,78	60,78	28,43

Gegen die Vergessenheit der Lehrpläne im BRU sei erinnert: Maßgebend und entscheidend für die Anlage des BRU sind vielmehr die Jugendlichen mit ihren lebensbiographischen Fragen zum Themenfeld „Gott – Bildung – Beruf“ einerseits und die didaktische Subjektorientierung der BRU-Lehrkräfte andererseits. Die didaktische Orientierung an den Fragen der Schüler/innen zeigt auch das abschließende Item der Frage nach den im BRU kommunizierten Themen (F 20–47).

Deutlich wird in dieser Tabelle die Subjektorientierung im BRU: Immer/häufig (77,8%) geben die religiösen Fragen der Jugendlichen den Ausschlag für die Themenwahl im BRU. Dieser Trend wird auch – wenig überraschend – deutlich bei der Gewichtung der Themen insgesamt. Exemplarisch seien folgende Aspekte aus der Fülle der Daten herausgehoben und interpretiert: Das Themenfeld „Zukunft im Blick auf die eigene Lebensgestaltung“ wird von 82,2% der Befragten als immer (28%) bzw. häufig (54,2%) kommuniziertes Thema genannt: Der Gegenstand dieser unterrichtlichen Kommunikation von Zukunftsvorstellungen sind dabei letztlich die Jugendlichen selbst.[31] Themen mit annähernd 60%iger Zustimmung sind „Gott“, „Ehre/Respekt“, „Islam“, „Gerechtigkeit“, „Gewalt“ sowie „Strafe und Recht“. Wie sind

30 Diese Geringschätzung der offiziellen Vorgaben der Ministerien der Bundesländer impliziert neben einer schulpolitischen Brisanz auch den Auftrag zur Verbesserung der Akzeptanz der Lehrpläne durch Fortbildungen und die Erforschung nach den Gründen dieser Geringschätzung.

31 In diesem Zusammenhang müsste auch die Kommunikation von „Idolen“ und „Vorbildern“ genannt werden, die von 87% der Befragten von „immer“ bis „manchmal“ genannt wurden und auch zukunftsweisende Aspekte für die Jugendlichen implizieren.

Merkmal	immer/häufig	manchmal	selten/nie	Summet
Zukunft/eigene Lebensplanung	82,2%	15,0%	2,8%	100%
Religiöse Fragen der Schüler/innen	77,8%	17,6%	4,6%	100%
Gewalt(anwendung)	71,7%	21,7%	6,6%	100%
Islam	62,9%	31,4%	5,7	100%
Gerechtigkeit (sozial; ethisch)	62,7%	25,5%	11,8%	100%
Gott	59,4%	34,0%	6,6%	100%
Süchte/Drogen	51,4%	29,1%	19,4%	100%
Strafe und Recht	50,4%	35,7%	13,9%	100%
Sexualität	47,1%	32,1%	20,8%	100%
Schöpfung/Evolution	43,8%	35,3%	20,9%	100%
Helden/Vorbilder/Idole	42,3%	42,3%	15,4%	100%
Gerechtigkeit (theologisch)	41,8%	36,9%	21,3%	100%
Kirchenjahr	39,0%	27,4%	33,6%	100%
Jesus Christus	33,7%	37,5%	28,8%	100%
christliche Konfession	33,0%	32,1%	34,9%	100%
Vergleich evangelisch-katholisch	26,4%	37,7%	35,9%	100%
Satanismus/Okkultismus	25,7%	31,4%	42,9%	100%
Leben mit Behinderung	23,8%	27,6%	48,6%	100%
Judentum	18,1%	42,9%	39,0%	100%
Buddhismus	17,7%	34,3%	48,0%	100%
Bibel	17,1%	45,7%	37,2%	100%
Shoah	14,6%	34,0%	51,4%	100%
Hinduismus	10,8%	31,4%	57,9%	100%
Katholische Kirche	9,9%	42,6%	47,5%	100%
Evangelische Kirche	9,8%	41,1%	49,1%	100%
Gottesdienst	1,0%	21,6%	77,4%	100%

diese Themenfelder zu charakterisieren? Sie haben alle einen Bezug zur Lebenswelt der Jugendlichen und zur Religion zugleich: Ehre und Respekt sind für Schüler/innen des Übergangssystems Erfahrungen von Anerkennung, die sie sich wünschen und die zugleich im Zentrum des christlichen Menschenbildes stehen; in heterogen-religiösen Klassen, in denen Religionsunterricht fast nur noch im Klassenverband unterrichtet wird, ist die Begegnung mit dem Islam und das interreligiöse Gespräch ‚normal'[32].

32 Dass die Themenauswahl auch von gesellschaftlichen Faktoren abhängig ist, zeigt die Kommunikation der in der BRD nur am Rande vorkommenden Religionen wie dem Hinduismus oder dem Buddhismus. Sehr überraschend ist allerdings hier das schwache Abschneiden des Judentums vor dem Hintergrund der anhaltenden antiisraelischen (antijüdischen) Stimmungen und Vorurteile auch unter Jugendlichen, angesichts der deutschen Geschichte (das Thema Shoah kommt noch seltener vor als das Judentum als Religion – bei mehr als 50% der Befragten kommt die Shoah selten oder nie im Unterricht vor) und der theologischen Debatten der letzten Jahrzehnte zum Verhältnis von Kirche und Israel.

Viele Schüler/innen haben mitunter eine lange Geschichte erlebter und vollzogener Ungerechtigkeitserfahrungen hinter sich, leiden unter ihrer sehr gewaltbereiten Umgebung, hatten durchaus schon häufiger Kontakt zur Justiz und beklagen, z.B. mit den biblischen Propheten, diesen Unrechtszustand. Und auch die Gerechtigkeit in theologischer Perspektive verweist auf die häufig genannten Themen und deren Bezüge zum Lebenskontext der Jugendlichen (Wo finde ich Anerkennung? Wo kann ich sein, wie ich bin?). Dass „Gott" bei diesen Themen im Religionsunterricht je situationsbezogen eine bedeutende Rolle spielen muss, liegt auf der Hand. Dass aber allein die hohe Quote für „Gott" eo ipso mit einem protestantischen Profil einhergehen muss, ist nicht zwingend – denn die stärker einen evangelischen BRU profilbildenden Themen wie „Jesus Christus" oder „Bibel" kommen deutlich weniger häufig vor.[33] Erwähnenswert ist auch noch das Themenfeld „Schöpfung/Evolution" (40% häufig; 35,2% manchmal) in seiner ethischen Dimension als epochales Schlüsselproblem. Eine auffallend geringe Rolle spielt im BRU hingegen mit Abstand der Gottesdienst als Ort einer spezifisch religiösen-christlichen (evangelischen) Praxis (bei 77,4% der Befragten selten oder nie): Zu folgern ist hieraus eine relativ starke Distanz des BRU zur Kirche als Institution, die in den Augen der Jugendlichen als Akteur für den Gottesdienst verantwortlich ist.[34] Die Kirche spielt im BRU eine untergeordnete Rolle, was sich auch bei den Items zur evangelischen und katholischen Kirche als Thema des BRU zeigt, sofern annähernd 50% der Befragten die beiden großen christlichen Kirchen nie oder selten im BRU behandeln.

Eine Analyse der Unterrichtsthemen im Blick auf eine geschlechtsspezifische Häufigkeit ergab eine Vielzahl von analogen Nennungen bei den weiblichen bzw. den männlichen Lehrkräften. Zugleich gibt es bei bestimmten Themen eine deutlich unterschiedliche thematische Gewichtung: So unterrichten beispielsweise die weiblichen Lehrkräfte häufiger zum Thema „Kirchenjahr" oder zum konfessionellen Vergleich „evangelisch-katholisch". Auch das Thema „Islam" unterrichten die weiblichen Lehrkräfte häufiger (36,3%) als ihre männlichen Kollegen (27,3%):[35]

33 Vgl. hierzu oben die Anmerkungen zur Konfessionalität des BRU und deren praktischen Infragestellung.

34 Für NRW ist dieser Befund umso erstaunlicher, da dort die große Mehrheit aller Religionsstunden in Berufskollegs von amtierenden Pfarrern/innen erteilt wird.

35 Ob weibliche Lehrkräfte generell einen stärker thematisch orientierten BRU intendieren und durchführen, müsste eine Folgestudie signifikanter herausarbeiten.

Der Islam im BRU

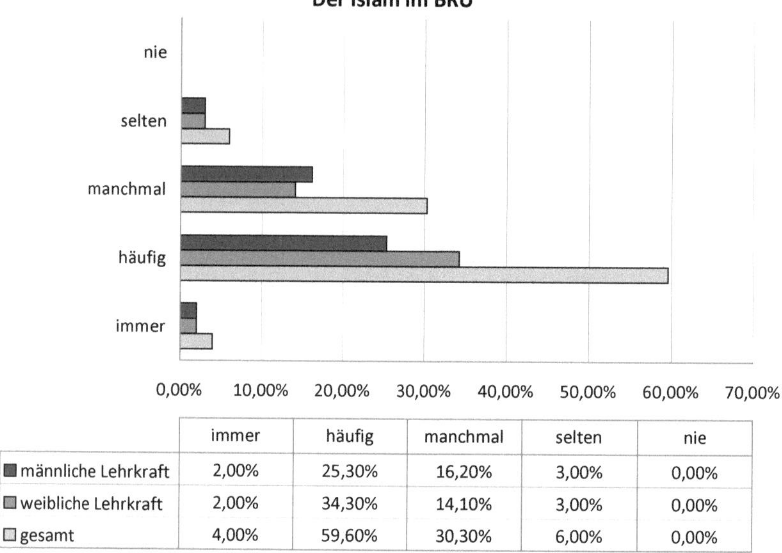

	immer	häufig	manchmal	selten	nie
männliche Lehrkraft	2,00%	25,30%	16,20%	3,00%	0,00%
weibliche Lehrkraft	2,00%	34,30%	14,10%	3,00%	0,00%
gesamt	4,00%	59,60%	30,30%	6,00%	0,00%

Interessant ist auch der differenzierte Blick auf den Spitzenreiter unter den zur Vermittlung intendierten Befähigungen – nämlich die Stärkung und Ausbildung der Wertschätzung des eigenen Ichs. Hier ist wieder erkennbar, dass die weiblichen BRU-Lehrkräfte deutlich stärker als ihre männlichen Kollegen die Wertschätzung der eigenen Person als Ziel des BRU nennen:

Bedeutung der Wertschätzung des eigenen Ich

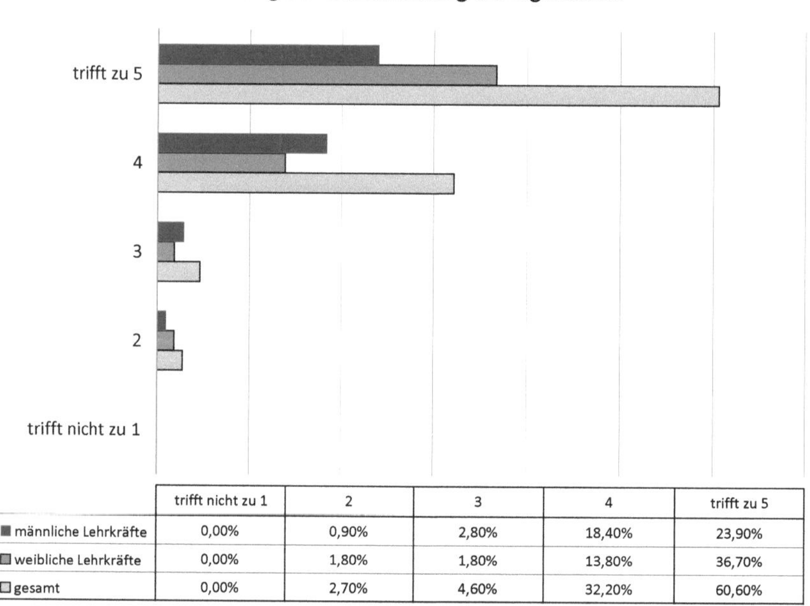

	trifft nicht zu 1	2	3	4	trifft zu 5
männliche Lehrkräfte	0,00%	0,90%	2,80%	18,40%	23,90%
weibliche Lehrkräfte	0,00%	1,80%	1,80%	13,80%	36,70%
gesamt	0,00%	2,70%	4,60%	32,20%	60,60%

Ein analoges Bild ergibt sich auch bei der Betrachtung der Nennungen der mündigen Selbstreflexion als Befähigung durch den BRU. Weibliche Lehrkräfte setzen hier deutlichere Prioritäten als ihre männlichen Kollegen:

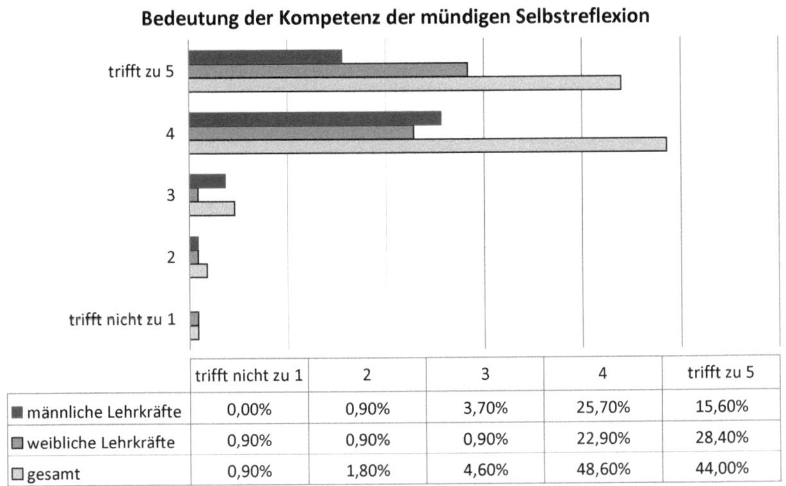

	trifft nicht zu 1	2	3	4	trifft zu 5
■ männliche Lehrkräfte	0,00%	0,90%	3,70%	25,70%	15,60%
■ weibliche Lehrkräfte	0,90%	0,90%	0,90%	22,90%	28,40%
□ gesamt	0,90%	1,80%	4,60%	48,60%	44,00%

Neben der Vermittlung von Kompetenzen bzw. einer Kompetenzerweiterung ist der BRU auch geprägt von existentiellen Erfahrungen, die im BRU möglich sein soll(t)en und die von den Lehrkräften intendiert sind. Dabei votieren wieder die weiblichen Kolleginnen im Blick auf die Erfahrung der Gleichberechtigung der Geschlechter anders als ihre männlichen Kollegen, insofern mehr Frauen die Erfahrung der Gleichberechtigung von Mann und Frau als Ziel des BRU sehen als ihre männlichen Kollegen:

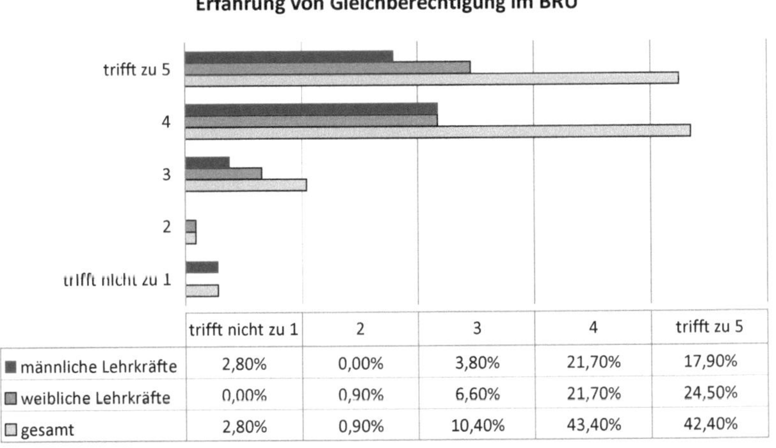

	trifft nicht zu 1	2	3	4	trifft zu 5
■ männliche Lehrkräfte	2,80%	0,00%	3,80%	21,70%	17,90%
■ weibliche Lehrkräfte	0,00%	0,90%	6,60%	21,70%	24,50%
□ gesamt	2,80%	0,90%	10,40%	43,40%	42,40%

Nicht nur das Geschlecht, sondern auch das Alter ist ein Faktor für bestimmte Antwortmuster bzw. Einschätzungen zum BRU, insofern altersbezogen bei dieser Frage deutliche Unterschiede zu erkennen sind: Die jüngste Gruppe der befragten Lehrkräfte erklärt zu 100%, dass ihnen diese Erfahrung der Gleichberechtigung der Geschlechter im BRU und die Reflexion darüber im BRU äußerst wichtig ist:

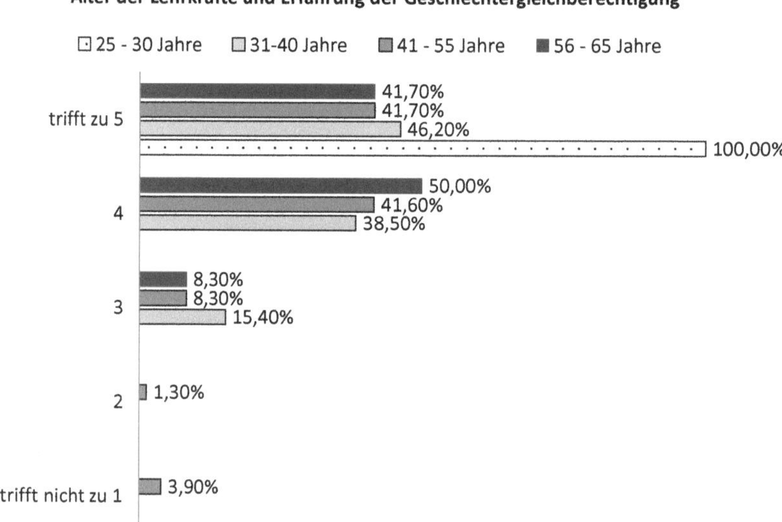

In Anlehnung an die letzten Ergebnisse erbrachte die Umfrage auch, dass die BRU-Lehrkräfte insgesamt einen Unterricht bzw. Unterrichtsformen anstreben, die den Schüler/inne/n existentielle Erfahrungen bzw. biographisch stimmige und zeitgemäße Lebensbezüge eröffnen:

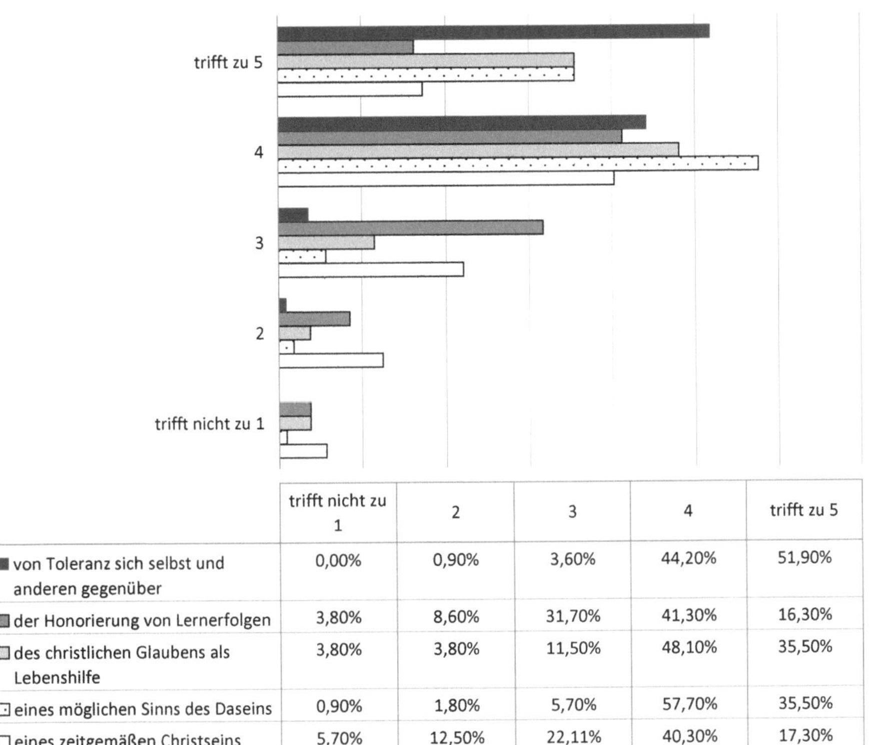

	trifft nicht zu 1	2	3	4	trifft zu 5
■ von Toleranz sich selbst und anderen gegenüber	0,00%	0,90%	3,60%	44,20%	51,90%
■ der Honorierung von Lernerfolgen	3,80%	8,60%	31,70%	41,30%	16,30%
□ des christlichen Glaubens als Lebenshilfe	3,80%	3,80%	11,50%	48,10%	35,50%
⊡ eines möglichen Sinns des Daseins	0,90%	1,80%	5,70%	57,70%	35,50%
□ eines zeitgemäßen Christseins	5,70%	12,50%	22,11%	40,30%	17,30%

Über 95% der Befragten wollen demnach ihren Schüler/inne/n eine Hilfe geben zu einer Sinnerfahrung für ihr Leben und das Erleben von Toleranz gegenüber anderen und sich selbst. Dicht gefolgt, ist diese Intention durch das verstehende Erleben des Christseins als Lebenshilfe (86%). Der BRU ist demnach nicht so sehr fokussiert auf kognitive Verstehensprozesse als vielmehr auf erfahrungsbezogene Lernprozesse (was ein hohes Maß an erlebnispädagogischen und interaktiven Lernphasen voraussetzt), um den Jugendlichen zu einer umfassenden beruflichen Handlungsfähigkeit mit ihren konstitutiv personenbezogenen Aspekten zu verhelfen.

An dieser Stelle wird auch das Votum der Lehrkräfte verständlich, nach dem sie sich z.B. nicht nur mehr Phasen von sozialen Lernprozessen (80,6%) wünschen (F 103), sondern auch andere Rahmenbedingungen für eine entsprechende Umsetzung bzw. Realisierung (F 97; 99; 100; 104) solcher Lernprozesse.

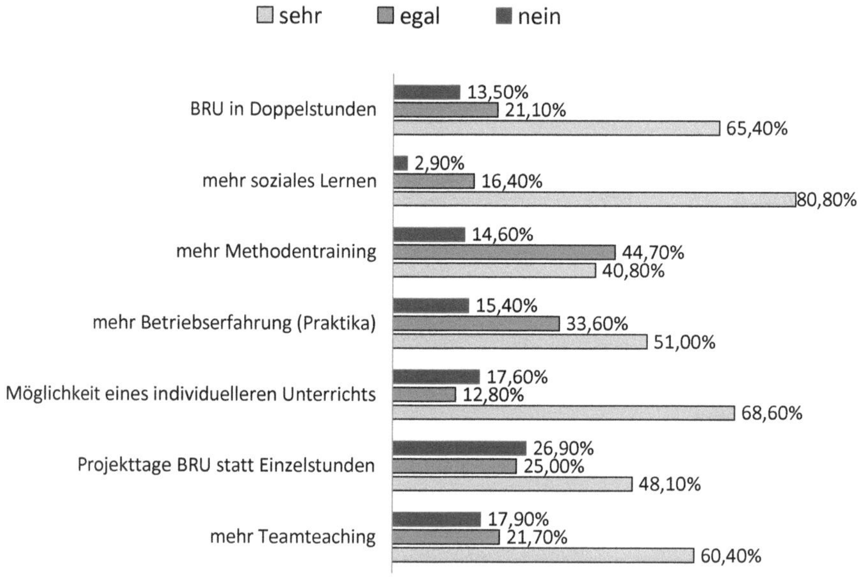

Ein wesentlicher Faktor zur Stärkung der sozialen Fähigkeiten der Jugendlichen liegt für die BRU-Lehrkräfte in einer intensiveren Zusammenarbeit mit den jugendlichen Schülern/innen – sei es durch einen intensiveren Unterricht mittels eines besseren Lehrer-Schüler-Verhältnisses – hierfür stehen der Wunsch nach Teamteaching (60,4%) oder nach einem individuelleren Lernen (68,6%) – oder eine die 45 minütige Unterrichtstunde erweiternde Zeitstruktur durch Doppelstunden (65,4%) oder durch Projekttage (48,1%).[36]

2.4.2 Der Medieneinsatz im Berufsschulreligionsunterricht

Neben der inhaltlichen Akzentuierung spielt auch der Medieneinsatz beim Unterrichten eine große Rolle. Dabei zeigte sich, dass die klassischen Arbeitsblätter nach wie vor das am häufigsten eingesetzte Medium sind: von 20,2% der Lehrkräfte „immer" und von 60,5% der Lehrkräfte „häufig". Mit Abstand folgt auf die Arbeitsblätter die ebenfalls klassische OHP-Folie als Ergänzung für die Arbeitsblätter. Während die Internet-Recherchen quantitativ im Mittelfeld liegen, spielen digitale Präsentationen (über 80% zwischen „manchmal" bis „nie") kaum eine und Schulbücher überhaupt keine Rolle (über 74% „selten" oder „nie"; 15% „manchmal").

36 Zur Diskussion um das Übergangssystem und seine Reformen und Reformvorhaben vgl. den Beitrag von Frieling/Ulrich in diesem Band.

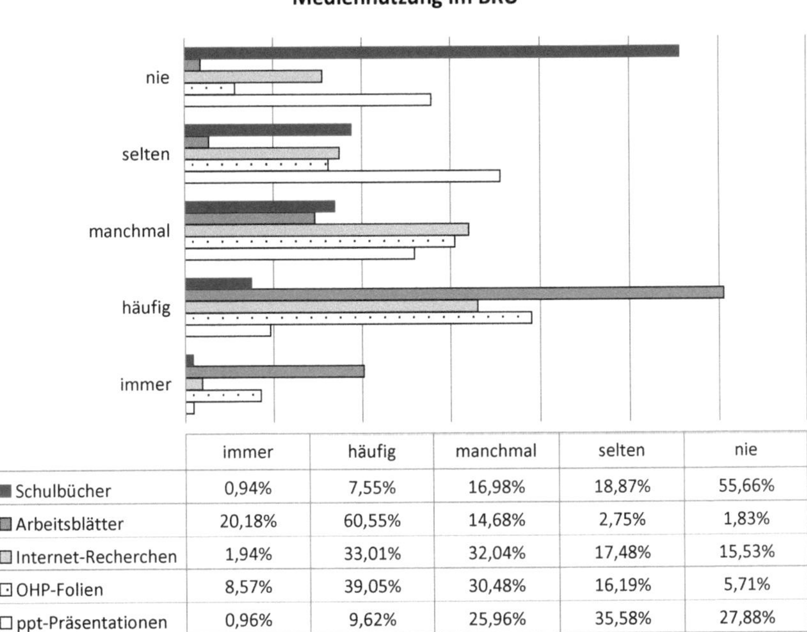

	immer	häufig	manchmal	selten	nie
■ Schulbücher	0,94%	7,55%	16,98%	18,87%	55,66%
■ Arbeitsblätter	20,18%	60,55%	14,68%	2,75%	1,83%
□ Internet-Recherchen	1,94%	33,01%	32,04%	17,48%	15,53%
□ OHP-Folien	8,57%	39,05%	30,48%	16,19%	5,71%
□ ppt-Präsentationen	0,96%	9,62%	25,96%	35,58%	27,88%

Interessant sind an dieser Stelle auffällige Verwendungstendenzen bei Männern und Frauen, sofern weibliche BRU-Lehrkräfte deutlich häufiger Arbeitsblätter und OHP-Folien verwenden als ihre männlichen Kollegen. Für die OHP-Folien ergibt sich beispielsweise folgendes Ergebnis:

OHP-Folien - weibliche Lehrkräfte

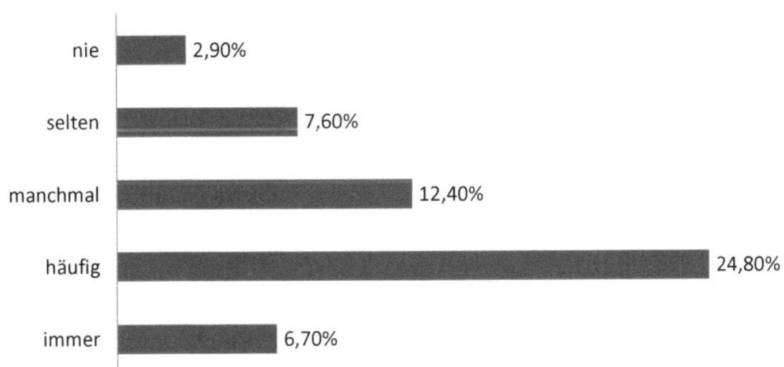

OHP-Folien - männliche Lehrkräfte

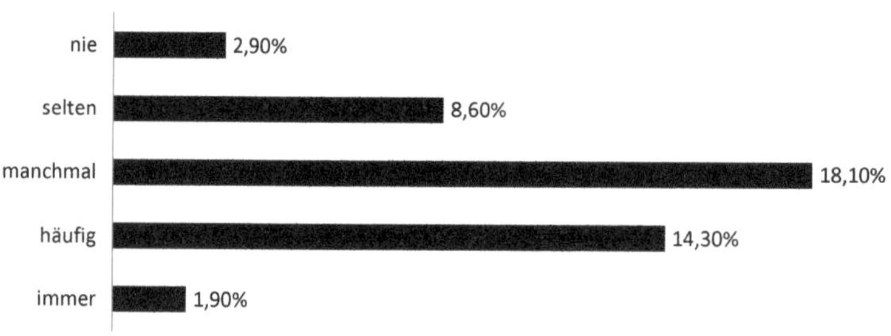

Weibliche Lehrkräfte verwenden jedoch nicht nur OHP-Folien signifikant häufiger (über 30% „immer“ und „häufig“) als ihre männlichen Kollegen (nur gut 15% „immer“ und „häufig“),[37] sondern z.B. auch Internet-Recherchen (weiblich 23,3% „immer“ und „häufig“ gegenüber 11,7% nur „häufig“ bei männlichen Lehrkräften). Daraus lässt sich folgern: Eine geschlechtsspezifische Betrachtung des Medieneinsatzes hat das überraschende Ergebnis, dass weibliche Lehrkräfte insgesamt häufiger und konstanter die klassischen Printmedien (kopierte Arbeitsblätter) wie auch so genannte neue Medien einsetzen als ihre männlichen Kollegen.

Ein oft verwandtes Medium ist auch der Film in seinen unterschiedlichen Genres:

Nutzung des Genres "Film"

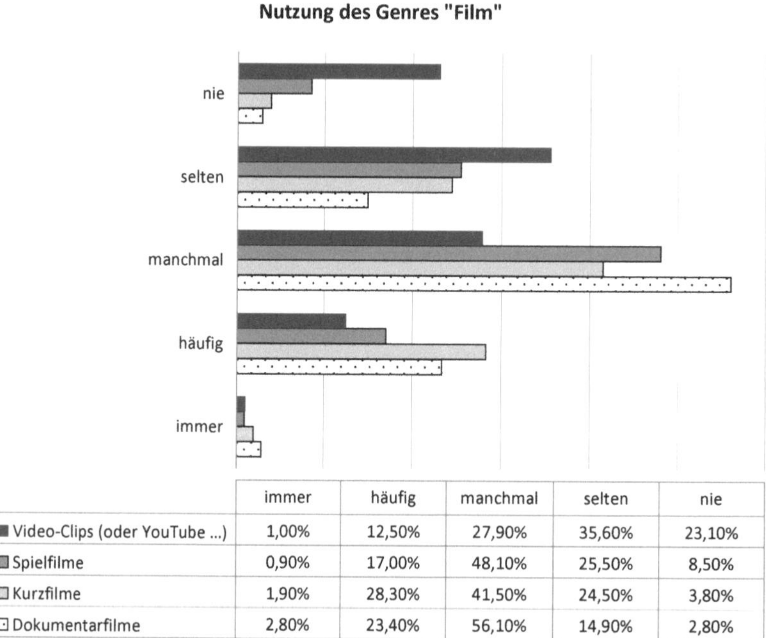

	immer	häufig	manchmal	selten	nie
■ Video-Clips (oder YouTube ...)	1,00%	12,50%	27,90%	35,60%	23,10%
■ Spielfilme	0,90%	17,00%	48,10%	25,50%	8,50%
□ Kurzfilme	1,90%	28,30%	41,50%	24,50%	3,80%
⊡ Dokumentarfilme	2,80%	23,40%	56,10%	14,90%	2,80%

37 Bei den Arbeitsblättern sieht das Ergebnis, wie folgt, aus: Arbeitsblätter verwenden „immer“/ „häufig“ weibliche Lehrkräfte zu 45,3% gegenüber 36,1% bei männlichen Lehrkräften.

Das Ergebnis bestätigt das „alte" (Vor-)Urteil nicht, dass im BRU immer nur Filme (gemeint sind hier meist Spielfilme) gezeigt würden. Das am häufigsten verwandte Filmgenre ist nämlich der Dokumentarfilm, gefolgt von Kurzfilmen. Das „Filmarchiv Internet" wird noch nicht intensiv genutzt (was auch noch an der fehlenden technischen Ausrüstung in vielen Berufsschulen liegen kann). Eine geschlechtsspezifische Verwendung von Filmmedien ist nicht erkennbar.

Nehmen wir den BRU von seinem Medieneinsatz aus in den Blick, erscheint er als eher konservativer und wenig spektakulärer Religionsunterricht ohne großes mediales Innovationspotential. Dieser Befund spiegelt gewissermaßen die traditionelle Ebene des klassischen (Religions-)Unterrichts wieder. Daneben hat sich der BRU jedoch in den Ergebnissen der Umfrage immer wieder als eine Unterrichtskommunikation gezeigt, die streng didaktisch die Jugendlichen in den Mittelpunkt ihrer Bemühungen stellt: Die Jugendlichen sollen im BRU als einem Kommunikationsraum in der personalen Begegnung Hilfen erfahren, die sie zu einem selbstbewusste(re)n und autonome(re)n Lebenswandel anleiten. Diese Hilfen sollen dann auch die Chancen der Jugendlichen auf einen erfolgreichen Übergang ins Berufsleben erhöhen und ihnen darüber hinaus Möglichkeiten aufzeigen, ihr Leben verantwortlich und kreativ zu gestalten.

3. Fazit

Insgesamt sind die Ergebnisse der bibor-Umfrage ein deutliches Zeugnis für eine engagierte Lehrerschaft im BRU des Übergangssystems. Dabei hat sich der BRU deutlich fokussiert gezeigt auf die Stärkung und Erweiterung jener vor allem sozialethischen und beruflichen Fähigkeiten, die den Jugendlichen zu einer umfassenden beruflichen Handlungsfähigkeit – und damit einem erfolgreichen Übergang ins Berufsleben – fehlen.

Ihren von ihnen selbst als sinnvoll erfahrenen Unterricht halten die BRU-Lehrkräfte unter nicht optimal empfundenen Unterrichtsbedingungen im Übergangssystem ab. Dennoch versuchen die Lehrkräfte, einen für die Jugendlichen möglichst optimalen BRU zu inszenieren, wobei deutlich die Grenzen des Machbaren erkannt werden. Zugleich nennen die Lehrkräfte Faktoren und Änderungen, durch die sich der BRU verbessern und den Jugendlichen effektiver zu einer beruflichen Handlungsfähigkeit verhelfen ließe. Diese Spannung von Wirklichkeit und Wunsch kommt auch in dem Fragezyklus zum Ausdruck, der die Wünsche der Lehrkräfte für den BRU im Übergangssystem thematisiert. Dabei wird im Ergebnis deutlich, dass sich die BRU-Lehrkräfte Formen des Lernens wünschen, die ihnen einen größeren Raum gibt zur (existentiellen) Begegnung mit ihren Schüler/inne/n (vgl. hierzu die Grafik oben auf Seite 170):

Wenig überraschend zeigen die Ergebnisse eine große Zustimmung zu jenen Formen religiösen Unterrichtens bzw. religiöser Kommunikation in Berufsschulen,[38] die eine didaktische Profilierung des BRU fördern und die Voraussetzungen des Unterrichtens optimieren, so dass die Jugendlichen durch den BRU noch deutlicher eine berufliche Handlungsfähigkeit erlangen können. Genannt werden hierbei Unterrichtsformen und -konzeptionen, die durch eine großzügigere Zeitstruktur und ein besseres Lehrer-Schüler-Verhältnis vornehmlich ein erfahrungsbezogenes Lernen und Arbeiten im BRU fördern würden: Denn ein konsequent lebensgeschichtlicher Religionsunterricht, der Jugendliche individuell begleitet und fördert mit dem Ziel der Erlangung einer beruflichen Handlungsfähigkeit, die fachliche wie auch personenbezogen Fähigkeiten und Fertigkeiten gleichwertig und gleichrangig in sich vereint, braucht Zeit und Lehrkräfte. Diesem Ansinnen korrespondiert von Seiten der BRU-Lehrkräfte zugleich auch der Wunsch nach Möglichkeiten, dass der BRU in Kooperation mit den anderen Fächern des Übergangssystems diesem Ideal immer mehr entsprechen und der BRU sein Leistungspotential interdisziplinär optimal entfalten kann für eine effektivere und nachhaltigere Förderung der Jugendlichen im Übergangssystem.

Aus den Datensätzen der bibor-Umfrage und den hier vorgeschlagenen Deutungen ergeben sich auch Aufgaben für die berufsorientierte Religionspädagogik. Als deren wichtigste Momente seien hier exemplarisch genannt: Im Blick auf die zu vermittelnden Fähigkeiten und Fertigkeiten ist, (1.) für den Religionsunterricht der Kompetenzbegriff in Anlehnung an die Berufspädagogik und deren Kompetenzverständnis näher zu analysieren und zu bestimmen. Weiterhin gilt es, (2.) in didaktischer Hinsicht zu analysieren und zu entwickeln, wie das religiöse Profil des BRU – unter anderem seine konfessionelle Prägung – einerseits subjektorientiert und andererseits im beruflichen Kontext pädagogisch zu bestimmen und zu kommunizieren ist.[39] Eine weitere Aufgabe stellt sich (3.) in der Entwicklung religionspädagogischer Lernwege im BRU, die den BRU als einen Erfahrungsraum (durch eine verstärkte Durchführung von Projekttagen o.ä.) inszenieren und ein handlungs- und erfahrungsorientiertes Lernen ermöglichen, um so (4.) den in der Umfrage festgestellten Bedarfen religionspädagogisch – z.B. durch die Stärkung der Wertschätzung der eigenen Person – gerecht zu werden.[40] Die spezifische Aufgabe der berufsorientierten Religionspädagogik ist schließlich (5.) auch für das Übergangssystem die Entwicklung einer berufsschulspezifischen Religionsdidaktik, die biographisch fokussiert ist auf die jugendliche Le-

---

38 Ungeachtet des Faches gelten die Wünsche der BRU-Lehrkräfte für alle Fachrichtungen im Übergangssystem gleichermaßen, da die grundlegenden Anforderungen und Intentionen im Übergangssystem fächerübergreifend zu sehen sind.

39 Für die religionspädagogischen Institute der Landeskirchen und der DBK ergibt sich hieraus die Aufgabe der Konzeption von entsprechenden kreativen und originellen Unterrichtsreihen und -modulen – gerade auch angesichts der festgestellten relativen Methodeneintönigkeit der gegenwärtigen BRU-Praxis.

40 Vgl. hierzu das bibor-Projekt zum Übergangssystem Du kannst das! Selbstachtung stärken - Kopiervorlagen für das Übergangssystem (BRU praxisorientiert), hg. von Andreas Obermann / Yvonne Kaiser, Göttingen 2013.

bensphase zwischen Schule und Berufseinstieg einerseits und auf einen kategorialen Berufsbezug[41] des BRU andererseits.

Literatur

Prognosen zum Lehrerarbeitsmarkt in Nordrhein-Westfalen. Einstellungschancen für Lehrkräfte bis 2030 (2011): Ministerium für Schule und Weiterbildung NRW (Hg.), Düsseldorf, 20 (abgerufen am 19.9.2011 unter: http://www.schulministerium.nrw.de/BP/Schulsystem/Statistik/Veroeffentlichungen/Prognosen.pdf).

Feige, Andreas/Gennerich, Carsten (2010): Lebensorientierungen Jugendlicher. Alltagsethik, Moral und Religion in der Wahrnehmung von Berufsschülerinnen und -schülern in Deutschland, Gütersloh.

Obermann, Andreas (2006): Religion unterrichten zwischen Kirchturm und Minarett. Perspektiven für einen dialogisch-konfessorischen Unterricht der abrahamischen Religionsgemeinschaften an berufsbildenden Schulen (Christentum und Islam im Dialog Bd. 8), Münster.

Obermann, Andreas (2011): Der Berufsschulreligionsunterricht zwischen Pluralität und Konfessionalität – Überlegungen zu den „Grundsätzen der Religionsgemeinschaften“, in: Entwicklungen und Herausforderungen im Schnittbereich von Jugendarbeit und Beruflicher Schule, hg. von Dirk Oesselmann/Peter Cleiss/Thomas Schalla/Wilhelm Schwendemann, Freiburg, 127–151.

Obermann, Andreas (2011): Der kategoriale Berufsbezug des BRU – Überlegungen zu einem „alten“ Thema aus berufspädagogischer Sicht, in: BRU-Magazin 55 (2011), 48–49.

---

41 Vgl. hierzu Andreas Obermann, Der kategoriale Berufsbezug des BRU – Überlegungen zu einem „alten“ Thema aus berufspädagogischer Sicht, in: BRU-Magazin 55 (2011).

Autorinnen und Autoren

Frieling, Friederike, geb. 1987, Studium der Sozialwissenschaften in Köln, Mitarbeiterin in der Abteilung „Sozialwissenschaftliche Grundlagen der Berufsbildung" im Bundesinstitut für Berufsbildung (BIBB), Bonn, wohnhaft in Köln

Kelber, Ulrich, geb. 1968, MdB, Studium der Informatik und Biologie in Bonn, Bonns Bundestagsabgeordneter und stellvertretender Fraktionsvorsitzender der SPD-Bundestagsfraktion in Berlin, wohnhaft in Bonn

Mau, Dietrich, geb. 1949, Studium des Lehramts an berufsbildenden Schulen (Wirtschaft/Geschichte/Politik/Recht) in Kiel und Paderborn, Mitglied der Fachgruppe Berufskolleg der GEW NRW, wohnhaft in Bielefeld

Meyer-Blanck, Michael, Prof. Dr., geb. 1954, Studium der Ev. Theologie in Köln, Mainz, Heidelberg und Göttingen, Direktor des Bonner evangelischen Instituts für berufsorientierte Religionspädagogik, wohnhaft in Bad Godesberg

Obermann, Andreas, Prof. Dr., geb. 1962, Studium der Ev. Theologie in Bonn, Tübingen und Wuppertal, stellvertretender Direktor des Bonner evangelischen Instituts für berufsorientierte Religionspädagogik, wohnhaft in Wuppertal

Scheffler, Beate, Dr. , geb. 1952, Studium der Erziehungswissenschaften auf Lehramt in Essen, Abteilungsleiterin im Ministerium für Schule und Weiterbildung des Landes Nordrhein-Westfalen (MSW) in Düsseldorf, wohnhaft in Bochum

Ulrich, Joachim Gerd, Dr. rer. pol., geb. 1957, Studium der Psychologie, Ev. Theologie und Sozialwissenschaften in Bonn, Mitarbeiter in der Abteilung „Sozialwissenschaftliche Grundlagen der Berufsbildung" im Bundesinstitut für Berufsbildung (BIBB), Bonn, wohnhaft in Euskirchen

Wittwer, Wolfgang, Prof. Dr. phil. habil., geb. 1943, Studium der Soziologie, Pädagogik und Erwachsenenbildung in München und Bochum, derzeit Geschäftsführer der „Gesellschaft für Innovationen im Bildungswesen", wohnhaft in München